ein Ullstein Buch

ÜBER DAS BUCH:

Leomare Qualtinger öffnet die Gerichtsakten des Biedermeiers und gewährt uns Einblick in die Welt des Verbrechens und der Justiz des 19. und des beginnenden 20. Jahrhunderts. Aus Namen, Daten und Protokollen offenbaren sich Menschenschicksale, aus nackten Jahreszahlen erwachsen Leben und Tod. Doch die Autorin will nicht nur Geschichten erzählen. Kritisch und unsentimental zeigt sie, vor welch düsterem sozialen Hintergrund ein großer Teil der Bevölkerung, vor allem Frauen, in der sogenannten guten alten Zeit um das bißchen Leben kämpfen mußte.

DIE AUTORIN:

Leomare Qualtinger ist eine bekannte österreichische Publizistin, deren Veröffentlichungen sich vorwiegend mit der Zeit des Biedermeiers auseinandersetzen.

Leomare Qualtinger

Die berühmtesten Kriminalfälle

aus dem alten Österreich

ein Ullstein Buch

ein Ullstein Buch
Nr. 22244
im Verlag Ullstein GmbH,
Frankfurt/M–Berlin

Auswahlband aus folgenden
Büchern von Leomare
Qualtinger:
Biedermeier Morde
K.u.K. Krimis
Biedermeier Liebe

Ungekürzte Ausgabe

Umschlagentwurf:
Hansbernd Lindemann
Illustration: Art & Co.

Taschenbuchausgabe mit
Genehmigung des
Amalthea Verlags

Printed in Germany 1989
Gesamtherstellung:
Clausen & Bosse, Leck
ISBN 3-548-22244-7

Oktober 1989

CIP-Titelaufnahme
der Deutschen Bibliothek

Qualtinger, Leomare:
Die berühmtesten Kriminalfälle
aus dem alten Österreich /
Leomare Qualtinger. –
Ungekürzte Ausg. – Frankfurt/M;
Berlin: Ullstein, 1989
(Ullstein-Buch; Nr. 22244)
ISBN 3-548-22244-7
NE: GT

Inhalt

Wiens beliebtester Mörder

Der Fall Jaroschinski 1827

»Severin«, sagte der schwarzlockige kleine Bub mit ernster Stimme, »Severin, Edler von Jaroschinski, folgen Sie mir bitte zum Fenster!«
Da er den Ton der Institutsvorsteherin gut getroffen hatte, fingen ein paar der Buben, die ihn umringten, zu lachen an. Ihre Heiterkeit steigerte sich, als der Schwarzlockige, nun auch den Gang der würdigen Dame nachahmend, zum Fenster stelzte und, wie sie, den Zeigefinger hinausstreckte. »Sehen Sie den Verbrecher? Wenn Sie so weitermachen, haben Sie das Nämliche zu erwarten!«
Nun brüllten die Buben vor Lachen, und keiner nahm wahr, daß die verspottete Dame längst ins Zimmer gekommen war. Erst als sie ein paar Mal fest in die Hände geklatscht hatte, verebbte das Gelächter und machte ängstlicher Neugier Platz: Was würde sie tun? Die Institutsvorsteherin sagte gelassen: »Jeder der Herren schreibt zehn Seiten Strafarbeit, Cäsar, gallischer Krieg.« Die Buben verschwanden in ihre Zimmer. »Sie bleiben, Jaroschinski«, hielt die Dame den Schwarzlockigen zurück, der ihr in den paar Monaten, die er im Flebanischen Institut als Schüler verbrachte, durch einfallsreiche Streiche ständig Ärger und Kummer machte. Der zehnjähri-

ge Severin ging zum Fenster zurück, zu dem ihn die Institutsvorsteherin so oft geführt hatte, um ihm den Pranger zu zeigen, der vor dem Gerichtsgebäude, der Schranne, am Hohen Markt in Wien stand. Am Pranger und rund um ihn war immer etwas los: da standen die Gesetzesbrecher, vornehmlich die Mörder, hatten Tafeln umgehängt, auf denen ihre Tat vermerkt war, und die schaulustigen Wiener gafften, schimpften, lachten und unterhielten sich.
Heute, an diesem Nachmittag im Februar 1803, zeigte die Institutsvorsteherin jedoch nicht auf den Unglücklichen am Pranger, der mit seiner Magentafel (er war ein Raubmörder) die Gemüter erregte. Sie kam nicht dazu. Der Mathematikprofessor und Priester Konrad Blank, den die Schüler des vornehmen Flebanischen Instituts insgesamt verehrten, suchte sie und geriet so ins Zimmer. Da er den aufgeweckten Severin gern mochte, beschwichtigte er die beleidigte Dame.
Severin kam aus Russisch-Polen, und seine vermögenden Eltern hatten viel mit ihm vor: er sollte in den höheren russischen Staatsdienst, wofür eine sorgfältige Erziehung und Bildung nötig war.
So kam er nach Wien, wo es weltberühmte Schulen gab. Nach dem Flebanischen Institut, das er dank Professor Blank bis zum Abschluß besuchte, ging er auf die Universität. Mit 21 Jahren kehrte er heim, machte Militärdienst und erwarb wegen seiner unbekümmerten Tapferkeit hohe Orden. Da ihn die militärischen Strapazen mit der Zeit verdrossen, denn die Kriege nahmen ja kein Ende, wechselte er in den Zivildienst über und brachte es bald zum »Marschall

zu Mohilow« sowie zum Malteser-Ritter. Ein reiches Fräulein entbrannte in Liebe zu dem glutäugigen Malteser, dessen Schulden – Severin war ein leidenschaftlicher Kartenspieler – der Theophila Scalacola vorerst verborgen blieben. Sie heirateten, Severin zahlte von Theophilas Mitgift seine Schulden, und sie bekamen drei Kinder. Doch Severin spielte weiter Karten, vertat die erheirateten Besitzungen, vertat und verspielte auch Staatsgüter – und verschwand: mit seinem getreuen Diener Michael kehrte er nach Wien zurück.

Im Juni 1826 traf er nach zwölfjähriger Abwesenheit wieder in Wien ein, sofort als Grandseigneur auftretend. Seine Visitenkarten imponierten der feinen Gesellschaft: »Le Comte Sévérin de Jaroschinski, Maréchal de Mohilow, Chévalier plusieurs ordres etc.«. Das las sich gut! Obendrein war er ein schöner und interessanter Mann, der den Frauen gefiel.

Auch der berühmten Schauspielerin Therese Krones, Wiens Abgott. »Graferl«, sagte die Krones zu ihm, als sie einander kurz kannten, »Graferl – mit dem Kartenspielen sollten Sie aufhören!«

Nun ja, er verlor mitunter, aber zumeist gewann er, und Geld borgte ihm überdies fast jeder, vom Kavalier bis zum Handwerker! Der Schneidermeister Mißgrill etwa, dem er für die gelieferte Kleidung 750 Gulden schuldig blieb, borgte ihm noch 12.000 Gulden dazu!

Jaroschinski, der eine noble Wohnung im Trattnerhof bezogen hatte, ohne entsprechende Einkünfte, geriet in Panik, als er im Jänner 1827 vom Kabinett des Zaren aller Reußen den Befehl erhielt, mit einer

Aufstellung der überantworteten russischen Staatsgelder und deren Verwendung unverzüglich nach Petersburg heimzukehren. Das auch noch!
Es gab einen Menschen in Wien, der immer Verständnis für ihn gehabt hatte, und dieser Mensch war vermögend. Jaroschinski hatte seinen ehemaligen Mathematikprofessor Konrad Blank noch nicht aufgesucht. Das war nachzuholen …

Der Abbé war indessen alt geworden, und das Leben schien ihm eine Last.
Die Institutsvorsteherin war längst tot. Jaroschinski nahm Kontakt mit dem alten Herrn auf und lud ihn zu einem Besuch im Trattnerhof ein.
Blank kam gerne, um über alte Zeiten zu plaudern. Auf dessen Fragen erzählte er dem ehemaligen Schüler, daß er sein Vermögen in Wertpapieren angelegt habe.
»Damit«, sagte Jaroschinski seufzend, »werde ich mich nie auskennen. Wie macht man denn das?«
»Was?« fragte der Abbé gütig.
»Obligationen kaufen und sie im Notfall wieder verkaufen. Ich war nie ein Krämer«, entschuldigte er sich. »Ich auch nicht«, sagte Professor Blank. Doch das Leben erfordere leider, daß man sich mit diesen Nebensächlichkeiten beschäftige. Er hätte Geld anzulegen und wollte nicht übervorteilt werden, erklärte Jaroschinski. Wie sollte er das anfangen?
Blank schlug ihm vor, zu ihm zu kommen. Er würde ihm seine Wertpapiere zeigen.
Professor Blanks Wohnung lag im Haus Nr. 987 (der Inneren Stadt), das »Zur eisernen Birn« hieß.

1 Severin Graf Jaroschinski, »beliebtester Mörder« von Wien

Jaroschinski erschien am 12. Februar, wie vereinbart, und der Abbé zeigte ihm einige Wertpapiere. Sie überstiegen jedoch nicht den Betrag von ein paar tausend Gulden, und Jaroschinski meinte betrübt, damit wäre ihm wenig geholfen: er müsse teure Obligationen sehen, damit er keine falschen kaufe! Der Professor willigte ein, doch könne er ihm solche Papiere erst am nächsten Tag zeigen, da sie beim k. k. Kammerdiener Kolb in Verwahrung waren. Er begab sich auch gleich zu Kolb und holte die Papiere ab. Als Grund gab er dem k. k. Kammerdiener an, er müsse sie dem polnischen Grafen zeigen.

Am 13. Februar um 11.00 Uhr vormittags erschien Jaroschinski wieder in Blanks Wohnung. Der Professor zeigte ihm acht Stück Obligationen im Gesamtwert von 60.000 Gulden und breitete sie auf dem Tisch aus. Als er sich umdrehte, zog Jaroschinski ein Küchenmesser aus der Tasche und stach es dem alten Mann in den Hinterkopf. Blank brach zusammen, lebte aber noch. Sein letzter Blick richtete sich auf den jungen Menschen, dem er sein Leben lang nur Gutes erwiesen hatte. Jaroschinski brach der Schweiß aus. Wie von Sinnen stach er mit dem Küchenmesser auf den alten Mann ein. Als sich dieser nicht mehr regte, sammelte Jaroschinski die Wertpapiere ein und entfloh.

Als Blank, der noch immer unterrichtet hatte, an den nächsten Tagen nicht in der Schule erschien, beschlossen einige Institutsangehörige, ihn aufzusuchen.

2 *Johann Conrad Blank, das Opfer des Grafen Jaroschinski*

Sie fanden ihn in seinem Blut und alarmierten die Polizei, deren erste Untersuchungen ergaben:
Zu Professor Riegler, der mit seiner Familie die Wohnung unterhalb Prof. Blank innehatte, war am 13. Februar ein Herr distinguierten Aussehens gekommen, der erschreckt festgestellt hatte, daß er sich im Stockwerk geirrt haben müßte.
Das Dienstmädchen der Rieglers sah dem eleganten Herrn nach und bemerkte, daß er ins vierte Stockwerk ging.
Zwischen 12.00 und 1.00 Uhr mittags hatten die Rieglers »allerlei Lärm« in der Blank'schen Wohnung ober ihnen vernommen. »Was macht denn der Professor Blank?« hatte Riegler zu seiner Frau gesagt, »mir scheint, er rangiert seine Möbel. Ich geh' hinauf zu ihm«. »Ach Adalbert«, hatte seine Frau gesagt, »laß es sein.«

Das Rieglersche Dienstmädchen lieferte eine Personsbeschreibung des mutmaßlichen Täters: dunkel, etwa Mitte 30, elegant, »sehr fesch«. Diese Beschreibung wurde entsprechend verlautbart. Indessen fand sich auch der k. k. Kammerdiener Kolb bei der Polizei ein und berichtete, daß Professor Blank am 12. Wertpapiere geholt habe, um sie »einem polnischen Grafen zu zeigen«. Auch eine Wechselstube meldete sich, bei der Jaroschinski persönlich gut bekannt war und wo er am 14. Februar Obligationen verkauft hatte. Am gleichen Tag hatte er auch einen Reisewagen um 1700 Gulden erworben.
Da alle Fakten auf Jaroschinski wiesen, begaben sich einige »Vertraute« (Geheimpolizei dieser Epoche) in

3 Therese Krones, die Freundin des Grafen Jaroschinski

den Trattnerhof, wo die Beamten Jaroschinskis Diener Michael und einen zweiten Domestiken antrafen. Diese berichteten, daß der »Herr Graf« die Nacht vom 13. auf den 14. »unruhig und schlaflos« gewesen sei. Auch habe er mit Eisen herumgeschlagen. »Auch«, berichtete Michael, »entdeckte ich durch Zufall am 12., einen Tag vor dem Mord, ein neues Küchenmesser in einer Lade.«
»Wieso?« wurde er befragt.
»Der gnädige Herr verlangte einen Fidibus, um sich die Pfeife anzuzünden. Ich suchte ein Stück geeignetes Papier in der Lade. Da sah ich das neue Küchenmesser.«
Michael traute sich aber noch nicht, den Herrn Grafen zu fragen, wozu diese Neuerwerbung dienen solle. Als er aber dann in der Nacht nach dem Morde, die der Graf so unruhig verbrachte, das Herumschlagen mit Eisen hörte, sagte er zu dem anderen Domestiken: »Um Gottes willen, unser Herr wird uns doch nicht umbringen wollen oder vielleicht sich selbst, weil er kein Geld hat?«
Da ihm der Graf nach dieser unheimlichen Nacht ein Paket mit Geld übergab, damit Michael es »gut aufhebe«, faßte er sich ein Herz. »Wieso sind wir jetzt so reich?« fragte er. Sein Herr erwiderte: »Stell dir vor, mein Bruder hat mir 1000 Dukaten geschickt. Wir gehen jetzt auf Reisen.«
»Und wofür ist das neue Küchenmesser gut?« fragte Michael. »Für diese Reise«, meinte sein Herr. »Da muß man sich immer vorsehen.«

Auf Grund dieser Indizien wurde der Trattnerhof

am Abend des 16. Februar von »Vertrauten« umstellt.
Für Jaroschinskis Gäste, die sich in der eleganten Wohnung eingefunden hatten, fing dieser unvergeßliche Abend auf das Angenehmste an: das Diner hatte der Trakteur Wittmann geliefert, und es beinhaltete alle Leckerbissen, die auf vornehmen Tafeln zu finden waren, kostete es doch 5 Gulden pro Gedeck. Eine Batterie von Champagnerflaschen tat ihr übriges.
Therese Krones, ihre hübsche Kollegin Jäger und ein Baron der russischen Gesandtschaft in Wien schmausten getrüffelte Gänseleber und Fasanbrüstchen, Naschkuchen von jungen Tauben, Bœuf à la Mode mit Serviettenknödel, Veilchen-Sulze, Spanische Winde und Käsetorte.
Mit der Zeit fiel es auf, daß der Gastgeber nichts aß, nichts trank und auch nichts redete.
»Graferl«, sagte die Krones, »was ist denn? Geht Ihnen der Abschied von Wien so nahe?«
Denn Jaroschinski hatte eingeladen, um »der schönen Donaustadt Adieu zu sagen«.
Die Krones entzückte die Wiener Theaterbesucher zu dieser Zeit mit dem Lied Raimunds: »Brüderlein fein«. Sang sie es auf der Bühne, wurden die Taschentücher im Publikum naß.
Ihrer Wirkung sicher, fing die Schauspielerin nun zu singen an: »Brüderlein fein, Brüderlein fein, einmal muß geschieden sein ...« Die Kollegin Jäger hörte wohl auf, sich mit Torte vollzustopfen und zeigte eine entsprechende gerührte Miene, der russische Baron goß Danziger Goldwasser in sich und schaute

entrückt: er verstand wenig Deutsch. Jaroschinski aber blieb mißmutig. Als die Krones zu singen aufgehört hatte, kam das Gespräch auf die Aktualitäten. Die Ermordung des Professors Blank stand im Mittelpunkt des derzeitigen Interesses. Die Krones sagte dazu: »Ich wette, das war nicht die erste Tat dieses Spitzbuben. Aber meiner Seel', ich brenne vor Begierde, den Kerl hängen zu sehen!«
Sie trank ihr Champagnerglas leer und rief leidenschaftlich: »Bin ich krank, so laß ich mich im Bett zur Spinnerin am Kreuz hinaustragen, um den schlechten Kerl baumeln zu sehen!« Die Jäger nickte heftig, und der russische Baron blickte entrückt.
Jaroschinskis Gesicht verzog sich.
Die Krones streichelte ihn. »Graferl, was fehlt Ihnen denn?« fragte sie. Jaroschinski entzog sich ihrer Hand. »Ich bin böse auf Sie«, sagte er und stand auf. Die Krones nahm das nicht ernst. »Graferl«, sagte sie, »Wien bleibt Wien. Sie machen uns doch ein schönes Abschiedspräsent?« Jaroschinski zeigte auf einen Kasten mit Silbergeschirr. »Da nehmen Sie sich, was Ihnen gefällt.«
Die Unhöflichkeiten fortsetzend, packte er seine Pfeife und verließ das Speisezimmer, ohne ein Wort zu sagen.
»Die slawische Seele ist rätselhaft«, sagte die Krones. Während die Gäste nun überlegten, was der Hausherr wohl haben und wie man ihn auf andere Gedanken und zur Lebensfreude bringen könnte, hörten sie im Zimmer nebenan verschiedene Stimmen. Vermutlich verabschiedeten sich noch andere Leute,

meinten sie. Nach langer Zeit kehrte Jaroschinski zurück.
Seit Gesicht war verzerrt und seine Hände fesselten Stricke. Hinter ihm gewahrte man Polizisten.
»Severin!« schrie die Krones auf und fiel in Ohnmacht.

Jaroschinski, Michael und der andere Domestik wurden zum Stadtgericht transportiert, wo sodann die Verhöre einsetzten.
Die Diener erlangten bald ihre Freiheit wieder, waren sie doch schuldlos. Jaroschinski, für dessen Schuld alle Beweise sprachen, bestritt alles, verwikkelte sich aber in Widersprüche. Sein Geständnis erlangte man durch zwölf Stockstreiche: ein bewährtes Mittel der Strafprozeßordnung dieser Zeit: menschenunwürdig, doch überaus wirksam ...
Der Kriminalsenat verurteilte ihn »zum Tode durch den Strang«, welches Urteil durch das Oberste Gericht Bestätigung fand. Er stand nun an der »Schandsäule«, vor der Schranne: Severin von Jaroschinski, mit einer Magentafel, die sein Verbrechen verkündete. Er stand dort und ließ sich angaffen, beschimpfen, belächeln – und schaute zu den Fenstern des Flebanischen Instituts empor, wo ihm eine ältliche Dame vor langer Zeit vorausgesagt hatte, daß er hier enden würde, besänftigt von einem gütigen Mathematikprofessor, der dem aufgeweckten Knaben immer nur Liebe entgegengebracht hatte ...

Seine Justifizierung wurde für den 30. August 1827 festgesetzt. Als Seelsorger stand ihm Philipp Jakob

Münnich zur Seite. In seinen Memoiren berichtet Pater Münnich über die letzten Stunden Jaroschinskis:

»... Jetzt wurden wir zum Abendessen gerufen, und zwar zum letzten. Ich zwang mich, etwas zu essen, um ihn dadurch zur Nahrung zu reizen. Aber mein Mund war verschlossen. Jaroschinski aß sehr wenig, trank ein Glas Bier und verließ das Speisezimmer. Als wir im Aussetzzimmer auf und ab gingen, sagte er mir leise, daß er eine unbeschreibliche Angst fühle, zwar nicht, weil er sterben müsse, denn er habe es verdient, sondern weil er eine greuliche Tat verübt habe, weil er schändlich sterben müsse, wodurch seine Familie geschändet sei, die doch an der Sache unschuldig ist. Er fragte mich auch öfters, ob seine Mutter während seiner Verhaftung in Wien gewesen sei, ich sagte, ich wisse es nicht. Er schien sich bald zu fassen, und sagte: ›Wann werden sie mir den Kopf abhacken?‹ Ich sagte, daß er nicht geköpft, sondern gehängt werde. – ›Wie ist das Hängen? Haben Sie es schon einmal gesehen?‹ Nachdem ich sagte, ich sei schon einem Unglücklichen von dieser Art beigestanden, mußte ich ihm die ganze Manipulation erklären. – ›Wie lange kann es dauern?‹ fragte er ganz ruhig. – ›Eine Minute‹, war meine Antwort. – ›Das ist lange‹, sagte er.« Der Pater beschreibt nun Jaroschinskis letzte Nacht, die Beichte am Morgen. »Nach Empfang der heiligen Kommunion«, fährt er fort, »schlug er sich dreimal mit solcher Andacht an die Brust, daß alle Anwesenden zu Tränen gerührt waren ... Nach der Messe richtete ich mich zur Reise (nach der Spinnerin am Kreuz), ich steckte ein

Fläschchen Hoffmannsgeist zu mir, um bei vielleicht eintretendem Übelsein Hilfe leisten zu können. Im Talar, mit einem weiten, schwarzen Mantel angetan, das Kruzifix in der Hand, den Kopf mit einer Kamera bedeckt, erschien ich im Aussetzzimmer und erwartete die siebente Stunde. Von Jaroschinski war sehr unruhig und bat mich öfters, Anstalt zum Abgehen zu treffen.

Endlich, als es sieben Uhr schlug, klopfte es an die Türe, ich rief: ›Herein!‹ Da trat der Kommissar des Gerichtes, schwarz gekleidet, herein, begab sich zu Jaroschinski, der unterdessen aufgestanden war, und sagte: ›Lieber von Jaroschinski! Die Stunde hat geschlagen. Das Gesetz fordert Sie nun, die Ihnen zuerkannte Strafe zu vollziehen.‹ Da rief von Jaroschinski um einen Schnaps, fiel dem Ober-Gefangenenwärter, dem Schreiber, den sogenannten Stökkelknechten, dem Polizeifeldwebel, Korporal, jedem Gemeinen um den Hals, küßte sie und weinte bitterlich. Alle weinten. Es herrschte Grabesstille. Jaroschinski sammelte sich, nahm das ihm dargereichte Rosoglio-Gläschen und stellte es mit einer solchen Heftigkeit nieder, daß es zerbrach.

Ich nahm ihn unter die Arme, da sagte er zu mir: ›Ich werde Ihnen zeigen, daß ich standhaft bin.‹ Wir gingen über die Stiegen, wo ihm an den letzten Stufen die Eisen, die zum Abstreifen schon bereitet waren, abgenommen wurden.

Als er aber die ungeheure Menge Menschen, die Kavallerie, Infanterie, den Wagen, die Henkersknechte, die ihn anfaßten, sah, verlor er alle Kraft und das Bewußtsein; er bemühte sich, sich zu fassen, sprang auf den Wagen und setzte sich auf meinen Platz, ich nahm den seinen ein, da kam der Gefangenenwärter des Stadtgerichtes und sagte, er müsse rückwärts sitzen, er tat es, und ich begab mich auf den für den Priester bestimmten Platz. Jaroschinski konnte sich nicht aufrecht halten. Sein Sitz hatte keine Lehne, er saß in der Mitte und fiel bald vor-, bald rückwärts, bald rechts, bald links. Hätte ich nicht seine Knie mit den meinigen festgehalten, so wäre er in oder aus dem Wagen gefallen. Er versuchte oft zu sprechen, ich verstand aber nichts, als: ›Ich sehe nicht.‹ Seine Mundmuskeln waren gelähmt und Geifer floß aus demselben. Ich nahm mein Sacktuch, um ihn zu reinigen; er wollte aber sogleich seines herausziehen, konnte es aber lange nicht herausbringen; endlich gelang es ihm, wie es aber aus der Tasche war, flog es schon aus dem Wagen. Man hob es auf und reichte es mir, da es aber vom Kote verunreinigt war, gab ich es dem Finder zurück. Ich hatte seine rechte Hand in der meinigen; sie war sehr kalt, aber auf seiner Stirne zeigten sich Schweißtropfen. Er fing an, seine Wangen aufzublasen und versuchte es mit Gewalt, sein Halstuch zu öffnen, um sich Luft zu verschaffen. Es wollte ihm lange nicht gelingen, endlich öffnete sich der Knoten und das Halstuch flog aus dem Wagen. Nun sah er aus, als wäre er schon vom Galgen herabgekommen. Seine Augen waren sehr trübe. Ich machte ihn, als wir zur Paulanerkirche auf der Wieden kamen, aufmerksam, seine gegenwärtigen Leiden Gott für seine Sünden aufzuopfern. Er verstand es und nickte mit dem Kopfe ja zu.

Bald darauf riß er die Augen mit Gewalt auf, erheiterte sich und sagte: ›Da kommt eine Hofequipage, die bringt mir Pardon!‹ (Es war ein Fiaker, der den Gerichtskommissär führte.) Bald darauf sagte er: ›Da kommt ein Stabsoffizier, der bringt mir Pardon!‹ (Es war ein Militärchirurg.) Außerhalb der Linie ritten zwei k. k. Reitknechte schnell am Wagen vorüber; dies bestätigte ihm ganz, daß er begnadigt werde. Wer es weiß, daß von Jaroschinski bald fünf Jahre in Wien verlebte, die Hofequipagen und Militärbranchen genau kannte, wird daraus deutlich sehen, daß er sich nicht gegenwärtig war. Als er schon unter dem Galgen stand und die Henkersknechte ihn anfaßten, um ihn zu binden, rief er: ›Meinen Geistlichen‹, und wand sich aus den Händen der Henkersknechte, schwankte aber im Gehen und stieß heftig an die Galgensäule, die er aus Angst nicht sah. Ich sprach ihm Mut zu und munterte ihn zur Geduld auf. Er faßte sich, stellte sich in die Mitte des Galgens, ließ sich geduldig binden und sagte: ›Ich bitte, machen Sie geschwind.‹ Ich war an der linken Seite des Galgens, als er aufgezogen wurde. Ich dachte nun über die an das Volk zu haltende Rede, ich war davon ganz begeistert. Ich achtete nicht darauf, was geredet wurde.
Der Henker kommandierte mit seinen Knechten, diese sprachen auch. Ich sah in die Höhe, von Jaroschinski hatte den Strick um den Hals. Der Henker winkte seinen Knechten, die hinter dem Galgen ließen nach, die unter dem Galgen zogen an. Von Jaroschinski war tot.
Mehr als 20000 Menschen umgaben den Gerichts-

platz. Ich trat vor den Erhängten und begann meine Rede an das Volk. Ich sprach von der Macht der Leidenschaften. Ich würde auch die Pflicht der Eltern berührt haben, aber es fing zu regnen an, wodurch die Zuhörer in Bewegung und Unruhe gerieten ...«

Ein Ehemann ist ein schweres Stück

Der Fall Therese Kandl 1809

Im Schneetreiben der Nacht zum 20. Dezember 1809 waren nur wenige Passanten unterwegs. Einige bemerkten wohl, daß auf dem Gehsteig der Piaristengasse mitten im Schnee ein Mann lag, doch hielten sie ihn für einen Betrunkenen und eilten weiter. Schließlich erbarmten sich zwei junge Männer der »Schnapsleiche« und griffen zu, um dem armen Teufel beim Aufstehen zu helfen. »Voda, geh ham, sunst derfrierst«, sagte der eine. Dann verstummte er entsetzt. Denn der Körper, den er berührt hatte, war kalt und steif. Die Schnapsleiche war eine echte Leiche! Obendrein war sie nur mit einem Hemd bekleidet. Und obendrein war sie mit Blut bedeckt! Worauf der eine der beiden fortrannte, um die Polizei zu verständigen.

Die Meldung, die dann beim Kriminalgericht auf dem Hohen Markt erstattet wurde, stammte von der Polizeibezirksdirektion Wieden, was heute seltsam anmutet, da die Wiener Bezirke anders aufgeteilt sind. Die Meldung besagte: »... daß in der Piaristengasse an der Mauer beym Tempel eine Mannsperson erschlagen und der Kleydung beraubt worden seye ...«

Woraufhin die »Magistratspersonen« Albrecht und

Seißer (letzterer ein städtischer Gerichtskommissär) vom Magistratspräsidium den Auftrag erhielten, sich »unverzüglich an diesen Ort zu begeben und den Tathbestand zu erheben und denen Täthern auf die Spur zu kommen«.

Wie den Akten zu entnehmen ist, »begaben« sich die »Magistratspersonen« als Gerichtskommission in die Piaristengasse. Doch die der »Kleydung beraubte Mannsperson« war nicht mehr da: nach umständlichen Recherchen erfuhren Albrecht und Seißer, daß sie zum »Grundgericht Matzleinsdorf verbracht worden sei«. Die Verkehrssituation im Kriegsjahr 1809 machte aus einer Reise von der Piaristengasse nach Matzleinsdorf eine lange! Doch erfuhren Albrecht und Seißer, als sie endlich in Matzleinsdorf ankamen, vom dortigen Polizeidiener, daß die Leiche wohlbehalten angekommen und dank unermüdlichen Beamtenfleißes auch identifiziert worden sei: es handle sich um den »Greißler Matthias Kandl vom Hungelgrund Nr. 9, zum Salzküffel«. Mehrere Zeugen, auch die unglückliche Gemahlin des Toten, hätten ihn mit Sicherheit erkannt. Vermutlich liege ein Straßenraub vor, denn: »Matthias Kandl sei einige Stunden, bevor man ihn fand, Schmalz einkaufen gegangen und habe 150 Gulden in Bankozetteln sowie eine Uhr und gute Kleidungsstücke mitgenommen.«

Wie aus den Akten hervorgeht, waren »derartige Überfälle auf Fußgänger zu Beginn des 19. Jahrhunderts in Wien durchaus nichts seltenes, da unsere Vaterstadt infolge immerwährender Kriege von Truppen entblößt war und man über die großen politischen Sorgen der kleinen Bedürfnisse, zu denen auch der Schutz der Person und des Eigentums gehörte, vergaß«. An Matthias Kandls Leiche hatte ein Wundarzt »nicht weniger als zehn teils tödliche, teils mindere Wunden« festgestellt. Die Gerichtskommission begab sich auf den Hohen Markt zurück.

Das schauerliche Ereignis in der Piaristengasse wurde in Wien Gesprächsthema. Der Heiligenstädter Bäckermeister Josef Werner vernahm von Kandls Schicksal und fuhr zum Hohen Markt, wo Theresia Kandl, die Witwe, just zur Aussage gebeten worden war. Werner bat den Kommissär Seißer zu einem Gespräch »unter vier Augen«.
Die schöne Therese mit den »kaiserblauen Augen« mußte es hinnehmen, daß man sie hinaus schickte. Werner sah der grazilen 23jährigen gehässig nach. Als sie draußen war, sagte er zu Seißer: »Wenn Sie nicht wissen, wer den Kandl umgebracht hat, dann sage ich es Ihnen: das war die Therese mit ihrem Engelsgesicht!« Seißer, überrascht, gab zu bedenken, daß dies eine schwere Anschuldigung wäre. »Aber mein Bester!« rief der Bäckermeister, »ich weiß, was ich spreche. Die Kandlin ist eine schlechte Person! Sie hat schon im Jahre 1807 mit einem Fleischhauerssohn ein Verhältnis gehabt, von dem ihr Mann nichts wußte. Ich bin überzeugt, daß sie's noch immer mit dem Fleischhauer hält, und was mich in meinem Verdacht am meisten bestärkt, ist etwas, was ich zufällig auf dem Gang beim Warten gehört habe, nämlich, daß sie die Tabakspfeifen ihres Mannes gleich nach der Ermordung ihrem Bruder geschenkt hat.

So was tut keine Person, der es wirklich schwer ums Herz ist.«
Seißer verabschiedete den entrüsteten Bäckermeister und ließ die wartende Witwe Kandl wieder eintreten. Nach den Protokollen war sie »von schlanker Leibesstatur, hat langlichtes, sauberes Gesicht, schöne Nase, blaue Augen und blonde, rückwärts in einen Chignon geschlungene Haare«. Er eröffnete ihr, die so viel Haltung und Sanftmut im entsetzlichen Geschehen um ihren Mann bezeigt hatte, daß er sie »aus formellen Gründen« befragen müsse:
»Sie hatten vor und während Ihrer Ehe ein Verhältnis mit einem Fleischhauerssohn?«
Laut Protokoll begannen Thereses Augen zu funkeln.
»Der Bäcker lügt«, sagte sie. »Ich war meinem Mann immer eine treue Frau.«
»Und vorher?«
»Ich bin eine Waise«, sagte Therese. »Ich wollte Nonne werden. Ich war vor der ersten Weihe ...«
»Da kam der Fleischhauer«, unterbrach sie Seißer, dessen Verhörmethoden gefürchtet waren. »Und mit dem frommen Leben war's vorbei.« Therese schwieg. »Aber der Fleischhauer wollte Sie nicht heiraten«, fuhr Seißer fort. »Da haben Sie den Kandl genommen, der um 25 Jahre älter war als Sie und ein grober Mensch, wie Zeugenaussagen besagen. Doch Ihnen hat's nicht viel ausgemacht, es war ja der Fleischhauer zum Trösten da. Dafür waren Sie ihm gut genug, zum Heiraten nicht.«
Therese brach in Tränen aus. »Nein!« rief sie schluchzend. »Ich hab' den Pellmann Michel immer

abgewiesen, ich war meinem Mann treu. Dafür hat er mich geschlagen, wenn er betrunken war, er war kein Guter!«
»Ihr sanftmütiges Wesen«, steht im Protokoll, »war wie ausgewechselt. Sie schrie und weinte, wie hart der Frauen Los sei. Wie eine unheimliche Megäre fluchte sie den Männern und wurde so frech, daß ein Diener hereingerufen werden mußte, der sie für verhaftet abführte.«

Seißer ließ Herrn Albrecht zu sich bitten und teilte ihm mit, daß er eine Hausdurchsuchung im Kandl-Haus auf dem Hungelgrund durchführen wolle.
Die beiden Herren fuhren zur Polizeibezirksdirektion Wieden, um Assistenz beizuziehen. Der Kommissär zeigte sich über das Vorhaben leicht amüsiert. Wozu die Arbeit? Am Hungelgrund waren so viele Leute – Gerichtspersonen, Polizeidiener und sämtliche Nachbarn – unterwegs gewesen, um zu schauen, und keinem war etwas Verdächtiges aufgefallen! Ihm schien die Hausdurchsuchung eine unnötige Fleißaufgabe! Seißer beharrte auf seinem Vorhaben. Mit Albrecht fuhr er zum Hungelgrund, wo bald die Nachbarschaft das Kandl-Haus umstand, in dem jetzt die Gerichtsfunktionäre amtierten.
Als kundige Kriminalisten, die das Selbstverständliche tun, besahen sich Seißer und Albrecht Kandls Bettstatt. An der Wand darüber waren Blutspritzer, die abzuwaschen versucht worden war. Dann hoben sie Tuchent und Polster aus dem Bett und fanden darunter versteckt Kandls Anzug, von dem man bisher angenommen hatte, daß ihn Räuber dem Greiß-

ler auszogen. Da auch der Anzug voll Blut war, gab es wenig Zweifel darüber, daß Kandl sein Leben daheim ausgehaucht hatte! Höchstens schwerverletzt war er fortgeschleppt worden, bis zur weit entfernten Piaristengasse. Da der Greißler ein großer, schwerer Mann war, mußte der Mensch, der ihn in die Piaristengasse transportiert hatte, sehr kräftig gewesen sein, möglicherweise waren es mehrere Personen gewesen.

Unter großem Aufsehen der wartenden Nachbarschaft verließen die Gerichtsfunktionäre das Kandl-Haus und fuhren zum Hohen Markt zurück. Seißer ließ die verhaftete Witwe Kandl kommen.

Laut Protokoll »zitterte sie«, als ihr das Resultat der Erhebungen in ihrem Haus mitgeteilt wurde, doch dann »derfing sie sich« und »stellte jedes Verschulden an der grausigen Tat in Abrede«. Seißer war jedoch im Hinblick auf Thereses »Vorleben« nicht müßig gewesen: er hatte es indessen recherchieren lassen. Im Bericht, der ihm vorlag, stand, daß Therese Kandl, geborene Teppich, 23 Jahre, als junges Mädchen ein uneheliches Kind geboren hatte, dessen Vater sie nicht angab und das bald gestorben war. Sie hatte sich dann, am 30. Oktober 1808, mit dem Matthias Kandl verheiratet.

»Das war vom Fleischhauer«, fuhr Seißer die Kandlin an, »gib's zu, sonst erfährt ganz Wien von deiner Schand'!«

Therese weinte. Nein, das wollte sie nicht, daß die Schande, ein uneheliches Kind geboren zu haben, in Wien herumgeredet würde. Sie bekannte, daß Michael Pellmann aus Mauer der Vater ihres so bald

verstorbenen Kindes gewesen sei. Dann bekannte sie, daß der Michel ihren Mann, den Kandl, »ums Leben gebracht« habe. Ja, sie hätte es gewußt. Der Mord war mit ihrem Einverständnis geschehen.
Wo sich der Täter derzeit befinde? Therese gab an, es nicht zu wissen. Michel war beim Militär, wo er stationiere, wüßte sie nicht.

Nach sorgfältigen Recherchen in sämtlichen Wiener Kasernen wurde erhoben, daß Michael Pellmann seinen Dienst beendet hatte und »nach Mauer, zu seinen Eltern, entlassen« worden sei. Seißer fuhr nach Mauer, wo die Familie Pellmann – angesehene Leute – zuhause war.
Michael, ältester Sohn und Erbe, wußte noch nicht, daß der Kandl ermordet worden war. Als er erfuhr, daß die Therese ihm die Untat aufhalse, gab er zu Protokoll: »Es ist richtig, daß ich mit der Therese vor und nach ihrer Verheiratung sündig umgegangen bin. Doch so heiß war meine Liebe nicht, daß ich wegen der Resi wen umbringen tät'.«
Da er und die Pellmann-Familie für die fragliche Zeit lückenlose Anwesenheit in Mauer nachweisen konnten, nahm das Gericht von einer Verhaftung Abstand.
Seißer ließ sich die Witwe Kandl wieder kommen. »Der Michel war's nicht«, hielt er ihr vor, »der war daheim. Und wegen einer wie du bringt ein Mann wie der Pellmann keinen um. Wer war's, Theres'?«
Sie weinte. »Hat das der Michel gesagt, daß er wegen einer wie mich keinen umbringen tät'?« Seißer ließ sie gehen und wieder kommen. Er verhörte sie nach

allen Regeln der Kunst. Schließlich gestand Therese, die die Verhöre zermürbten, in Anwesenheit mehrerer Gerichtspersonen: »Meine Ehe mit dem Kandl war nur anfangs gut. Dann hat er, der ständig trank, mich oft geschlagen. Weil ich den Michel so lieb hab', ertrug ich's. Der Michel ist mein alles. Gegen meinen Mann, der so roh war, habe ich immer mehr Haß empfunden. Da wir auch keine Kinder haben konnten, weil der Kandl so alt und immer betrunken war, habe ich den Entschluß gefaßt.«
Der »Entschluß« wurde am 19. Dezember getroffen. Therese führte ihn um acht Uhr abends aus. Kandl, der vom Einkaufen zurückgekommen war, hatte seiner Frau mit einer Tracht Prügel gedroht und war dann schlafen gegangen. Als sein übliches Schnarchen ertönte, packte Therese eine Hacke und schlug damit mehrmals auf den Kopf ihres Mannes ein.
Bald regte er sich nicht mehr. Doch er mußte weg aus dem Haus. Wie? Therese sah sich suchend um. Im Haus gab es verschiedene Holzbutten, die zum Befördern von Obst und Gemüse verwendet wurden. Therese suchte eine besonders große und solide Butte aus. Ob sie fest genug war, den Kandl auszuhalten? Ob sie, die schmale Therese, die Butte mit dem Kandl darin auch wegschleppen konnte? Und wohin? Sie trug die Butte zum Bett und versuchte, ihren schweren Mann – 115 kg – hineinzustopfen. Der Schweiß brach ihr aus: Matthias Kandl war zu voluminös. Wenn sie ihn auszog, war er weniger umfangreich: Therese zog ihm den Anzug aus, tat diesen ins Bett und stopfte den nunmehr bloß Be-

hemdeten in die Butte. Sie mußte niederknien, um sich die Butte mit dem Kandl darin aufzuladen. Ihre Knie knickten beim Aufstehen ein: Sie gab sich einen Ruck, stand nun fest auf ihren Beinen und verließ das Haus. Wohin? Nur weit weg, Wien war ja so groß. Sie ging und ging, es gab einen Schneesturm in dieser Nacht zum 20. Dezember, und Therese versagten mitunter die Beine, doch sie ging und ging, bis in die Josefstadt. Sie lehnte sich an eine Hausmauer, die Butte auf ihrem Rücken rutschte ein wenig seitlich. Ein Polizeidiener, der seine Runde machte, blieb stehen und fragte sie, ob ihr übel sei und wohin sie ihre schwere Last trüge?
Therese lächelte ihn an. Ihre »kaiserblauen« Augen taten ein übriges: der Polizeidiener half ihr, die Butte auf ihrem Rücken wieder gerade zu schieben. Sie ging weiter. In der Piaristengasse konnte sie nicht mehr. Es mußte ein Ende sein, sonst würde sie zusammenbrechen! Da das Schneetreiben sehr heftig geworden war, gab es keine Passanten: Therese ließ die Butte vom Rücken gleiten, kippte sie um und zog dann den Kandl heraus. Die nunmehr leere Butte war so leicht, daß Therese mit ihr auf dem Rücken den Heimweg nach Matzleinsdorf rasch hinter sich brachte. Sie fiel in ihr Bett und schlief sofort ein.

Als Therese ihr Geständnis beendet hatte, zeigten sich die Gerichtspersonen recht beeindruckt, hatten sie bei all ihrer Erfahrung doch niemals Ähnliches vernommen. Aber war es dieser zartgebauten Frau wirklich zuzutrauen, daß sie solche Riesenkraft besaß? Eher war da ein Komplize im Spiel! Therese

wurde nun auf das genaueste verhört, doch sie blieb in allen Punkten bei ihrer Darstellung der schaurigen Ereignisse, auch gab sie zu Protokoll, wo das Mordgerät, die Hacke, und das Transportmittel, die Butte, von ihr versteckt worden waren. Sie »war nun wieder so sanftmütig wie früher, was einen guten Eindruck auf das Gericht machte, nur daß sie einige Male nach dem Michael Pellmann fragte und gar bat, ihm Grüße von ihr zu bestellen, verriet die Zügellosigkeit ihres Charakters«, wie wir dem Protokoll entnehmen können.
Mitte Februar war die Untersuchung abgeschlossen. Das Urteil lautete sodann: »Die Theresia Kandl soll wegen Meuchelmordes nach Vorschrift des § 119 des Gesetzes über Verbrechen mit dem Tode bestraft und diese Strafe gemäß des § 10 ebendaselbst an ihr mit dem Strange vollzogen werden.« Am 3. März 1809 bestätigte das Appellationsgericht das Urteil. Am 13. März stand Therese »schimpflich ausgestellt« auf dem Pranger. »Gantz Wien war auf den Beynen«, erfahren wir: »mit Kind und Kegel« zog man zum Hohen Markt, um die schöne Greißlerin vom Hungelgrund zu begaffen, zu beschimpfen und zu verspotten. Frauen, Männer und Kinder starrten hinauf zu ihr, die der »Strafakt Kandl« so beschreibt: »Selbige ist von schlanker Leibesstatur, hat blaue Augen, trägt am Leibe ein blaulicht mit weißen Tupfen versehenes Korsett, einen rot, mit weißen Tupfen versehenen kotonenen Rock, ein leinenes, geblümtes sowie ein blau-mußlinenes Tüchel um den Hals, weiße Strümpfe und schwarze, lederne Schuhe.«

Das Volksfest des »Pranger-Schauens« war aber nur der Auftakt zu einer viel spannenderen Schau: Am 16. März, Tage später, fand Thereses Justifizierung statt. Wegen des zu erwartenden Andrangs wurden zur Spinnerin am Kreuz 332 Mann Kavallerie und Mann Infanterie beordert, um für »Ruhe und Ordnung« zu sorgen. Schon in aller Früh bezogen Familien mit Jausenpaketen die Plätze um die Richtstätte, es kamen weitaus mehr Zuschauer als zu den beliebten Pferderennen, denn »s'Hänga is besser als s'Renna«, wußten Wiener Freizeitgestalter dieser Epoche die damaligen Darbietungen zu differenzieren. Die Wartenden und Schmausenden mußten bis zehn Uhr vormittags warten, ehe der »Malefiz-Wagen« ankam, der um acht Uhr vom Hohen Markt abgefahren war. Die schöne Therese wurde von dem klapprigen Wagen herunter und zur Richtstätte eskortiert. Sie hielt sich kerzengerade, wenn auch ihr »langlichtes, sauberes Gesicht«, wie das Protokoll vermerkt, »schreckensbleich war«. Sie stieg zum Galgen hinauf; schaute sie sich noch einmal um, ehe ihr der »Freymann« die Schlinge umlegte; suchten ihre »kaiserblauen« Augen in der wartenden Menge den Michael Pellmann?
Aber Pellmann hatte sich mittlerweile bei der Kavallerie verpflichtet. Einem unkontrollierbaren Gerücht nach soll er der vorderste der 332 Kavalleristen gewesen sein, die in Thereses letzter Stunde für »Ruhe und Ordnung« sorgten. Über sein weiteres Schicksal ist nichts bekannt. Unter atemloser Spannung der vielen Tausenden von Zuschauern beendete Therese ihr junges Leben. Sie verblieb, ordnungs-

gemäß, bis sechs Uhr abends am Galgen. Dann wurde sie abgenommen. Ihre Beisetzung erfolgte, nach damaliger Gepflogenheit, ohne weitere Formalitäten in ungeweihter »Selbstmörder-Erde«.

Wie der David den Goliath fing

Die Geschichte vom Räuberhauptmann Grasel 1818

Der »Wiener Kongreß« (September 1814–Juni 1815) wird gerne als eine Zeit des Glanzes und vieler Vergnügungen angesehen, trafen doch in Wien die Großen Europas zusammen, um das durch Napoleon I. gestörte Gleichgewicht wieder herzustellen. Doch neben den erlauchten Persönlichkeiten und deren Gefolge, die in Wien berieten und dabei den Freuden des Lebens kräftig zusprachen, zog auch »Gesindel von Ost und West ein«, wie zeitgenössischen Protokollen zu entnehmen ist. Diese dubiosen Gefolgsleute der Prominenz vergrößerten die Schwierigkeiten der Rechtspflege, die Wien und die angrenzenden Gebiete schon längere Zeit zu schaffen machten. Denn das Gerichts- und Polizeiwesen war hoffnungslos veraltet. Keine Behörde arbeitete mit einer anderen Behörde zusammen. Die Situation war ähnlich der in den USA vor der Etablierung des FBI: War man in einem der zweihundert Kriminalgerichte Niederösterreichs einem »Malefizkerl« auf der Spur, brauchte er nur einige Kilometer weiterzuziehen, und er war entschlüpft. Denn das dortige Gericht gingen seine Missetaten nichts mehr an. Die Richter in den Dörfern, die Guts- oder Stiftsherren unterstanden, blickten hoffnungsvoll auf Wien, von woher Neuerungen kommen sollten. Doch vorderhand brachte der Kongreß, dem kritische Beobachter nachsagten, daß er hauptsächlich »tanzte«, nur Zuzug zur bodenständigen Kriminalität, wobei sich häufig herausstellte, daß die preußisch oder russisch parlierenden Übeltäter waschechte Österreicher waren ...

In diese allgemeine Verwirrung brach Johann Georg Grasel ein: Deserteur und Räuberhauptmann, der das Waldviertel und die angrenzenden Gebiete von Böhmen und Mähren unsicher machte. Sohn eines kriminellen Vaters, der ihn schon früh zu tätiger Mithilfe beim Stehlen und Rauben angehalten hatte, genoß der »Hansjörgl«, die Sympathien der armen Bevölkerung, die mit der Obrigkeit unzufrieden war, so daß sich um den »Schrecken des Waldviertels« die Gloriole edlen Räubertums bildete. Wie Rinaldo Rinaldini, der Schinderhannes, Sandor Rozsa oder Karl Moor bot sich Grasel als »Rächer der Unterdrückten« an, den Reichen nehmend, um den Armen zu geben.

Die in Drei-Kreuzer-Heftln kolportierte Räuber-Romantik entsprach jedoch nicht den Tatsachen, die der Niederösterreicher Grasel setzte. Der fesche Hansjörgl gab den Armen nichts, seine Raubzüge gingen sogar in die Wohnungen der Armen, um das einzige Schmalzfaßl, das dort stand, zu erbeuten: Wo die Armut zu drückend ist, schaut auch der Räuberhauptmann nur auf sich selbst.

Das Untersuchungsprotokoll, das Jahre später vom Wiener Magistrat verfaßt wurde, füllt 1378 Beilagen über Grasel und seine Räuber-Tätigkeit: 205 Ver-

4 *Johann Georg Grasel (Stich 1818)*

brechen, darunter acht Raubtaten, eine davon mit tödlichem Verlauf, Totschlag und Verwundung durch Messerstiche, sowie 177 Diebstähle und Überfälle werden darin angeführt.
Armut und Furcht brachten dem Grasel Mithelfer in der Bevölkerung seiner »Jagdgründe«; da die Obrigkeit unfähig war, die Menschen zu schützen, unterwarfen sie sich dem Räuber. Erbeutetes Gut verstekken zu dürfen war eine Auszeichnung – und bewahrte die eigene Haut. Grasels zahlreiche Liebschaften fußten auf dem gleichen Prinzip: dem Hansjörgl zu dienen schien den Mädchen, die nur harte Arbeit und ein Leben in Elend kannten, eine Chance: von ihm ein Kleid oder gar eine gestohlene Goldhaube zu bekommen, war ein unüberbietbarer Höhepunkt in ihrer Misere.
Durch die Wasenmeistereien bis Ungarn, Böhmen und Mähren stand dem Grasel auch ein gutfunktionierendes Nachrichtensystem zur Verfügung. Die noch immer anrüchige Tätigkeit der Abdecker, »Kasiller, Schinder, Wasen- oder Feldmeister«, die sich mit der Wegschaffung, Verwertung oder Verscharrung von Tieren beschäftigten, schmiedete diese Halbverfemten zu einer Schicksalsgemeinschaft, die Grasel zu nützen wußte: mit den Wasenmeistern machte er Geschäfte und empfing wichtige Informationen über behördliche Aktionen gegen ihn, mit den Wasenmeister-Töchtern, die der Makel ihrer Herkunft als Bräute für »solide« Männer ausschloß, unterhielt er Liebschaften. Sich mit dem Grasel gut zu stellen wurde immer ratsamer! So war es zu erklären, daß ihm mitunter eine gesamte Dorfgemein-

schaft entgegenschritt, Blumen in den Händen. Da er insgesamt 123 Ortschaften räuberisch heimsuchte, waren die Blumenträger, die ihm voll Lobpreisungen entgegenschritten, ja eigentlich die Klugen …
Sein Ruhm war anno 1815 so groß, daß Wirtsleute im Niederösterreichischen etwa folgendes zu Protokoll brachten:
»Der Grasel kam mit Gefolge, und die Herren haben gezecht. Als ich bittlich um die Rechnung kam, rief der Anführer: ›Ich bin der Grasel!‹«
Der Grasel konnte es aber nicht gewesen sein, denn er hatte um diese Zeit ganz woanders eingebrochen. Aber wie sollte ein verschreckter Gastwirt herausfinden, wen er vor sich hatte? Ob echter Grasel oder falscher: gefährliche Raufbolde waren sie alle, und ein Gastwirt war froh, wenn die unguten Burschen nach reichlichem Trunk und Mahl wieder abzogen. Die Kosten für die unfreiwillige Bewirtung waren noch das kleinste Übel: welcher Gastwirt Graselschen Unwillen erregte, konnte sicher sein, daß ihm das Dach überm Wirtshaus demnächst abbrennen würde!

Im Wien des »tanzenden Kongresses« war das Treiben Grasels wohlbekannt. Mitunter schickte man Militärstreifen ins Waldviertel, Infanterie und Reiter. Wenn da an die tausend Mann anrückten, entging das nicht einmal den Katzen, die herumstreunten, geschweige denn den Wasenmeistern, die ihre Ohren überall hatten! Zertrampelte Felder waren das einzige Resultat solcher Maßnahmen. Hansjörgl

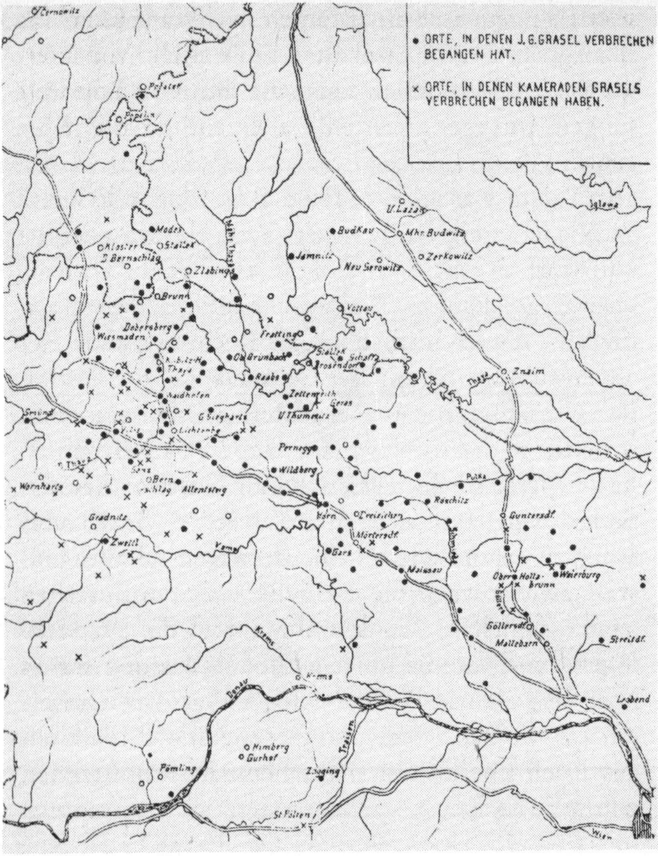

5 Die Schauplätze Grasel'schen Wirkens

und seine Spießgesellen lachten nur. Und sie lachten noch mehr, als sie anläßlich des letzten Manövers dieser Art erfuhren, daß eifrige Sicherheitsbeamte unweit von Tabor einen Mann verhaftet hatten, den sie als Johann Georg Grasel identifizierten. Die Sicherheitsbeamten prügelten den Mann windelweich und brachten ihn stolz nach Wien. Es war aber ein harmloser Reisender gewesen, ein Baron, »privat« unterwegs, der nun voll Empörung eine Klage gegen die Behörde einbrachte ...
Vielleicht unterhielten sie sich auch über die rührende Geschichte, die die Legendenverfasser vom Einbruch in die Gruft der »Herzogin von Lontin«, kolportierten. (Eine Geschichte, die in Grasel-Kolportagen bis heute immer wieder vorkommt.) Danach »erhob sich in der romantischen Gegend unweit von Horn auf einem Felsen die Burg Hohenstein. Im tiefen Winter kamen drei Räuber eines Nachts zur Burg und drangen auf halsbrecherischem Weg ins Innere der Kapelle und sodann ins Unterirdische, wo die Gruft der Herzogin sich befindet. Nach mühevoller Entfernung des Gruftdeckels öffneten die Räuber den Sarg der Herzogin und raubten ihre Juwelen. Doch der in weiße Gewänder gehüllte Leichnam der Herzogin zerfiel durch die Berührung, und entsetzt flohen die Räuber, bußfertig den Raub der Heiligen Kirche zum Wohl der Armen spendend ...«
Eine angeblich wahre Episode aus Hansjörgls Kindertagen diente ebenfalls zur allgemeinen Erheiterung und fand Einzug in viele Drei-Kreuzer-Heftln über den »Schrecken vom Waldviertel«: Danach war

er als kleiner Bub in Straß, wo seine Eltern in einem einsamen Holzhäusl draußen am Ortsende dem Abdeckergewerbe nachgingen, dazu gekommen, wie eine Kutsche im dichten Herbstnebel verunglückte. Der sechsjährige Hansjörgl bot dem vornehmen Insassen der Kutsche Hilfe an, die dankbar angenommen wurde.

Hansjörgl holte seinen Vater Johann, der Pferd und Kutsche wieder reisefertig machte. Der vornehme Herr ließ einige Gulden springen und verabschiedete sich dankbar von Vater und Sohn Grasel.

Papa Grasel rechnete nun aus, wo der müde Reisende übernachten würde – viele Möglichkeiten gab es nicht –, und Hansjörgl eilte voraus ins auskalkulierte Quartier. Dort versteckte er sich. Tatsächlich kam der vornehme Herr bald dort an und ging zu Bett. Der kleine Hansjörgl untersuchte nun die Kutsche und fand, in einer Seitenwand versteckt, eine volle Brieftasche. Sie zu nehmen und dem Vater zu bringen schien dem Buben selbstverständlich.

»Brav bist, Bua«, lobte ihn der Vater und räumte die Brieftasche aus. Während er die Scheine zählte, kam Mutter Grasel ins Zimmer: »Was zählst du denn da?« fuhr sie ihren Mann an. »Ein Dieb bist, ein Räuber, wird schon lang geredet, und den Buben machst zum Gleichen, du schlechter Hund.«

»Hoit's Mäu«, sagte Johann Grasel, der Vater, »sunst bist dastoch'n«. Mutter Grasel wollte nun ihren Sohn an sich reißen. Doch Hansjörgl entwand sich ihrem Zugriff und lief zum Vater, worauf die Mutter weinend in die Küche zurückkehrte.

Das war 1797 gewesen, denn Hansjörgl war 1791 geboren: in Neuserowitz, Mähren, Znaimer Kreis. Als der Bub drei Jahre alt war, übersiedelten die Grasels nach Straß im Niederösterreichischen. Nun schrieb man 1815, Hansjörgl war zum »Schrecken des Waldviertels« geworden, und empört kommentierte man die neueste Tat, die wohl nichts eingebracht hatte, doch an Frechheit unüberbietbar war: Grasel und seine Räuber waren nach Maria Drei Eichen, einem beliebten Wallfahrtsort, wallfahren gegangen. Start war die Hamberger-Wasenmeisterei in Autendorf. Die Hamberger-Mutter, die drei Töchter hatte, pflegte die heranwachsenden Mädchen zum Beten zu veranlassen, wenn's um's Stehlen ging: »Kinder, tuat's betn, der Hansjörgl und da Vota san stehln und kumman net daher«, war ihre häufige Aufforderung. Kamen die Männer dann doch »daher«, herrschte große Freude in der Wasenmeisterei, und Therese, die älteste Wasenmeisterstochter, die sich langsam zu einem bildhübschen Mädchen entwickelte, bekam vom Hansjörgl manche Silberschnalle, manchen Silberknopf geschenkt. Doch seiner Favoritin, der Eigner Rosalia, schenkte der Hansjörgl Goldhauben!

Die Sali war ein schlechtes Mensch, fanden Mutter Hamberger und Therese. Aber, wer weiß: vielleicht wurde aus den Silberschnallen und den Knöpfen für Therese mit der Zeit mehr?

So zogen die Wasenmeisterischen und die Gefolgsleute Hansjörgls zur historischen Wallfahrt nach Maria Drei Eichen, jeder mit Wünschen persönlichster Art. Hansjörgl trug die Fahne der Wallfahrer, die singend zur schmerzhaften Madonna beteten:

»Maria, hilf uns aus der bitteren Not.« Es war eine schöne Wallfahrt. Nachher räumten sie den Opferstock aus. Doch die frommen Gläubigen von Drei Eichen, die pflichtgemäß ihr Scherflein in den Opferstock geworfen hatten, erwiesen sich als rechte Roßtäuscher – im Opferstock waren hauptsächlich Hosenknöpfe!

Während Hansjörgl mit seinen Gesellen im »Pummerloch« und anderswo Standorte unterhielt, von woher sie Raubzüge und Überfälle durchführten, bekam Wiens Polizeichef Franz Ritter von Sieber vom Kaiser den Auftrag, den Waldviertler Unzuträglichkeiten ein Ende zu setzen. Sieber, hinlänglich ausgelastet mit der Bewältigung der Wiener Sicherheitsprobleme, die der Kongreß ihm aufhalste, sah diesem zusätzlichen Auftrag voll Skepsis entgegen.

Was sollte er tun? Seine Leute brauchte er in Wien – und er hätte ihre doppelte Anzahl brauchen können. Von den Waldviertler Sicherheitsorganen versprach er sich nichts: sonst wäre der Grasel nicht so gefährlich geworden, wenn die etwas getaugt hätten.

Er überlegte sich das Problem von allen Seiten und verfaßte schließlich eine Kundmachung, die von Wien bis Niederösterreich, Böhmen und Mähren, angeschlagen wurde:

Kundmachung

Nachdem die bisher angewendeten Mittel, den vielen sehr schwerer Verbrechen durch Tatsachen und die Aussagen mehrerer seiner verhafteten Mitschuldigen überwiesenen, als Anführer einer zahlreichen Bande von Dieben und Räubern bekannten Johann Georg Grasel den Händen der strafenden Gerechtigkeit zu überliefern, ohne Erfolg waren, so ist die k. k. Polizei-Oberdirektion kraft einer Allerhöchsten Entschließung befugt und angewiesen, öffentlich zu verordnen und kundzumachen: 1.) Wer den Raubmörder Johann Georg Grasel, dessen Personsbeschreibung in dem Anhang enthalten ist, lebend an das Kriminalgericht des Magistrats der k. k. Haupt- und Residenzstadt Wien oder an ein anderes Kriminalgericht hier Landes einliefert, erhält, wenn er kein Mitschuldiger desselben, eine Belohnung von 4000 fl. W. W. (Wiener Währung). Wenn seine Einlieferung durch das Zusammenwirken mehrerer Personen erfolgt, wird die Belohnung unter sie nach dem Maße des tätigen Anteils verteilt. 2.) Wenn einer der Schuldgenossen Grasels, oder mehrere derselben, seine Verhaftung freiwillig auf die erwähnte Art bewerkstelligt, so ist ihm Nachsicht der Strafe und eine Belohnung von 2000 fl. W. W. zugesichert.

Franz R. von Sieber,
kayserl. königl. wirkl. Hofrat und Polizey-Oberdirektor

(Siebers Kundmachung enthielt noch weitere Punkte hinsichtlich Strafandrohungen über Vorschubleistungen oder Verbergen der Grasel-Bande, die wegen ihrer Unerheblichkeit für den weiteren Verlauf in diesem Bericht nicht zitiert werden.)

Die ungewöhnlich hohen Belohnungen und die Zusicherung allfälliger Straflosigkeit erregten im »armen« Waldviertel höchstes Interesse. In Wien ließ man sich nicht so beeindrucken. Ironisch kommentierten die Wiener die verlockenden Angebote des Polizei-Oberdirektors als Ausdruck behördlicher Skepsis, den Grasel »zu derwischen«. Und man erheiterte sich in Wien über die der Kundmachung angeschlossene Personsbeschreibung Grasels, da die romantischen G'schichterln den Hansjörgl als Blüte attraktiver Männlichkeit priesen.

Personsbeschreibung

des höchst gefährlichen Raubmörders Johann Georg Grasel (aus den Verhören seiner verhafteten Raubgenossen genommen).

Nach der Schilderung verhafteter Mitschuldiger ist Grasel von großer schlanker Statur, hat ein längliches Gesicht von gesunder Farbe, mit wenigen Blatternarben und Sommersprossen, graue Augen, eine längliche, etwas gespitze und links gebogene Nase, kleine, weiße, etwas voreinander stehende Zähne, dunkelbraune, kurzgeschnittene Haare, unter das Kinn gewachsenen Backenbart, den kleinen Finger an der rechten Hand krumm und einwärtsgebogen. Er legt sich die Namen Franz Schönauer, Frey usw. bei. Er spricht geschwind Deutsch, auch Böhmisch und ist sehr kühn, er liebt insbesonders die Frauenzimmer und den Tanz. Er trägt gewöhnlich Pistolen, Terzerole, Messer und Stilett bei sich und hält sich meistens in Wäldern und abgelegenen Wasenmeiste-

reien auf. Nach Angaben anderer hat Grasel braune Augen, dunkle, in einen Kakadu geschnittene Haare, die er vorne bis über die Augen hängen läßt. An der rechten Ohrseite hat er einen verharschten Biß, der wie eine Bohne aussieht. (Etc.)

Mochten die Wiener auch spötteln: »Am Land« fing man an, über die Möglichkeiten nachzudenken, den Grasel »zu derwischen«. Polizisten, Bauern und arme Teufel sahen die hohen Prämien vor sich und grübelten. Einer, dem es weniger ums Geld, als um lebenslang verwehrte Anerkennung ging, war der Detektiv David Mayer aus Brünn.
Er war so tüchtig, der kleine, drahtige David, und seine jüdische Tüchtigkeit, aus der Überlebensfähigkeit seiner Vorfahren stammend, die manch Pogrom überstanden hatten, ging David Mayers Vorgesetzten auf die Nerven, wollte der Mayer doch wirklich »nichts wie arbeiten« …
Mayer kam um Urlaub ein. Er wollte sich dem Grasel nähern, nötigenfalls würde er sich auch verkleiden und maskieren, um so recht ein elendes Subjekt zu sein, das dem »Schrecken des Waldviertels« konvenierte. Er hatte erfahren, daß es eine Verbindung zum Grasel gab: durch den Justizverwalter Schopf in Drosendorf, oder genauer, durch ein Mädchen, die Therese Hamberger, die mittlerweile in den Ruf gekommen war, einen Teil des Herzens des vielgeliebten Hansjörgl zu besitzen.
Wegen dieser Liebschaft, die die Therese allerdings immer bestritt, war sie schon einigemale im Kotter

gesessen. Mayer reiste zu Schopf und besprach sich mit ihm. Er erwies dem Justizverwalter alle Ehren, indem er ihm die Führung der »höchstgeheimen Affaire« überließ.
Nach Mayers Plan mußte die Therese wieder einmal in den Kotter, und es war dafür zu sorgen, daß die Inhaftierte mit einer Frauensperson zusammenkam, die nicht »zufällig« in den gleichen Kotter geraten war.
David Mayer mußte seinen Plan der Polizeihofstelle vortragen, die ihn schließlich genehmigte.
Worauf Mayer nach Drosendorf reiste, und der Justizverwalter Organe ausschickte, die die wütende Therese verhafteten. Die Resel schrie: »Ich kenn' den Grasel ja gar nicht!« Aber das nützte ihr nichts. Dann saß sie beim Schopf im Verhör und weinte und tobte. Sie benahm sich so aufmüpfig, daß Schopf tun konnte, was er längst zu tun beabsichtigte: die Resel einzusperren.
Während die Hamberger Resel in den feuchten Arrest abwanderte, saß der Detektiv Mayer David aus Brünn beim Justizverwalter Schopf, und die beiden besprachen die Möglichkeiten, die sich nun darboten.
Schopf wußte von einer Frauensperson dubioser Art namens Benkhart, die den Behörden »gefällig« war, um wenigstens ihre späteren Jahre nicht in solchem Elend wie die der Jugend verbringen zu müssen.
Über diese Benkhart verlauten die Protokolle nur, daß sie »eine Diebin« war, die sich der Obrigkeit zur Verfügung stellte. Weder ihre Herkunft noch ihr Vorname sind je bekannt geworden, auch was aus

ihr wurde, weiß man nicht. Sie diente, dubios und, wie man sehen wird, eminent wichtig, dem Mayer und der Justiz, den Grasel zu fangen: ein Weib aus dem Niederösterreichischen, eine Paria, diente der Gerechtigkeit und verschwand dann wieder. David Mayer, selbst ein Außenseiter, nützte die Benkhart, das Paria-Weib ...

Es war tiefdunkle Nacht, als die Arresttüre aufgesperrt wurde und eine Frau zur Resel in den stinkenden Raum gestoßen wurde. Die Frau schimpfte und fluchte. Resel Hamberger, die sich halb auf ihrer Holzpritsche aufrichtete, besah die Neuangekommene, die in Lumpen steckte und nach Schnaps roch. Angewidert drehte sich Resel zur Seite, als die Neue neben ihr auf der Pritsche Platz nahm.

»Bist auch nichts Besseres als ich«, brummte die Neue nach einiger Zeit. »Sonst wär'st nicht da.«

Resel zuckte die Achseln. »Warum bist denn da?« fragte die Neue. »Das weiß ich nicht«, erwiderte die Resel unwirsch.

»Tu dir nichts an«, sagte die Neue, »wegen einem kleinen Diebstahl.«

»Halt's Maul«, fuhr sie Therese an. »Ich bin keine Diebin.«

»Ich auch nicht«, meinte die Neue. »Die haben mich wegen einer ganz falschen Sache arretiert.« Sie kicherte. »Aber wenn die wüßten!« fuhr sie fort. »Na, sie werden es bald wissen, wen sie vor sich haben. Mein Loisl, wenn der hört, daß ich da eingesperrt bin! Also der Loisl und seine Freunde – die werden es dem verfluchten Schopf heimzahlen.«

Resel fing nun doch an, sich für die Neue zu interes-

sieren. »Wer ist denn dein Loisl?« fragte sie, noch reserviert.
»Mein Loisl? Da tätest du die Augen aufreißen, wenn ich dir verrate, wer das ist!«
»Dann behalt's für dich«, war Resels schnippische Antwort.
»Jetzt sei nicht so ang'rührt«, sagte die Neue. »Aber weißt: die Wände haben Ohren!« Und sich zu Resel beugend, flüsterte sie: »Vom König der Räuber hast du sicher gehört.«
Resel verbarg ihre Erheiterung: »Und wer«, fragte sie in gespielter Ahnungslosigkeit, »sollte denn dieser König sein?«
»Tschapperl!« Die Neue war nun ganz mütterlich. »Mein Loisl ist der größte Räuberhauptmann, den's auf der Welt gibt. Und Burschen hat er, die gehen für ihn durchs Feuer. Bei denen ist ein Weib gut aufgehoben. Aber ein Verräter muß sich eingeschlichen haben, der Loisl vermutet das schon eine Weile. Drum hat's den Überfall gegeben. Erwischt haben die Schopfischen aber nur mich!
Macht nix, der Loisl weiß jetzt sicher, wer der verräterische Hund ist, und der hat dann nix zu lachen, und der Schopf auch nicht, wenn mich mein Loisl holt ...«
Therese lauschte. Sie kannte die Schwierigkeiten des Räuberlebens und wußte, daß es mitunter Verräter gab: die Neue redete nicht wie eine Blinde von der Farbe. Trotzdem blieb die Resel im stillen erheitert, denn wer konnte dieser Loisl schon sein? Es gab nur einen einzigen großen Räuberhauptmann im Waldviertel, und das war der Hansjörgl!

An ihn denkend, streckte sie sich auf ihrer Pritsche aus und tat, als ob sie schliefe.
Die Neue redete noch eine Weile vor sich hin und ging dann ebenfalls zur Ruhe.
Gegen Mitternacht wachte Therese auf und horchte: pfiff es nicht vor den Fenstern? Sie sah ihre Nachbarin von der Pritsche gleiten und zum Fenster laufen. Nun wurde durch das vergitterte Fenster Gewisper vernehmbar. Therese setzte sich auf und lauschte angestrengt, bald konnte sie die Stimme der Neuen und eine Männerstimme von draußen deutlich hören. Eben sagte der Mann: »Mit dem verräterischen Hund hab' ich kurzen Prozeß gemacht. Ein zweites Mal kriegt dich der Schopf nicht, eher bring' ich ihn um.«
»Loisl«, flüsterte die Neue, »sei vorsichtig!«
»Ich hol' dich jetzt heraus«, sagte der Mann.
»Aber wie denn?« flüsterte die Neue.
»Ich brech's Gitter aus dem Fenster.«
»Loisl! Vom Lärm könnten die Leut' erwachen! Bleib' bei unserem alten Plan und komm' morgen, wenn der Polizeidiener auf Rundgang ist. Dann sperrst mit dem Sperrhakl auf, und ich geh' durch die Tür. Das Mensch da hinten«, sie drehte sich halb zu Therese um, »wird freilich den Scherben aufhaben, wenn ich fort bin, weil sie der Schopf als Mitwisserin in die Zangen nehmen wird.« »Was für ein Mensch ist bei dir drin?« fragte der Mann.
»Was weiß ich, was für ein Mensch die ist«, sagte die Neue. »Sie tut, als wär' sie wer. Aber was geht sie uns an? Loisl, sei nur vorsichtig, der Schopf hat verlauten lassen, daß Militär umgeht.«

»Das Militär kann mich«, sagte der Mann.

Ehe die Neue erwidern konnte, war Resel zum Fenster geeilt, das sich in ziemlicher Entfernung von der Pritsche befand. Mochten die Neue und der Mann draußen auch Wichtigtuer sein – sie, die Resel, hatte keine Lust, allein im Kotter zurückzubleiben! »Ich hab' zugehört«, sprach die Resel durchs Gitter hinaus. »Ich bin die Hamberger Therese, vom Autendorfer Schinder die Tochter. Mein Geliebter ist der Grasel. Wer mich mitnimmt, dem wird's der Hansjörgl danken.«

Die Neue, die neben Therese stand, lachte spöttisch. »Gleich der Grasel? Billiger tust es nicht?«

Und der Mann draußen sagte drohend: »Paß auf, Mensch! Ich bring' dich um, wenn du Linke machst.«

»Frag den Herrn von Schopf«, rief Therese, »ob ich da im Kotter hocke, weil ich die Geliebte vom Grasel bin!«

Eine Weile war es still. Dann sagte der Mann: »Wenn'st wirklich dem Grasel seinige bist, befreie ich dich sofort.«

»Loisl«, schrie die Neue. »Setz nicht unser Leben aufs Spiel.«

»Also dann morgen«, sagte der Mann draußen. »Aber wohin dann mit dir, Madl?«

»Zu meiner Mutter nach Autendorf«, sagte Therese. »Mit einem Wagerl fahren wir dann nach Horn.«

»Zu was nach Horn?«

»Beim Wasenmeister in Horn«, sagte Therese und dämpfte ihre Stimme, »versteckt sich der Hansjörgl.«

Der Mann entfernte sich hörbaren Schrittes.
Er ging bis zum Eingang des Gerichtsgebäudes und läutete dort an. Der Justizverwalter Schopf öffnete höchstpersönlich. Er führte den Mann – es war David Mayer – in sein »Konferenzzimmer«, einen im Biedermeierstil eingerichteten Raum.
Schopf, ein Schöngeist, liebte die Literatur und verfaßte selber Erzählungen, in denen Abenteuer eine große Rolle spielten. Der drahtige Mayer, der vom Ehrgeiz besessen war, den Grasel zu fangen, gefiel ihm.
Schmunzelnd hörte er zu, wie Mayer für die Hamberger Therese den »Loisl« gespielt hatte.
»Der Grasel sitzt jetzt in Horn, beim Schinder«, berichtete Mayer. Woraufhin die beiden besprachen, wie die Therese mit ihrer vermeintlichen Gefährtin, der Benkhart, »befreit« werden sollte.

Es vergingen zwei Tage bei Wasser und Brot, worüber die Benkhart jammerte. In ihren abgerissenen Kleidern und mit ihren verfilzten blonden Haaren sah sie so wenig nach einer stolzen Räuberbraut aus, daß Therese ihr den Wasserkrug über den Kopf stülpte. »Wasch dich«, forderte sie lachend, »und kämm' dich, sonst hat der Loisl keine Freud' mit dir!«
Die Benkhart protestierte, fing dann aber doch an, sich zu säubern. Ganz adrett lag sie neben der Therese auf der Pritsche, als David Mayer in der zweiten Nacht die Befreiungsaktion startete: Lärm vor der Arresttüre. »Halt wer da?« rief eine Männerstimme. Dann waren schauerliche Geräusche zu vernehmen:

Schlagen wie von Metall und ein schmerzlicher Aufschrei nach einem dumpfen Fall ...
»Der Loisl!« rief die Benkhart und sprang von der Pritsche herunter. Sie lief zur Türe. Resel folgte ihr. Ein Schlüssel drehte sich im Schloß, und die Türe ging auf. Im Licht einer Laterne stand ein Mann.
»Loisl«, stieß die Benkhart hervor, »bist verletzt?«
Loisl, oder vielmehr David Mayer aus Brünn, schüttelte den Kopf und wies verächtlich auf einen Polizeidiener-Körper, der zusammengekrümmt auf dem Boden lag. »Der hat geglaubt, er könnt' mich aufhalten«, sagte der kühne Befreier. »Mich! Aber jetzt fort mit uns, eh' noch wer daherkommt!«
Loisl voran, liefen sie zum Tor hinaus und sodann durch Drosendorf, das in nächtlichem Schlummer lag. An der Wegkreuzung übernahm Resel die Führung, wußte sie doch am besten, wie man rasch auf Waldwegen nach Autendorf gelangte.

Der zusammengekrümmte Körper am Boden vor der Arresttüre hatte sich mittlerweile erhoben und die blechernen Reindldeckel aufgeklaubt, mit denen der »Kampfeslärm« veranstaltet worden war. Lachend über den gelungenen Streich begab sich der Polizeidiener Wondrak zum Justizverwalter Schopf und erstattete Bericht. »Ein Tausendsassa, dieser Mayer«, meinte Schopf.

Auf den Waldwegen nach Autendorf versuchte der Tausendsassa nun, der gar nicht gesprächigen Therese Wissenswertes über den Hansjörgl zu entlocken. Sie ließ sich nicht ausfragen. Also probierte Mayer

Tricks aus, die man heutzutage »praktisch angewandte Psychologie« nennen würde.
»Dein Hansjörgl«, sagte Mayer, »ist einer von den ganz Großen, heißt es. Aber zu den ganz großen Räubern gehört er doch nicht. Denn die haben ein Herz für die Armen gehabt. Das geht dem Grasel ab, der nimmt, wo er's kriegt.«
»Er gibt's auch her«, fuhr die Resel ihn an.
Ärgerlich über seine Skepsis, fing die Resel zu erzählen an: »Da hat der Hansjörgl – vorige Woche war's – im Wald so ein armes Weiberleut beim Reisigsammeln getroffen. Sie kommen ins Reden, das Weib lamentiert: einmal möcht' sie sich mit ihrer Familie sattessen können! ›Tust mir leid‹, hat der Hansjörgl gesagt, ›ich hilf dir, ich bin der Grasel!‹ Die ist vor Schreck zusammengefahren!
Er gibt ihr 200 Gulden. Sie soll beim Wirten ein Festessen bestellen. Das ganze Dorf soll sie einladen, alle sollen ihre Kerzen mitbringen und anzünden. Wenn's dann ganz festlich wird, kommt er dazu, der Hansjörgl. Sie kann's allen sagen, daß er kommt, aber wehe, wenn sie das Geld für andere Zwecke ausgibt!
Sie geht heim und erzählt's ihrem Alten. Der rennt zum Bürgermeister, der voller Wut sagt: ›Ah, der meldet seine Ankunft noch an, wie der Fürst Pamsti?‹
Der Bürgermeister hat die Behörde verständigt, und wie's zum Festessen gekommen ist, war die Polizei ums Wirtshaus versteckt, auch Soldaten haben es umzingelt. Die Fresserei mit den besten Braten hat angefangen, das arme Weiberleut' und ihre Familie haben

sich halbtot gegessen und getrunken, gesoffen haben auch alle anderen bei den brennenden Kerzen, mitsamt der Obrigkeit, die am meisten gesoffen hat, aus lauter Angst vor dem Hansjörgl, der gleich kommt. War eh besser, haben die meisten gesagt, daß er nicht gekommen ist, weil's Essen so schön war. In der Früh ist es alle hart angegangen, mit dem blöden Saufschädel in die Arbeit gehen zu müssen. Am Steueramt, wo die Beamten auch mit einem blöden Saufschädel hingekommen sind, ist dann die Schreierei losgegangen. Ausgeräumt war die Steuerkassa!
Weil der Hansjörgl mit seinen Leuten doch ins Dorf gekommen ist, aber nicht zum Wirten, wo alle auf ihn gewartet haben, mitsamt der Polizei und den Soldaten. Um 200 Gulden ist er sie alle losgeworden, und das alte Weiberleut' hat sich mit ihrer Familie endlich sattessen können!«
Loisl-Mayer fand, daß das eine gute Tat des Hansjörgl gewesen sei, alle Achtung.
Aber wie war's mit der Anna Maria Schindler in Zwettl gewesen, vergangenes Jahr? Der Hansjörgl hatte die alte Schindlerin mit einem Polster erstickt. Das war nicht so, wie der Einbruch beim Tuchmacher Fritz in Hardegg, wo es Goldhauben geregnet hatte für Hansjörgls Freundinnen. Das war Mord, Resel!
»Das war die Sali, die Goldhauben kriegt hat, nicht ich«, sagte die Resel ärgerlich. »Der Tuchmacher Fritz war nicht z'haus, das war sein Glück, und die alte Schindlerin war z'haus, das war ihr Pech, und weil sie so laut um Hilfe geschrien hat. Und jetzt halt's Maul, wir sind z'haus.«

Autendorf lag vor ihnen. Sie begaben sich zur Wasenmeisterei am Ortsende. Resel klopfte ans Fenster, aus dem sich bald ein Frauenkopf beugte.
»Mutter, ich bin's«, sagte die Resel und streichelte die Hunde, die bellend herangefegt waren und nun vor Freude winselten. Dann ging sie mit ihrer Gefolgschaft ins Haus.

Mutter Hambergers Blicke hingen wohl mißtrauisch an der Benkhart und David Mayer, dem »Loisl«. Doch da Therese die beiden mitgebracht hatte, mußten sie wohl in Ordnung sein.
Ausführlich wurde nun erörtert, wie man nach Horn fahren würde, was am nächsten Morgen auch geschah.
In Horn stellte sich leider heraus, daß der Grasel die dortige Wasenmeisterei verlassen hatte, da ihm gesteckt worden war, daß eine Razzia gegen ihn im Gange war.
Wahrscheinlich würde er wieder zurückkommen, wenn ihn die Behörde anderswo suchte: mißtrauisch beäugte der Horner Wasenmeister, der als überschlau galt, den »Loisl«.
Der erzählte nun rasch sein Vorhaben: gemeinsam mit dem Hansjörgl die Fabrik in Lettowitz auf ihre Fündigkeit zu untersuchen. Er brachte den Räuberplan in so wohlgesetzter Rede vor, daß die Resel lachen mußte, sie, die den Loisl mitgebracht hatte, und ihn damit bereits außerhalb jeden Zweifels stellte. Nun lachte auch der überschlaue Wasenmeister und riet dem Loisl nach Klobouk bei Brünn zu fahren und dort zu warten, bis der Hansjörgl wieder

von sich hören ließ. Dann würde der Wasenmeister für eine Verständigung zwischen ihnen sorgen.
Resel kehrte am nächsten Morgen zu ihrer Mutter zurück. Mayer und die Benkhart, die als seine Geliebte galt, fuhren per Heuwagen nach Klobouk, wo die beiden eine verlassene Köhlerbrennerhütte bezogen, die ihnen der Wasenmeister beschrieben hatte. Dort wartete Mayer auf eine Nachricht. Doch Hansjörgl ließ nichts von sich hören.
Die Tage vergingen. Der Tausendsassa aus Brünn wurde nervös. Mißmutig sah er zu, wie die Benkhart ihren zerfetzten Rock zusammenflickte, wie sie ihr Gesicht mit Regenwasser wusch und anfing, Mahlzeiten zu kochen, deren Substanzen sie im Walde fand. Als sie wieder einmal auf Schwammerljagd war, entdeckte Mayer ein Individuum, das um die Hütte schlich.
»Halt«, schrie Mayer. Das Individuum blieb stehen. Der Bursche kam tatsächlich im Auftrag Hansjörgls, der damit Interesse an einem Treffen zeigte. Mayer nahm aufatmend Grasels Botschaft entgegen, und ohne auf die Rückkehr der Benkhart zu warten, verabschiedete er den Burschen und eilte nach Klobouk. Dort mietete er einen Wagen, mit dem er nach Drosendorf zum Schopf fuhr.
Der hocherfreute Justizverwalter wollte zum Treffen Mayer-Grasel Polizei und Soldaten vergattern. Mayer, der sich schon besser auskannte als Schopf, gab zu bedenken, daß derartige Ansammlungen ganz gewiß nicht unbemerkt bleiben konnten: »Ich muß«, stellte er fest, »den Grasel allein derwischen.«
»Dann«, meinte Schopf und blickte hinaus auf die

liebliche Landschaft vor seinem Fenster, die dem Justizverwalter manch nächtliches Gedicht entlockte, »komm' ich hoffentlich noch zurecht, um Ihnen, lieber Mayer, den Gnadenschuß zu geben.«
Mayer lachte. »Geben Sie mir lieber einen Ort an«, sagte er, »zwischen Horn und Lettowitz, wo rechtschaffene Leute leben, die mir helfen, wenn's drum geht, den Hansjörgl zu überwältigen.« »Rechtschaffene Leute«, erwiderte Schopf, »gibt's genug. Aber gegen den Grasel traut sich keiner.«
Dann ließ der Justizverwalter die Landkarte vorm geistigen Auge vorüberziehen. Was gab es zwischen Horn und Lettowitz, wo gab es Männer, die noch Männer waren?
»Im Gasthof von Mörtersdorf«, meinte Schopf, »könnten Sie ein paar Mutige finden, Mayer.«

Mit seinem gemieteten Strohwagen fuhr Mayer zur Horner Wasenmeisterei, wohin ihn der Grasel bestellt hatte.
Bald würde er ihm gegenüberstehen, dem »Schrekken des Waldviertels«. Ein seltsames Gefühl war das schon: denn schief konnte das Abenteuer ausgehen, sehr schief sogar. Es brauchte unter Grasels Gefolge nur ein Mann zu sein, der den Mayer von Brünn her kannte, weil er ihn einmal verhört hatte! Und es brauchte der Grasel nur halb so schlau zu sein, wie die Fama verlautete, und er durchschaute den David Mayer in kürzester Zeit!
Mayer malte sich lieber nicht aus, was dann geschehen würde. Vor der Horner Wasenmeisterei angekommen, sprang er vom Wagen. Franz, der Über-

schlaue, wartete vorm Haus. Stumm führte er Mayer durch die leere Stube und auf der Haus-Rückseite wieder hinaus. Im verwilderten Hof befand sich ein Schuppen, dem der Wasenmeister zustrebte. Im Schuppen, zwischen Brennholzstößen und gestapelten Tierhäuten, die erbärmlich stanken, stand ein sommersprossiger junger Man mit adrettem Kakadu über der Stirne.
»Du hast meine Resel herausgeholt«, sagte der Mann freundlich und schüttelte dem Mayer die Hand. »Ich dank' dir dafür.« Dann wandte er sich an den Wasenmeister. »Franzl«, sagte er, »gehn wir hinein, ich möcht' was trinken.«
Sie gingen ins Haus und nahmen in der Stube Platz. Jetzt zeigte sich auch die Wasenmeisterin mit einem Weinkrug. Grasel leerte einen Becher mit einem einzigen Zug. Dann stützte er die Ellbogen auf den schweren Eichentisch und fing an, den Mayer in Sachen Lettowitz auszufragen.
Da sich dieser Einbruch für den Grasel auszahlen mußte, log Mayer das Blaue vom Himmel herunter. Grasel nickte zufrieden zur Schilderung der Lettowitzer Schätze, die ihm, dank Mayers Mithilfe, ins Haus standen. Die Wasenmeisterin brachte Brot und Geselchtes, und der Grasel griff tüchtig zu. »Iß und trink«, forderte er den Mayer auf, dem nichts schmecken wollte, war er doch zu aufgeregt. »Du brauchst Kraft, wir brechen gleich auf.«
»Göd oder Bluat, koana rührt sie«, waren Grasels Worte, wenn er wen überfiel. Es hieß, daß Kugeln durch ihn schossen, ohne ihn zu verwunden, es hieß auch, daß er hinten Augen hatte, die alles sahen.

Mayer stierte den Grasel an. Durchschaute er ihn? Mayer sprang auf, als plötzlich vorm Haus Hundegebell erscholl. Aber Grasel sprang ebenfalls auf und eilte zum hinteren Ausgang, wo er verharrte, um abzuwarten, ob er bleiben oder fliehen sollte …
Der Wasenmeister begab sich vors Haus, um die Ursache des Hundegebells zu erfahren und kehrte bald mit einer hübsch aufgeputzten Frau zurück. »Deine Geliebte«, sagte er grinsend und schob die kaum wiederzuerkennende Benkhart zum Tisch, »halt's nicht aus ohne dich, Loisl.«
»Aber geh'«, flötete die Benkhart, »dem Herrn von Grasel möcht' ich meine Aufwartung machen.«
Sie machte einen komischen Knicks. Grasel streckte ihr die Hand entgegen. »Wenn'st die bist«, sagte er, »von der mir die Resel erzählt hat, dank ich dir auch. Setz dich her zu uns.«
Die Benkhart rutschte an des Grasels Seite. »Nimmst mich mit nach Lettowitz?« gurrte sie. »Ich möcht' dabei sein, wenn aufgeteilt wird, sonst könnt' ich durch die Finger schauen, 's wär' nicht das erste Mal.«
Grasel lachte schallend. »Ah, so einer bist?« wandte er sich an Mayer, den das Erscheinen der Benkhart, die er im Wald von Klobouk wähnte, aus der Fassung gebracht hatte.
»Ist ja nur so dahingeredet«, fuhr die Benkhart im Plauderton fort. »Mein Loisl ist nobel.« Sie lächelte dem Mayer zu und trat ihn unterm Tisch gegen das Schienbein.
Mayer riß sich zusammen. »Es gebührt ihr«, plauderte er nun mit, »daß sie dabei ist, sie hat als erste in

Lettowitz ausgekundschaftet. Ja, was wär' ein Räuber ohne sein Mensch?«
Der Grasel verschluckte sich fast vor Lachen. So ging es eine Weile hin und her. Draußen wurden schon die Pferde eingespannt. Man erhob sich schließlich, um zum Wagen zu gehen. Während der vorsichtige Grasel das aufgeschichtete Stroh auf dem Wagen einige Male mit einem Säbel durchstieß, umhalste die Benkhart den Mayer nach der Art verliebter Bräute und raunte ihm dabei ins Ohr, daß sie Schlafpulver mit hätte. Bei Gelegenheit würde sie dem Grasel die Pulver verpassen: ein tief Schlafender war leicht zu überwältigen. Doch war es besser, erst in der Früh abzufahren, um zu Mittag in Mörtersdorf zu sein, wo starke Männer im Wirtshaus waren, die halfen. Jetzt, in der Nacht, half keiner. Da der Grasel zu ihnen hinüberschaute, küßte die Benkhart den Mayer tüchtig ab. »Ah!« rief der Grasel, »nimmt das Busseln kein End'?« Er kam zu ihnen und stieß den Mayer in die Rippen. »Es nutzt aber nix«, sagte der Mayer geistesgegenwärtig. Er ließ die Benkhart stehen und ging hinter den Wagen, wo er sich geräuschvoll erbrach. »Speibt der immer, wenn'st ihn busselst?« fragte der Grasel erheitert. Die Benkhart erzählte ihm nun, daß dem Loisl schon seit gestern schlecht sei, doch wollte er es nicht wahrhaben. Sie schlug vor, ihm Magentee zu machen. Bis in der Früh' wäre alles vorbei, schwor sie.

Am Morgen stellte die Wasenmeisterin einen Kaffee hin, der »Tote auferstehen« ließ, wie es allgemein hieß. Grasel und Mayer tranken ihn genußvoll. Wie es der Benkhart gelang, Schlafpulver in Grasels Kaffee zu schütten, bemerkte nicht einmal Mayer, der aufpaßte, geschweige denn der ahnungslose Grasel. Wieder ging man zum Wagen, dessen Strohladung Grasel abermals durchstieß. Dann steckte er den Säbel ins Stroh und einen Dolch und eine Pistole in seine Stiefel.

Sie saßen auf, und der Wagen setzte sich in Bewegung. »Du«, sagte Mayer nach einer Zeit zum Grasel, »wenn's uns perlustrieren, am End', dann schauert das schlecht für dich aus. Versteck' die Waffen lieber im Stroh.«

»Mir scheint«, sagte der Grasel nach einer Pause des Erstaunens, »dir ist der Magentee ins Hirn g'stiegen. Ich, der Grasel, soll mich freiwillig entwaffnen?«

»Du sitzt ja nicht als der Grasel heroben«, gab ihm Mayer zu bedenken, »du führst das Stroh als ein Bauer, wenn dich wer fragt, und ein Bauer mit Waffen ist verdächtig.«

»Paß lieber auf, daß du mich nicht anspeibst«, knurrte der Grasel, der sich – ihm unerklärlich – an diesem Morgen müde fühlte. Da er vorhatte, sich für eine Weile im Stroh auszustrecken, wobei ihn die Waffen ohnehin drücken würden, nahm er sie ab und versteckte sie zu seinen Häupten. Er legte sich zurück und zog sein Hütl übers Gesicht.

Er schlief rasch ein. Kam jetzt die Gelegenheit, ihn festzunehmen? Die Straße, auf der der Wagen dahinfuhr, war menschenleer. Mayer und die Benkhart überlegten, ob sie es, ohne Hilfe, riskieren konnten? Da fuhr der Wagen um eine Kurve, hinter der sie drei Bauernburschen gewahrten. Sie bückten sich

vom Feld auf und sahen ihnen neugierig entgegen.
Mayer und die Benkhart machten den Burschen lebhaft Zeichen. Die Burschen stapften zum Straßenrand.
Mayer wies auf den schlafenden Grasel. Der schien das zu fühlen, öffnete die Augen und spähte um sich. Die Benkhart hatte einen rettenden Einfall: sie winkte den Burschen und lachte kokett vom Wagen hinunter. Grasel brummte: »Kannst du kein Mannsbild in Ruhe lassen?« Mayer gab der Benkhart einen Stoß, daß sie ins Stroh fiel. »Gibst Ruh', ausg'schamts Mensch?« fuhr er sie an.
Grasel fiel wieder in Schlaf. Doch sie trauten diesem Schlaf nicht, und so fuhr der Wagen bis Mörtersdorf, wo ihn Mayer vor dem bewußten Wirtshaus anhalten ließ. Es war zwei Uhr nachmittags, und Grasel öffnete die Augen, als sie anhielten. »Ich schau' da hinein«, sagte Mayer. »Könnt' sein, daß was in der Luft liegt.« Er stieg vom Wagen.
Die Benkhart merkte Grasels Mißtrauen und sagte rasch: »Der Wirt ist ein Freund, du kannst dich verlassen, Hansjörgl. Und der Loisl ist gleich wieder zurück!«
Mayer verhandelte indessen mit dem Wirt und mietete ein Zimmer. Er mußte Grasel zum Verbleiben im Wirtshaus überreden. Denn die Wirtsstube, in der er starke und mutige Männer anzutreffen gehofft hatte, wies derzeit als Anwesende nur einige müde Fliegen auf. Er kehrte zu Grasel zurück, der zu den Reden der Benkhart mißmutig schwieg. »Der Wirt«, berichtete Mayer, »gibt uns ein Zimmer, denn wir

können nicht weiter. Es ist, wie ich befürchtet hab', Militär streift – die wollen sich alle deine Prämie verdienen, Hansjörgl ...«

Unter fortgesetztem, mißmutigem Schweigen folgte Grasel dem Mayer in die Wirtsstube.

War das Schlafpulver der Benkhart doch was wert? Grasel hatte die versteckten Waffen im Stroh gelassen und folgte nun Mayer ins gemietete Zimmer. Dort streckte er sich auf dem Bett aus und schlief bis zum Abend, bewacht von der Benkhart, die so tat, als schliefe sie ebenfalls.

Mayer war einige Male in die Wirtsstube gelaufen, doch es war noch immer keiner da, erst gegen Abend trafen die ersten Bauern ein. Da war der Grasel bereits aufgewacht. »Ich schau', was unten los ist«, erklärte Mayer. »Was du herumrennst«, äußerte sich der Grasel mißmutig. »Ich – ich hab' die g'schwinde Kathi«, stotterte Mayer. Er raste in die Wirtsstube, wo jetzt eine Menge Bauern bei Wein und Kartenspiel saßen. Mayer nahm zwei Gläser von einem Tisch und schlug sie gegeneinander, daß es laut klirrte. Nun schauten alle Anwesenden, auch der Wirt, zu Mayer hin.

Und Mayer erzählte den Lauschenden, *wen* er nach Mörtersdorf gebracht hatte: im Namen der Gerechtigkeit bat er, ihm zu helfen, den Grasel festzunehmen. Vorsichtshalber machte er auch auf die Prämie aufmerksam, die für Grasels Ergreifung ausgesetzt war. Die mutigen Männer von Mörtersdorf zögerten. Sich mit dem Grasel und seiner Bande anlegen? Aber 4000 Gulden waren ein Vermögen; selbst durch zehn geteilt, wie sie einander abzählten, kam noch immer auf jeden ein Betrag von 400 Gulden! Dafür mußte ein Waldviertler Bauer jahrelang rakkern, und dann blieben ihm immer noch keine 400 Gulden über! Man erwärmte sich für Mayers Bitte. Wegen der Technik der Festnahme kam es zu dieser Einigung: »Herr Wirt, einen frischen Wein!« würde Mayer rufen, wenn ihm der Zeitpunkt richtig schien. Rief er diesen Satz, würden alle zu ihm laufen, und gemeinsam würden sie den Grasel überwältigen. Nun begaben sich alle Wirtshausgäste in einen Nebenraum und ließen Mayer allein in der Stube zurück.

Grasel erschien bald. »Ah, daß du endlich da bist!« rief Mayer. »Jetzt wollen wir was trinken. Herr Wirt, einen frischen Wein!« Er machte einige Schritte auf Grasel zu. Jetzt mußten die Bauern aus dem Nebenraum kommen ...

Sie kamen nicht. Ihre Angst vor dem Grasel war größer als ihr vielgerühmter Mut und ihr Verlangen nach der Prämie.

Grasel setzte sich und wartete, daß Mayer sich gleichfalls niederließ.

In Mayer stieg Wut auf. Diese feigen Waldviertler, die ihn, so knapp vorm Ziel, hängen ließen! Ein rettender Gedanke kam ihm. »Wo steckt denn schon wieder die Meinige?« rief er und lief in die Nebenkammer, wo die Bauern beieinander standen und verlegen wegschauten, als der zornige Mayer hereinstürmte. Er machte ihnen Vorwürfe und behielt dabei die Stube mit dem Grasel im Auge. Den verdroß das Alleinsein, er stand auf und schritt langsam zur Ausgangstüre. Ging er jetzt davon, war für Mayer alles verloren: Schande kam über ihn, daß er, der kleine Mayer aus Brünn, so hoch hinaus gewollt hatte! Schande, Hohn und Spott ... Da war es besser, im Kampf zugrunde zu gehen, wenn es sein mußte! Mayer jagte aus dem Nebenraum und sprang den Grasel von hinten an, der unter dem Anprall zu Boden stürzte. Doch Grasel drehte sich blitzschnell aus Mayers Umklammerung und riß einen Dolch, den er immer bei sich trug, aus dem Stiefel. »Jetzt bist hin, du Hund«, knirschte er zwischen den Zähnen hervor.

Die Bauern, die aus der Nebenkammer zuschauten, entschlossen sich nun doch, der Gerechtigkeit zum Siege zu verhelfen. Sie stürzten herbei und überwältigten den Grasel, der dabei ihrer mehrere verletzte und um's Haar sich selbst erstochen hätte, um in Freiheit zu sterben. Gefesselt und verschnürt wie ein Bündel, lag er nun vor Mayer am Boden und sagte düster: »Ich hab' mir's gleich gedacht, daß du ein Spitzel bist.«

Dann fluchte er kurz auf die Weiber: die Resel und die Benkhart, die sein Mißtrauen eingeschläfert hatten, und dann sprach der Grasel kein Wort mehr.

Justizverwalter Schopf und Gefolge erschienen bald, um den gefangenen Räuberhauptmann nach Horn zu eskortieren. Ein gleichzeitig amtierendes Kommando durchsuchte überfallartig die Horner Wasenmeisterei und arretierte einige wichtige Bandenmitglieder, die dort auf Grasels Befehl stationierten, um blutige Bandenrache zu üben, wenn das Lettowitzer

Unternehmen schiefgehen sollte: Grasel hatte dem Mayer immer mißtraut ...
Weil Grasel in Horn schon einmal aus dem Gefängnis entwichen war, verwahrte Schopf den gefährlichen Mann nicht im »Diebsturm«, wie das Justizgebäude hieß. Er forderte schon von Mörtersdorf aus Militär an. Als Grasel mit Eskorte am 20. November 1815 in Horn anlangte, lag die Stadt voll Truppen, die die Überstellung nach Wien absichern sollten.
Die Horner fluchten: zertretene Felder, die Wirtshäuser voll von Soldaten und Unteroffizieren, die Karten spielten und den Mädchen nachstellten, Chaos im Namen der Gerechtigkeit. Und der Grasel, der's der Obrigkeit gezeigt hatte, gefangen. Das arme Volk war gegen die Obrigkeit, es schuf sich seinen Helden, der Johann Georg Grasel hieß, weil es keinen besseren Helden gab.
So blieb Grasel der Held vieler Drei- und Fünf-Kreuzer-Romane bis zum heutigen Tag. Während David Mayers Leistung unterging und selbst in Gerichtsprotokollen wenig aufscheint; von der Benkhart ganz zu schweigen, deren Herkunft und Schicksal unbekannt bleiben, wie ihr Vorname, den aufzuschreiben sich keiner die Mühe machte. Grad daß sie blond war, weiß man.
Grasels Fahrzeug nach Wien war ein Leiterwagen, auf dem er, gefesselt an Händen und Füßen, lag. Seine Arretierung durch den kleinen Detektiv aus Brünn erregte ungeheures Aufsehen, und schon an der Taborlinie harrten die Wiener in Scharen des Leiterwagens und der eskortierenden Militärtrup-

pen. Es ging zur »Schranne« auf dem Hohen Markt, und Leiterwagen und Eskorte hatten oft Mühe, durch die von Menschenmassen verstopften Gassen der Inneren Stadt zum magistratischen Kriminalgericht zu gelangen, das im Schrannengebäude untergebracht war.
Über die Ankunft Grasels steht im Protokoll: »... so wurde er in guter Verwahrung nach Wien gebracht, wo er am 22. November mittags, um 12 Uhr, unter dem Zusammenströmen einer großen Volksmenge ankam, die sich freute, einen so gefährlichen Gesellen endlich unschädlich zu wissen.«

Grasel war nun inhaftiert und wartete drei Jahre lang auf sein Urteil durch ein Kriegsgericht. Die Prämie für seine Ergreifung soll gerecht verteilt worden sein.
Hingegen schrieben Biedermeier-Autoren und auch solche späterer Epochen – bis zu heutigen TV-Skriptverfassern und Soziologen – Romane, Theaterstücke und Abhandlungen über Grasels Glanz und Grasels Untergang im Niederösterreichischen, das die Leibeigenschaft noch lange beibehielt. Was aus den Prämienempfängern wurde, ist nicht bekannt, auch was aus Mayer wurde, weiß kein Protokoll zu berichten, und die Benkhart, ohne die Mayers Glanzstück vielleicht nicht zustandegekommen wäre, wird gänzlich unter den historischen Tisch gefegt.
Einem Vernehmen nach soll sie – der Grasel wartete noch aufs Urteil – beim Mayer vorstellig geworden sein. Ob es ihr um den Prämienanteil oder um die Rückkehr ins Leben der Rechtschaffenen ging, das

sie sich durch seine Mithilfe erhoffte, oder ob es ihr gar um den David ging, in den sich die Gestrauchelte verliebt hatte, wurde nie untersucht.
Es heißt, Mayer hätte an diesem Tage keine Zeit gehabt. Worauf die Benkhart, ohne Vornamen, verschwand und nie mehr wiederkam.
Juridischen Gegebenheiten zufolge stand Grasel als Deserteur vorm Kriegsgericht. Das Urteil gegen ihn und zwei seiner Hauptrádelsführer wurde am 28. Jänner 1818 veröffentlicht und lautete, auszugsweise wiedergegeben:

Johann Georg Grasel, fälschlich auch Haller, Schönauer, Eigner, insgesamt aber der ›große Hansjörg‹, auch ›Niklo‹ genannt, in Mähren gebürtig, 27 Jahre alt, ist nicht nur der Desertion und zahlreicher Diebstähle, desgleichen mehrerer, zum Teile schwerer Verwundungen, schuldig; ferner eines am 13. Juni 1812 bei Obergrünbach an dem Wirte Michael Witzmann verübten Totschlages, nicht minder vielfältiger, zu Reichenbach, Unterthumeritz, Zettenreuth, Modes und anderen Orten, mit gewaltsamer Handlegung an die Personen der Beraubten, ja selbst mit anhaltender schwerer Mißhandlung derselben verübten Beraubungen: Sondern er hat auch geständiger- und erwiesenermaßen insbesondere bei dem weiteren, in der Nacht vom 18. auf den 19. Mai 1814 zu Zwettl unternommenen und vollführten Raub die 66jährige Anna Maria Schindler auf eine so gewaltsame und grausame Art behandelt, daß der Tod derselben notwendig erfolgen mußte.

Im Juristendeutsch werden die Taten der Hauptdelsführer Jakob Fähding, »insgemein ›Gams‹ genannt«, und Ignaz Stangels, »insgesamt ›Natzl‹, auch ›der schöne Natzl‹« genannt, festgehalten.
»Was nun die Bestrafung dieser Verbrecher betrifft«, heißt es weiter, wurden alle drei nach vielen Paragraphen des Zivil-Strafgesetzes sowie der »Kriegsartikel« zum Tode durch den Strang verurteilt.

Das »Hochgericht« befand sich zu der Zeit auf dem »Glacis« zwischen dem Burgtor und dem Schottentor.
Drei Galgen waren aufgestellt, und nach weisem juridischem Ermessen, auch im Sinne des »abschrekkenden Beispiels«, wurden Fähding und der »schöne Natzl« vor Grasel justifiziert. Er kam als Letzter dran, auf dem mittleren Pflock. Es war ein nebliger Samstagmorgen, am 31. Jänner 1818. Auf dem Glacis befand sich eine große Zuschauermenge, in der Frauen und Kinder die Überzahl hatten.
Hansjörgl zeigte »keine Angst, er starb am tapfersten«, heißt es. Als der Scharfrichter, nach Vorschrift, zu ihm sagte: »Verzeih mir, Bruder, ich tu' nur meine Pflicht«, erwiderte der Grasel: »Is' dir schon vergeben. Mach halt nur, daß gach aus is' mit mir.«
Schopfs Nachruf, eines Literaten und Schöngeists seiner Epoche, der von Evolution schwärmte, ohne jeden Realitätsbezug zu erahnen, sei ebenfalls wiedergegeben:

»Ma foi«, meinte Schopf, »mit besserer éducation wär' aus dem Grasel, einem blitzgescheiten Burschen, vielleicht ein Polizei-Oberdirektor geworden.«

Das schreckliche Ende eines Leipzigers in Nußdorf

Der Fall Kaspar Striegel 1860

Am frühen Morgen des 30. Juni 1860 führte der Hausbesitzer Johann Metznik seinen Schäferhund »äußerln«. Plötzlich verschwand das Tier in den Büschen, die damals auf der Schmelz üppig wuchsen. Metznik pfiff, und bald hörte er seinen Hund laut bellen, doch kehrte er nicht zurück. Da er weiter bellte und winselte, folgte ihm sein Herr in die Büsche, wo er einen reglosen jungen Mann vorfand, der nichts anhatte als ein Hemd. Der so Aufgefundene war mit Blut bedeckt, lebte aber noch. Metznik hastete davon, um einen Polizisten zu finden …

Am Polizeikommissariat Neubau, wohin der Schwerverletzte verbracht wurde, mühte sich der Wundarzt um ihn, doch mehr als daß der arme Kerl Gustav Ellerich heiße und aus Leipzig komme, ergab sein Gestammel nicht. Im Krankenhaus kam er unter entsprechender Betreuung zu sich. Sein Bericht ergab, daß er 21 Jahre alt und Buchdruckergehilfe war, daß er per Schiff von Eichstätt nach Wien gereist und da am 2. Juni angekommen war. Am Schiff hatte er Freundschaft mit einem Passagier geschlossen, der ihm erzählte, daß er einen Bruder in Wien habe, der als Kellner arbeite und sich entspre-

chend »gut auskenne«. Gustav, der schöne Tage in Wien verleben wollte, freute sich, einen Wien-Führer zu haben und stieg mit dem neugewonnenen Freund in Nußdorf aus. Sie besuchten eine Gastwirtschaft an der Donau und tranken ein paar Viertel, die dem Besucher aus Sachsen vortrefflich mundeten. Sie spazierten dann über die Nußdorfer Wiesen, wobei der sächsische Tourist so müde wurde, daß er seinen Freund bat, sich kurz ins Heu legen zu dürfen. Dann schlief er ein. Als er wieder aufwachte, hatte er nur mehr sein Hemd an, und der Freund war verschwunden. Daß er schwerverletzt war, realisierte Gustav Ellerich nicht: bald nach der mühsam hervorgebrachten Aussage erlag er seinen Wunden.
Gestohlen war: »Ein Felleisen aus schwarzer Wichsleinwand mit rot gefüttertem Deckel, zwei Hemden, ein schwarzer Rock mit Samtkragen, ein Paar lederne Schuhe, eine graue Hose, ein schwarzer Rock, eine graue Weste, in welcher sich eine Geldbörse mit zwei Talern und ein bayrisches Guldenstück sowie eine tombackene Uhr befunden haben.«
Zugefügt waren Gustav Ellerich nach ärztlichem Gutachten: »Mittels eines schweren und stumpfen, aber mit schneidendem Rande versehenen Werkzeugs, zum Beispiel mit einem Beile oder Steine, mehrere absolut tödliche Kopfverletzungen. Ferner zeigte sein Leichnam Verletzungen am Gesicht, am Halse und am rechten Handgelenke, von einem schlecht schneidenden Messer herrührend. Diese letztgenannten Verwundungen seien vereinzelt als leicht zu bezeichnen, zusammengenommen stellten sie aber schwere Mißhandlung dar. Nach der Art der

Verletzungen war mit Sicherheit darauf zu schließen, daß dieselben auf meuchlerische Art zugefügt wurden.« Und Gustav Ellerich aus Leipzig hatte nichts davon bemerkt, daß er solcherart zugerichtet wurde, als er auf den Wiesen Nußdorfs einschlief: ein paar Viertel Wein hatten ihn betäubt.

Das Wirtshaus »an der Donau«, wo Ellerich diesen bemerkenswerten Wein getrunken hatte, lag aber nicht an der Donau, wie die Recherchen ergaben. Es lag vielmehr am Donaukanal. (Dahin war Ellerich von seinem »Freund« schließlich gebracht worden, ohne es zu merken ...) Es lag am rechten Donaukanalufer, zwischen der späteren Spittelauer- und der Roßauer-Lände, wo sich heute das Sicherheitsbüro der Wiener Polizei befindet. Es hieß »Zur Lamplmauth«, und zwar deshalb, weil dort die Lämmer, die nach Wien verschifft wurden, zur Versteuerung, der sogenannten »Mauth«, gelangten. Nach der Amtshandlung kehrten die Schiffer im Wirtshaus ein, übernachteten auch vielfach dort, während ihre Fähren und Plätten unbeaufsichtigt blieben. Diesen Umstand benützte so mancher, der es nötig hatte, um unkontrollierte Nachtruhe zu halten.

Einige solcher Typen wurden von der Polizei aufgegriffen. Doch konnten die Wirtshausbrüder und Fähren- und Plättenschläfer Alibis erbringen. Bis auf einen, der Polizei gut bekannten Strotter, der schon längst aus Wien abgeschafft war. Er bat, eine weitere Abschiebung zu unterlassen und proponierte als Gegenleistung Hinweise auf den »Mörder von der Schmelz«. Der »Tausch« kam zustande, und die

Hinweise machten einen genauen Augenschein im Lamplmauth-Territorium nötig. Ein »Geheimer« (Kriminalbeamter) wurde entsandt. Über seine Beobachtungen und Erlebnisse berichtet er:

Das Gasthaus war eine einstöckige, verwahrloste Holzbaracke, in welche man nur von der Wasserseite gelangte. Die Fenster waren so unrein, daß man von außen nicht hindurchzublicken vermochte. Statt einer Tür verschloß ein schäbiger roter Kattunvorhang den Eingang. Es gab nur einen einzigen kleinen Raum, in dem sich vier Tische und mehrere Bänke befanden. Der Schanktisch bestand aus einem wakkeligen, mit Blech beschlagenen Schranken, auf dem die halbverdorrten, fliegenumschwärmten Eßwaren sowie die Gläser standen. Hinter demselben war noch eine Art Kleiderkasten sichtbar, dessen Bestimmung mir jedoch erst klar wurde, als jemand zu übernachten wünschte. Der Wirt hob nämlich in dieser ›Garderobe‹ die Wertsachen der Schläfer auf, wenn dafür bezahlt wurde. Bei meinem Eintritt fand ich die Schenke stark besucht. Alle Tische waren besetzt, und noch immer kamen Leute, die sich da und dort ein Plätzchen zu verschaffen wußten. Das Lokal war von einer dicken, widerlichen, mit Rauch geschwängerten Luft erfüllt, die einem atemberaubend entgegenschlug. Ein Öllämpchen erleuchtete den Raum, verbreitete aber mehr Gestank als Licht. Ich sah mehrere echte »Stroblertypen« vor mir, welche*

* Stroberleute waren ungebildete, robuste Arbeiter in Taglohn, die die Schiffswaren löschten bzw. Holz am Ufer und auf Lagerplätzen verluden.

sich in ihrer bekannt lauten Weise unterhielten. Andere der Gäste lümmelten an der Wand und in den Ecken und schliefen sich ihre Müdigkeit oder ihren Fuselrausch aus. Der Wirt kannte alle. Fast ein jeder hatte ihm irgendeine Heimlichkeit zuzustecken, um die sich die übrigen Besucher nicht kümmerten. Man achtete nicht einmal darauf, daß manche Ankömmlinge, nachdem sie den Wirt still begrüßt hatten, hinter dem großen Kasten verschwanden, ohne wieder zurückzukehren. Unser Konfident schien also die Wahrheit gesagt zu haben, wenn er behauptete, daß hinter diesem Kasten mehr als die Privatwohnung des Wirtes zu suchen sei. Ich machte wohl in einem anderen Stadtteil Dienst und hatte überdies mein Aussehen verändert, so daß ich nicht fürchten mußte, erkannt zu werden, trotzdem merkte ich, daß man mich mit scheelen Augen betrachtete, weshalb ich lieber zahlte und ging. Mein Weg führte mich im Sturmschritte in die Polizeidirektion, wo ich Meldung erstattete und die ungesäumte Vornahme einer Durchsuchung des Häuschens beantragte. Nach einer Stunde war ich schon wieder in der Vorderstube. Allein diesmal nahm ich nicht Platz, sondern begab mich geheimnisvoll zum Wirte und raunte ihm mit allen Zeichen des Schreckens zu: ›Lieber Herr, Sie müssen mir helfen!‹ Während er mich erstaunt fragte, was mir geschehen sei, zog ich ihn mit sanfter Gewalt ins Freie und lispelte: ›Kommen Sie nur einen Moment hinaus, ich kann hier nicht sprechen.‹ Kaum waren wir aber draußen, fielen schon zwei meiner Kollegen über den Wirt her, hielten ihm den Mund zu, damit er nicht schreien könne und erfaßten seine

Hände. Ich mit drei anderen Kollegen stürmte ins Lokal und sofort hinter den geheimnisvollen Kasten. Derselbe stand gerade nur so weit von der Wand ab, daß sich ein Mensch durchzwängen konnte. Er verdeckte einen schweren alten Vorhang, der wieder eine Glastüre verbarg. Ich schlug den Vorhang zur Seite, öffnete die Glastüre und gelangte unmittelbar darauf in einen ziemlich großen Raum, der aber ganz mit Menschen, Betten, Strohsäcken und Unrat vollgeräumt war. Es war uns klar, daß hier ein Massenquartier schlimmster Sorte unterhalten werde, welches der Wirt und seine Frau mit unterschiedlichen Vagabunden teilten, doch hatten wir keine Zeit, uns darüber sofort näher zu informieren. Wir wurden nämlich in einen Knäuel sich herumbalgender Menschen verstrickt. Mich umklammerte jemand von rückwärts wie mit eisernen Reifen, dann regnete es auf meinen Kopf Püffe und Stöße, so daß ich es angesichts der Übermacht für das Nützlichste erachtete, meinen Schädel mit den Händen zu schützen. Ich hörte die Worte: ›Spitzel! Hunde!‹ an mein Ohr schlagen und hielt mein letztes Stündchen für gekommen.

Zum Glück hatte sich aber einer meiner Kollegen, ein sehr kräftiger Mensch, Bewegungsfreiheit verschafft, und nun flohen bald alle die Verdächtigen. Aber wohin? Nicht etwa zur Vorderstube hinaus, sondern nach rückwärts, in ein Loch, sie verschwanden, als hätte sie der Erdboden verschlungen. Wir erkannten bald, wohin. Rückwärts war nämlich eine Öffnung, welche zwischen die in dieser Gegend lagernden Holz- und Steinvorräte führte, wo man leicht entwi-

schen konnte. Dies hatte unser Konfident nicht erzählt, und wir selbst dachten an eine solche Möglichkeit nicht. Nun mußten wir die meisten der verdächtigen Gesellen davonlaufen lassen. Des Kerls, welcher mich angegriffen hatte, bemächtigte ich mich aber, und in meiner Aufregung schlug ich unbarmherzig auf ihn ein. Schließlich begann er mich flehentlichst zu bitten, von ihm abzulassen, er werde mir sagen, wer der Mörder sei. Merkwürdigerweise wußte der noch junge Bursche ganz gut, warum die Polizei in die Schenke gekommen sei. Ich ließ ihm keine Zeit, sich die Sache nochmals zu überlegen, sondern drang so lange in ihn, bis ich genügend Anhaltspunkte hatte, um nach dem Mörder weiterzuforschen. Nach der Behauptung meines unfreiwilligen Gewährsmannes war der Täter ein vorbestraftes Individuum, welches in den Schenken an der Donau zu verkehren pflegte, um bäuerliche Reisende zu beschwindeln oder zu bestehlen. Dies schien recht glaubwürdig zu sein.

Wir setzten unsere letzten Kräfte ein, und am 13. Juni gelang es uns, den so lange Gesuchten zu verhaften. Es war ein alter Bekannter von uns: Kaspar Striegel, genannt ›Stopperl‹. Seine Verhaftung fand in der Wohnung seiner Schwester statt, wo man auch sämtliche Kleider des Ermordeten fand ...

»Stopperl« stand am 2. November 1860 vor Gericht. Die Anklage lautete auf Raubmord. In der Anklageschrift stand, daß Kaspar Striegel, Taglöhner, 26 Jahre alt, mit seinem späteren Opfer zuerst von Passau bis Engelhardtszell, dann bis Nußdorf gefahren sei. Stopperl gab dies zu, behauptete aber, sich dann von Ellerich verabschiedet zu haben. Da die Nacht schön war, ging er zu Fuß in die Alservorstadt, dann auf die Wieden zur Schwester, und – die Schwester wäre nicht zu Hause gewesen – wieder zurück bis in die Roßau, um dort auf einem Schiff zu nächtigen. Das Vorhandensein der Kleidung des Ermordeten in der schwesterlichen Wohnung konnte sich »Stopperl« vorerst nicht erklären, auf eindringliches Befragen des Vorsitzenden erinnerte er sich aber dann, daß er die Kleidung »von einem Unbekannten gekauft« habe. Unerklärlich blieb ihm, wieso seine eigene Kleidung ausgewaschene Blutflecken aufwies. Zu diesem Punkt gab seine Schwester an, daß Stopperl mit nasser Kleidung bei ihr erschienen sei, so daß sie alles zum Trocknen aufhängen hatte müssen. »Na ja«, sagte Stopperl, »ich hab' doch auf dem dreckigen Schiff geschlafen, und ich bin ein reinlicher Mensch. Da hab' ich mir in der Früh die Sachen ausgewaschen.«

Stopperls Biographie enthüllte triste Verhältnisse: als uneheliches Kind in Mitterweitersbach in Bayern geboren, hatte er bald die Mutter verloren. Mit zehn Jahren kam er nach Wien, wo er bei der verheirateten Schwester Unterkunft fand. Er hatte verschiedene Lehrplätze, taugte aber nirgends, da er seine geringe Intelligenz mit Arbeitsunlust verband. Da er auch einen Hang zum Stehlen zeigte, behielt man ihn nicht. Wegen Diebstählen wurde Stopperl schließlich zweimal verurteilt und saß etliche Jahre im Zuchthaus. Nach der jeweiligen Entlassung kehrte er nach Wien und zu den »Haberern« am Donaukanal zurück.

Stopperl war ein eher kleines und schwächliches Männchen (weshalb er auch seinen Spitznamen führte), kräftig an ihm waren nur seine Hände. Er erzählte dem Gerichtshof eine Geschichte nach der anderen, doch jede erwies sich bei entsprechender Überprüfung als unwahr. Der Vorsitzende riet ihm mehrmals, in seinem eigenen Interesse ein Geständnis abzulegen. Stopperl gestand nicht und erzählte neue Geschichten.

Nach Beendigung des Beweisverfahrens beantragte der Staatsanwalt Striegels Schuldigsprechung und Verurteilung zu lebenslangem schweren Kerker. Stopperls Anwalt hingegen machte sich das Fehlen des Geständnisses sowie »jeglichen echten Beweises« zunutze und forderte Freispruch. Das Gericht jedoch schickte Stopperl lebenslänglich hinter Kerkermauern.

»Dabei«, soll's an der Lamplmauth geheißen haben, »waren die zwei, der Ellerich und der Striegel, eh alle zwei Deutsche. Was gehn uns in Wien denen ihre Streitereien an? Aber *wir* haben jetzt die Kiberer am G'nack, aus is mit der Lamplmauth. So a schön's Wirtshaus, Heimstatt manch armer Haut, ewig schad' drum!«

Hausherrnsterben in Döbling

Der Fall Valentin Winhofer 1868

Die Hausbesitzerin Marie Pöst stand auf dem Gehsteig und musterte stirnrunzelnd die Fensterfront ihres Hauses. Ihr Mann schaute ihr vom Schlafzimmerfenster aus zu. »Jetzt geh ume auf die andere Straßenseitn«, riet er ihr, »da siechst die oberen Fenster besser.«

»Manni«, sagte sie zu ihrem Gemahl Erdmann Pöst, als sie in die gemeinsame Hausherrnwohnung zurückgekehrt war, »es ist ein Skandal!«

Der Skandal war dieser: Das Hausbesitzerehepaar Pöst, ihrem Haus Nr. 107 in Oberdöbling mehr zugetan als allen Dingen dieser Welt, die sonst Menschenherzen Zuneigung einflößen, hatte kürzlich sämtliche Mieter aufgefordert, der Fensterfront zuzugestehen, was einer anständigen Fensterfront in einem anständigen Oberdöblinger Haus zustand – *gleiche Fensterpölster!* Aber nur zwei Mieter hatten sich daran gehalten, in den Fenstern der anderen lagen die alten Pölster, und der Lapaczek oben im Stock hatte überhaupt keine Fensterpolster!

»Der Lapaczek wird hinausgeschmissen«, verkündete Marie. »Ich lass' ihm am Ultimo die Möbel auf die Straße stellen. Und wenn sich die anderen noch lang spielen, fliegen sie auch.«

Hausherrndespotien gehörten im Wien der 60er Jahre des vorigen Jahrhunderts zu den normalen Alltagsschwierigkeiten: Mieter, die der Gottähnlichkeit ihres Hausherrn keinen Tribut zollten, blieben nicht lange Mieter.
Lapaczeks Möbel standen am Ultimo tatsächlich auf der Straße, und beim nächsten Fensterkontrollgang im April 1861 registrierte Marie Pöst allerorts die gewünschten *gleichen Polster.*

Erdmann war nicht mehr der Jüngste. Seine Lieblingsbeschäftigung war es, auf die Straße hinunterzuschauen, den Kopf auf einen kleinen Polster geschmiegt. Marie, die vitale Grazerin, die ihr Glück in Wien mit dem Erdmann Pöst gemacht hatte, vor 18 Jahren als Dienstmädchen nach Oberdöbling geraten, bald darauf in Weiß den Pöst heimführend, brauchte für ihre brachliegende Lebenskraft Ventile. Die kinderlose Frau von 36 Jahren hielt sich ans Hausverschönern und ans Putzen. Sie machte alles selber, ein Dienstmädel kam ihr nicht ins Haus!
Plaudern, besonders über die Mieter, die nicht verdienten, in einem so schönen Haus wohnen zu dürfen, tat sie allerdings gern. Die Milchfrau Anna Schreiber war ihr eine besonders geschätzte Partnerin für derlei Gespräche.
Zur Anna Schreiber hatte sich nun Marie Pöst am 24. April 1861 begeben, um sieben Uhr abends: da kam die frische Milch. Nach angeregter Unterhaltung und mit der frischen Milch in der Kanne kehrte Marie um acht Uhr abends heim.
Erdmann hatte ihr beim Abschied von seinem Pol-

sterl aus zugewinkt. Marie wußte eine Menge Neuigkeiten von der Schreiber, und sie brannte darauf, sie dem Erdmann mitzuteilen.
Doch Erdmann war nicht am Fenster. »Manni«, rief Marie, »schau obe!«
Da er es nicht tat, eilte Marie ins Haus. Sie stellte die Milch aufs Küchenfensterbrett und begab sich ins Zimmer. Sie erwartete, Erdmann, da er nicht ans Fensterpolsterl geschmiegt war, im Fauteuil vorzufinden: den Tschibuk rauchend. Doch Erdmann saß nicht am Tisch: auf dem Boden lag er, neben den Ehebetten! Marie lief zur Familie Karg, ihren besten Mietern. »Mit dem Manni ist was«, stieß sie entsetzt hervor. Da Erdmann den Genüssen des Fleisches, sofern sie sich auf Essen und Trinken bezogen, sehr viel Lust abgewann, hielt Marie einen Herzanfall für wahrscheinlich.

Karg ging mit ihr und schaute sich den leblosen Erdmann Pöst an. Er lag in einer Blutlache, sein Schädel war zerschlagen. »Kein Aufsehen«, flüsterte Marie. Doch es mußte ein Arzt geholt werden, und das blieb nicht verborgen: mit seinem und danach dem Eintreffen der Polizei gerieten die Oberdöblinger in Aufregung, und die schluchzende Marie Pöst sah ihr schönes Haus von zahllosen Gaffern umzingelt.

Geraubt war nichts worden, stellte die Polizei fest, mit Marie Pöst sämtliche Habseligkeiten kontrollierend. Auch ein Mordinstrument war nicht zu entdecken. »Fehlt Ihnen wirklich nix?« fragte einer der

Diensthabenden Frau Pöst, »nicht einmal ein Ringerl?«
Die Frage war insofern gerechtfertigt, als die Wiener Morde kaum jemals ohne Raub verliefen: auch der verzweifeltste Liebhaber, der seine untreue Geliebte erstach, nahm ihr dann irgend etwas ab. »Weil's schon alles eins war«, wurde dies begründet.
»Es fehlt aber nichts«, sagte Marie Pöst.
»Dann«, sagte der Polizist, und seine Augen leuchteten, da auch in Wien das Verbrechen aus Leidenschaft eingezogen schien, ohne materiellen Nutzen – »dann«, sagte er, »geht's um Gefühle. War Ihr Mann eine leidenschaftliche Natur, Frau Pöst?«
»Aber geh«, sagte sie pikiert. »Sein Haus war ihm alles.«

Die Frage, warum ein Wiener Hausherr ermordet worden war, der keinen anderen Leidenschaften gefrönt hatte, als seinen Besitz zu lieben, schien unbeantwortbar.
Um so mehr, als von diesem Besitz nichts fehlte.
Die »Vertrauten« horchten herum. Allerlei Informationen stellten sich ein. Ehemalige Mieter erzählten, daß das Ehepaar Pöst viel gestritten hätte: Erdmann war eifersüchtig auf seine junge Frau. Marie Pöst, die man daraufhin vorlud, sagte ärgerlich: »Ich bin dem Erdmann immer eine treue Frau gewesen. Auch mir ist unser Haus alles.«
Erregt setzte sie hinzu: »Wenn wer Gehässigkeiten gegen mich aufbringt, kann es nur der Lapaczek sein. Ich hab' ihn und seine Schwester im März hinausgeschmissen. Das war wegen der Fensterpol-

ster«, rief sie. »Dafür rächt sich die Bagage! Der Lapaczek ist der Mörder!«
Lapaczek und seine Schwester verfügten über einwandfreie Alibis. Man forschte weiter, perlustrierte andere Mieter. Auch den Greißler Valentin Winhofer.
In Winhofers Besitz fand sich eine Jacke, auf der Blutspuren waren. »Ich hab' oft Nasenbluten«, sagte der Greißler. Bei weiteren Nachforschungen fand man unter Winhofers Werkzeug eine blutige Hacke. »Na ja«, sagte Valentin, »mit dieser Hacke hab' ich meinen Hund erschlagen. Er war schon alt und räudig.«
Auf Befragen der Roßauer Kommission gab Frau Winhofer an, daß die Familie nie einen Hund besessen hatte: räudig oder nicht. Als man Winhofer daraufhin gezielt verhörte, fing er zu weinen an. »Ich geb's zu«, schluchzte er. »Ich hab' den Pöst umgebracht ...«

Nun erzählte der weinende Greißler Winhofer, wie malträtiert die Mieter des Hauses Nr. 107 in Oberdöbling von Erdmann Pöst und seiner Frau wurden. »Dem Lapaczek«, berichtete er, »haben's die Möbel auf die Straßen gestellt. Nacher is gegen mich gangen. Ich wär' gern woandershin zogen, aber eine Greißlerei hat einen festen Kundenstock. So leicht gibt man den nicht auf!
In meiner Wut auf die Pöstischen hab' ich den Zins zu Georgi nicht gezahlt. Die Hund' sollen warten, hab' ich zu meiner Frau gesagt. Am Abend ist dann die Pöst um unsere Greißlerei herumgeschlichen

und hat in die Fenster hineingerufen: ›Schuldenbeutl!‹ Ich hab' meine Frau gefragt: ›Muß man sich das gefallen lassen?‹ Sie hat gesagt: ›Valentin, geh' und zahl den Zins.‹
Weil wir im Geschäft Essig gebraucht haben, hab' ich ein Kohlenhackl genommen und bin in den Keller gegangen. Mit dem Hackerl hab' ich den Spund vom Essigfassel außeg'schlagen, hob ozopft und bin wieder aufe ins Gschäft mit'n Essig. Dann bin ich zum Pöst aufe mit'n Zinsgeld. Aus Zerstreutheit hab ich das Hackerl mitgnommen.
Wie ich draufkommen bin, daß ich das Hackerl noch immer halt, deponier' ich's in der Kuchl und geh zum Pöst ins Zimmer. Die Gnädige war nicht da, die war um die Milch und Leut' ausrichten.
Er ist beim Fenster g'sessen, mit'n Kopf am Polsterl. Ich grüße, da bellt er mich an: ›Was wollen denn Sie?‹
›Ihnen besuchen bestimmt net‹, hab ich gesagt, ›den Zins will ich zahlen. Obwohl man euch Hausherrn und Leut-Schikanierer lang drauf warten lassen sollt.‹
Da hupft er in die Höh'. ›Kreatur‹, schreit er, ›auf'n Galing (Galgen) g'hört das Gsindel und nimmt sich Rechte heraus!‹ Wie i mir das hab anhören müssen, war's aus. I hab ihn auf die Schläfen g'haut, er ist umg'fallen. I hab ihn treten vor Wut, wo i ihn derwischt hob. Weil's dann schon alles eins war, hob i aus der Kuchl des Hackl g'holt und ihn ganz tot'gschlogn. Nachher bin i obe zum Brunnen, hob's Hackerl g'woschn und mi a, im G'sicht und die Händ', dann bin i hamganga. Das

Hackerl hob i ins Kohlenfaßl g'worfn, den Stiel ins Gebüsch.«

Valentin Winhofers Prozeß fand am 8. Juli statt. Da ihm keinerlei Raubabsicht nachgewiesen werden konnte, lautete die Anklage auf Mord.
Der Staatsanwalt warf dem Angeklagten vor, daß die tödliche Verletzung nach gerichtsärztlichem Gutachten mit dem Hackl erfolgt sei: warum hätte er das Hackl mit hinaufgenommen, als er mit der Arbeit am Essigfaß fertig war? Das ließe auf vorbedachten Mord schließen.
Winhofer blieb bei seinen Aussagen, die er bei der Polizei deponiert hatte. »Ich war zerstreut, sowas kommt vor.«
Die Witwe Marie Pöst hingegen sagte als Zeugin aus: »Nach einem Streit hat der Winhofer zu unserem Fenster hinaufgerufen: ›Die Bagage da ob'n is net mehr wert, als daß man's derschlagt.‹« Winhofers Verteidiger legte vorzügliche Leumundszeugnisse seines Klienten vor, der im Viertel sehr beliebt war. »Ein böser Mensch ist er nicht«, schloß er sein Plädoyer, »nur leicht erregbaren Gemüts, ein leidenschaftlicher Mensch, dem ein vorbedachter Mord nicht zugemutet werden kann!« Er bat darum um Milde für den Angeklagten.
So wurde Valentin Winhofer um sechs Uhr abends des Verbrechens des gemeinen Mordes nach §§ 134, 135, 136 StG. schuldig befunden und zum Tode durch den Strang verurteilt.
Winhofer, der das alles nicht recht verstand, kam erst durch die Rechtsmittelbelehrung darauf, daß er

gehängt werden sollte. Er schüttelte den Kopf. »Ich glaube«, sagte er, »diese Strafe ist doch etwas zu hart.«

Kaiser Franz Joseph teilte seine Ansicht und begnadigte den leidenschaftlichen Greißler aus Oberdöbling vom Tode.

Der Mörder mit den weißen Handschuh'n

Der Fall Ferdinand Henke 1868

Im heutigen 3. Wiener Gemeindebezirk, in der Adamsgasse Nr. 9, wohnte 1868 das Ehepaar Henke: der Maschinentischler Ferdinand und seine Frau Marie. Da sie keine Kinder hatten und das Einkommen des Tischlers bescheiden war, nahmen sie, nach damaliger Gepflogenheit, Untermieter in die Zimmer-Küche-Kabinett-Wohnung auf. (Der Genauigkeit halber sei festgehalten, daß die Bezeichnung »Untermieter« zu dieser Zeit noch nicht üblich war, sondern daß solche Personen amtlicherseits »Aftermieter« hießen. Die Aftermieter teilten sich hierarchisch in Bewohner eines eigenen Raumes mit nur ihnen zur Verfügung stehenden Betten und sogenannte »Bettgeher« auf, deren Schlafstellen sich teils im Zimmer der Wohnungsinhaber, teils in der Küche befanden. Auch unter den »Bettgehern« gab es Rangunterschiede: die besser zahlenden verfügten über ihr Bett im Alleingang, die ganz armen schlüpften im Schichtsystem nacheinander zwischen Strohsack und Decken, wodurch sich Wärmflaschen erübrigten, denn Strohsack und Decken kühlten nie aus.)

Marie Henke, eine freundliche Frau von 38 Jahren, hatte das Kabinett an den Schneider Franz Swoboda und seine Gefährtin Josefa Kopriwa vermietet. Das junge Paar besaß ein Kindlein, das mitunter heftig schrie. Doch störte das Ferdinand Henke nicht, der einen gesegneten Schlaf hatte und um sieben Uhr früh zur Arbeit am Schüttel ging, nachdem ihm Marie den Morgenkaffee hingestellt hatte. Der bereits 64jährige Ehemann, seiner um so vieles jüngeren Frau herzlich zugetan, pflegte sie, die unterm nächtlichen Gegreine des Babys litt, nach seinem Weggang ins Bett zurückzuschicken, damit sie sich ausschlafen könne. Darauf nahmen auch die Bettgeher, die häufig das eheliche Schlafzimmer teilten, Rücksicht und bewegten sich still auf den Zehen.

Am 8. Jänner hatte Marie einen neuen Bettgeher aufgenommen, einen jungen Mann, der deutsch mit ungarischem Akzent sprach und sich Edmund *Reinbold* nannte. Er sagte, er wäre Goldschlägergehilfe, hätte aber leider keine Papiere und begründete dies mit der Kompliziertheit der ungarischen Bürokratie. Marie Henke, eine Frau, die auf Ordnung hielt – ihre Schränke waren immer versperrt, und die Schlüssel bewahrte sie unterm Kopfkissen –, forderte von dem schwarzlockigen Magyaren ein Schriftstück, das seine Identität beweise. Am 9. Jänner, einen Tag später, erzählte sie ihrem Mann, daß der »Mundl« ein solches Schriftstück beigebracht hätte, worauf Ferdinand Henke dieses prüfte. Es stammte von einem Fabrikanten in Raab namens Karl Perkmann, und es wurde darin bestätigt, daß der Mundl von Oktober 1863 bis Dezember 1867 bei Perkmann als Goldschlägergehilfe tätig gewesen sei. Henke sagte: »In Ordnung.«

In der Nacht zum 10. Jänner greinte das Baby wieder, und Marie war in der Früh recht müde. Ihr Mann schickte sie ins Bett zurück und bemerkte, daß auch der Mundl, dessen Lagerstatt sich nicht weit von den Ehebetten befand, noch fest schlief, worauf sich Ferdinand Henke zur Arbeit begab. Auch der Schneider Swoboda war bereits zur Arbeit gegangen. Josefa Kopriwa, deren Kind kurze Zeit Ruhe gegeben hatte, wurde jedoch aus dem Schlaf geschreckt, da sie den Mundl einige Male unter lautem Türenschlagen auf den Gang gehen hörte, wo sich jener stille Ort befand, der heutzutage verschiedene elegante Namen wie Toilette etc. hat, damals aber schlicht Abort genannt wurde.

Josefa Kopriwa, eine Näherin von 20 Jahren, gab später zu Protokoll: »Weil der Mundl so einen Wirbel gemacht hat, hab' ich meine Tür' vom Kabinett aufgemacht. Er war grad wieder auf dem Weg zum Abort. Er hat freundlich gegrüßt. Ich hab' gesagt: ›Is Ihnen schlecht?‹ Er hat genickt und ein bißl gestöhnt. Weil er aber nur die Stiefletten und den Rock angehabt hat, dazwischen war er nackert, hab' ich weggeschaut. Wie dann mein Hanserl wieder zum Schreien angefangen hat, er kriegt Zahnderln, bin ich zum Hanserl zurück ins Kabinett. Den Mundl hab' ich durch die offene Tür ins Zimmer zurückgehen sehen, was mir peinlich war, da er ja ohne Hosen war.«

Gegen neun Uhr morgens hörte Josefa den Mundl fortgehen. Sie beschloß, einkaufen zu gehen und Frau Henke zu fragen, ob sie ihr etwas mitbringen solle. Sie ging ins Zimmer und sah Frau Henke im

Bett liegen. Da sie auf ihre Frage wegen des Einkaufs keine Antwort erhielt, trat sie näher.
Kurz darauf widerhallte das Haus Adamsgasse Nr. 9 von dem Schreckensschrei der Josefa Kopriwa: »Die Henke is umbracht worden!«

Die Kommission, die vom Polizeikommissariat Landstraße entsandt wurde, stellte alsbald fest: Frau Henke, die aussah, als schliefe sie friedlich, lag tot in ihrem Bett. Ihr Schädel war zertrümmert. Das Mordinstrument, ein drei Pfund schwerer Hobel, lag unterm Bett. Ferdinand Henke, der vom Arbeitsplatz herangeholt wurde, konnte seinen Schmerz insofern zügeln, als er imstande war, festzustellen, daß hier ein Raubmord vorliegen mußte. Denn ihm gingen ab: 40 Gulden Bargeld, in Banknoten zu fünf Gulden vorhanden gewesen, eine silberne Zylinderspringuhr kleiner Form, mit ziseliertem Deckel und einem Goldreifen sowie goldenen Ziffern, mehrere minderwertige Schmucksachen. Alles war in einer Kastenschublade gelegen, von Marie versperrt, der Schlüssel war unter ihrem Kopfkissen gelegen. Dieser Schlüssel war verschwunden ... Hingegen hatte der Mörder als »sein Eigentum« einen kleinen Uhrschlüssel, einige Zeitungen mit dem Datum vom 8. Jänner sowie abgerissene Papierstücke zurückgelassen. Auf letzteren hatte er sich geübt, die Namen »Karl Perkmann« und »Edmund Reinbold« zu schreiben.

Recherchen ergaben, daß ein gewisser Edmund Reinbold anno 1863 tatsächlich – als Bettgeher in der

Mohrengasse – gemeldet gewesen war. Doch wurde dieser Reinbold als anständiger und grundsolider Mensch gelobt. Weitere, sehr umfangreiche Recherchen ergaben, daß der offensichtlich falsche Mundl eine Geliebte besitzen müsse. Denn er hatte sich am Vortag der Tat bei Frau Henke einen Hobel, einen Hammer und eine Leimpfanne ausgeborgt und dies damit begründet, daß er bei seiner Geliebten, die in der Leopoldstadt im Dienst wäre, Sessel reparieren müsse.

Es ist wohl anzunehmen, daß die 300 »Zivilwachmänner« – Vorläufer der heutigen Kriminalbeamten –, die zur Aufklärung des Falles Henke aufgeboten wurden, fürs Recherchieren des Sachverhalts: Hobel-Hammer-Leimpfanne – beim Opfer ausgeborgt –, nicht vollzählig agieren mußten! Doch ergab sich im Fall Henke etwas sehr Bemerkenswertes, das diesen Fall zu einem »Markstein der Wiener Kriminalistik« macht, wie Chronisten betonen: Zum erstenmal entschloß sich die Polizei-Behörde, das Medium Presse zur Mitarbeit heranzuziehen!

Endlich gingen die Türen auf, die bisher vor den Journalisten und damit der Öffentlichkeit verschlossen geblieben waren – eine Selbstverständlichkeit heute, da Millionen Fernseher sich bei entsprechenden Sendungen auf »Tätersuche« begeben! Aber bisher war es anders gewesen, und die Presseleute, die sich ihre Informationen auf – zuweilen – dubiose Art verschaffen mußten, wodurch häufig Mißstimmung zwischen Polizei und Presse und Ärger bei der Bevölkerung entstanden waren, konnten in echter Aktivität mit der Polizei zusammenarbeiten!

Denn Polizeirat Löffler, der die Untersuchung leitete, bat die Zeitungen, eine Personsbeschreibung des mutmaßlichen Täters zu veröffentlichen und das Wiener Leserpublikum zu ersuchen, zweckdienliche Angaben über Dienstmädchen-Liebhaber, die Sesselreparaturen ausgeführt hätten, zu machen.
Das mag heiter oder ironisch klingen: die Leser nahmen es sehr ernst! Unter den zahllosen »Beobachtungen«, die die Polizei erreichten, war die interessanteste die einer Nachbarin der Henkes. Sie hatte den »Mundl« am Vortag des Mordes mit einer Leimpfanne aus der Henke-Wohnung kommen sehen, und als sie ihn fragte, wohin er ginge, sagte er: »Zu meiner Geliebten, ich muß die Sessel ihrer Herrschaft richten.« Das war nicht sensationell, doch berichtete die zungenfreudige Nachbarin, daß ihr aufgefallen wäre, daß der Mundl, den sie einen »Rawuzel« nannte, weil er so schwarzlockig und schwarzäugig war, zu seinem »recht gewöhnlichen« Anzug weiße, tambourierte Handschuhe getragen habe.
Ein Arbeiter mit weißen Handschuhen? Wer jetzt lacht, irrt: Die »Konstitutionelle Vorstadtzeitung« (später »Volkszeitung«) schrieb einen großen Bericht darüber, der zur Folge hatte, daß am nächsten Tag ein Leser am Kommissariat Leopoldstadt erschien, der folgendes aussagte: Der Geliebte seines Dienstmädchens Karoline Gritsch hätte am bewußten Tage in seiner Wohnung Sessel repariert. An den Händen des Mannes hätte er solche, recht ungewöhnliche weiße Handschuhe bemerkt. Der Dienstgeber, der dies aussagte, hieß Karl Moller. Die Wohnung lag in der Miesbachgasse, im 2. Bezirk.

Karoline Gritsch, die nun zur Einvernahme geholt wurde, war blond und blauäugig, knapp 18 Jahre alt und von schlichter Wesensart. Sie nannte den Namen ihres Geliebten sofort: Georg *Ratkay*. Er sei ein kreuzbraver Tischler, sagte sie, er arbeite beim Meister Hynek auf der Landstraßer Hauptstraße 83. Sie liebe ihn und träume vom Heiraten.
Am Kommissariat Landstraße, wohin Karoline überstellt wurde, hatte sich, durch die Zeitung ebenfalls alarmiert, indessen der Schuhmachermeister Emmerich Argauer aus der Erdberger Straße Nr. 8 eingefunden. Er deponierte, daß beim Tischlermeister Franz Hynek ein Mann gewohnt und gearbeitet habe, den man »Schorsch« genannt habe, auf den die Personsbeschreibung passe. Leider, gab Argauer an, hätte er die Zeitung so spät gelesen, sonst wäre er früher gekommen. Die Befragung des Tischlermeisters Hynek und seiner Frau Theresia ergab, daß Georg Ratkay, 23 Jahre alt, in Török-Balint bei Teteny in Ungarn geboren, am 10. Jänner vormittags zum Meister Hynek gekommen sei und gebeten habe, sich ausschlafen zu dürfen, was er bis zum Abend getan habe. Dann sei er kreuzfidel ausgegangen, mit einer Pfeife, die er um 17 Kronen erworben, zurückgekommen und hätte ein gutes Abendessen bestellt, das er auch bezahlte, wobei er weitere Guldenstücke zeigte. Am nächsten Vormittag lernte er Argauer kennen, für den Frau Hynek arbeitete.
Nun bestellte sich »Schorsch« einen Guglhupf bei Frau Hynek, die ihn buk, und nachmittags spielte »Schorsch« mit Argauer Tarock, wozu er das Bier zahlte.

In der Nacht hörte ihn Hynek im Schlaf stöhnen und seufzen. Er ging auch oft auf den Abort. Am nächsten Tag schickte er um seine Geliebte, Karoline, zum Guglhupf-Essen.
Als alle bei Kaffee und Guglhupf beisammen saßen, vergrub sich Ratkay in die Lektüre der »Vorstadtzeitung«. Über den Mord, der darin berichtet war, sagte er: »Der Mörder ist ein gemeiner Feigling. Wenn's ihn nur bald derwischen!« Gegen zehn Uhr abends führte er Karoline heim, kam dann mißmutig zurück und schlief die kommende Nacht noch schlechter. Am Vormittag las er wieder die »Vorstadtzeitung«, entrüstete sich über den Mörder der Marie Henke und rief plötzlich: »Ich muß fort!« Er packte seine Sachen zusammen und eilte fort, in Richtung Marxer Linie. Emmerich Argauer, dem er dort zufällig begegnete, fand sein Verhalten »irgendwie seltsam«. Als Argauer später die Zeitung las, wußte er warum und begab sich zur Polizei ...

Marxer Linie – Polizeirat Löffler brauchte keine Landkarte, um sich zu informieren, daß dies die Richtung Heimat (Ungarn) für Schorsch-Mundl war! Doch auf dieser Heimat-Route lag Klein-Neusiedl bei Schwadorf, und aus diesem Ort stammte Karoline Gritsch. Machte Schorsch-Mundl, der nicht schlafen konnte, dort Station? Mitten in der Nacht erschien die Polizei-Kommission vor dem Gritsch-Haus. Nach langem Klopfen öffnete sich die Haustüre. Kurz darauf wurde ein blasser, zitternder junger Mann mit Tüchern (!!) gebunden und in das wartende Fahrzeug gebracht, das ihn nach Wien führte.

Der Prozeß gegen Georg Ratkay begann am 9. März 1868. In der Anklage ist ein Absatz enthalten, der, im Hinblick auf vorhin Erwähntes, besondere Beachtung verdient: »Daß die Entdeckung so rasch erfolgen konnte«, heißt es, »ist vor allem der Tätigkeit aller beteiligten Organe zuzuschreiben. Der Polizeikommissär (Heide) der Vorstadt Landstraße setzte sich mit der Tagespresse, insbesondere mit der ›Konst. Vorstadt-Zeitung‹ in Verbindung, welches Blatt seinen ausgebreiteten Leserkreis zum großen Teile aus den arbeitenden Klassen bildet. So ist es gelungen, durch die Veröffentlichung aller auf den Mord bezüglichen Angaben das Publikum zur Mitwirkung bei der Eruierung des Täters anzuregen.«
Ratkay, der voll geständig war, hatte Dr. Lewinger zum Verteidiger, der keine Koryphäe war, doch hätte ihm auch ein besserer Anwalt wenig helfen können. Schon vor seinem Militärdienst war er zweimal wegen Diebstahls vor Gericht gestanden. Beim 69. Infanterieregiment, wo er die Militärpflicht erfüllte, war er dreimal wegen Diebstahls vom Militärgericht abgeurteilt worden, und zwar erhielt er das erste Mal (1865) 20 Stockstreiche, das zweite Mal (1966) 100 Stockstreiche und das dritte Mal (1967) 70 Stockstreiche. Er hatte also nicht den Leumund, der ihm Sympathien eingebracht hätte.
Nach dem Tatmotiv befragt, erklärte der Angeklagte: »Mir is halt das Geld ausg'angen.«
Vorsitzender: »Das geht anderen Leuten auch aus. Deshalb geht man aber noch lange nicht her und ermordet wen.«
Ratkay: »Ich versteh eh nicht, was mir da eingefallen

is, daß ich die Henke nicht bestohlen, sondern umgebracht hab'.« (Er schüttelte den Kopf.)
Vorsitzender: »Das ist Ihnen eingefallen, weil Sie keine Achtung vor einem Menschenleben haben, weil Ihre Gesinnung roh ist! Haben Sie denn nicht befürchtet, daß Sie bei der Tat überrascht werden?«
Ratkay: »Es war ja niemand da.«
Vorsitzender: »Doch, Josefa Kopriwa war da.«
Ratkay: »Die hat doch mit dem Hanserl zu tun g'habt.«
Vorsitzender: »Und wenn sie doch gekommen wär', was hätten Sie dann gemacht?«
Ratkay schwieg.
Karoline Gritsch, Ratkays Geliebte, sagte unter Tränen aus: »Aber der Schorsch hat doch zu mir gesagt, wie die Red' von dem Mord war: ›Der Mörder ist ein gemeiner Feigling. Wenn's ihn nur bald derwischen.‹ Da kann er's doch nicht selber g'wesen sein!« (Fassungslos schaute sie zu Ratkay hinüber, der wegblickte.)
Das Urteil lautete: Georg Ratkay sei des meuchlerischen Raubmordes, Gewohnheitsdiebstahls und der Falschmeldung schuldig und werde zum Tode durch den Strang verurteilt. Nach Verlesung des Urteils fragte der Vorsitzende Ratkay, ob er das Urteil verstanden habe. Ratkay schwieg.
Da das Todesurteil dem Kaiser zur Bestätigung vorgelegt werden mußte, dauerte es bis zum 28. Mai, daß Ratkay die „Erledigung" vorgelesen bekam. Sie lautete: »Seine k. k. Apostolische Majestät haben mittelst Allerhöchster Entschließung vom 20. Mai d. J. über die vorgelegten oberstgerichtlich bestätig-

ten Erkenntnisse des Landesgerichtes und Oberlandesgerichtes in Wien, wodurch Georg Ratkay wegen Verbrechens des meuchlerischen Raubmordes zum Tode durch den Strang verurteilt wurde, dem k. k. Obersten Gerichtshofe zu überlassen geruht, gegen diesen Verurteilten sein oberstrichterliches Amt nach dem Gesetze zu handhaben ...« So ging es weiter, bis zum Schlußsatz: » ... daß die Todesstrafe zu vollziehen sei.«
Ratkay hörte zitternd zu, und seine Stirne unter dem schwarzen Kraushaar bedeckte sich mit Schweiß. Als das letzte Wort gesprochen war, stöhnte er und fiel in Ohnmacht.
Knapp danach ging die übliche Note an den Magistrat ab, die anordnete: » ... den kommunalen Grund bei der Spinnerin am Kreuz für den zweitfolgenden Tag in Stand zu setzen.«

Wie alte Berichte verlauten, »stand auf dem freien Feld bei der Spinnerin am Kreuz jahraus, jahrein der Galgen, und wenn sich im Publikum die Kunde verbreitete, daß wieder einer von Henkershand in die andere Welt hinüberbefördert werden sollte, bedeutete dies für unsere vielbesungenen, gemütlichen Wiener Leut' eine ›Mordshetz‹.«
Tausende Menschen eskortierten den Henkerskarren, der den armen Sünder zur Spinnerin am Kreuz hinausrumpelte. Neben ihm saß der Priester auf dem Karren und reichte dem dem Tode Verfallenen von Zeit zu Zeit ein kleines Kruzifix zum Kusse. Kam dann der Zug an der Richtstätte an, so mußte sich der Karren mühsam den Weg durch die Unzähligen bah-

nen, die schon am Abend vorher ihr Lager auf dem weiten freien Felde aufgeschlagen hatten, um sich nur bestimmt einen guten Platz in der Nähe des Galgens zu sichern – oh goldenes Wienerherz, wie grausam klingt dein Schlag!
Während Mütter ihre kleinen Kinder dem Vater reichten, damit er sie auf die Schultern nähme, auf daß die Kleinen besser sehen könnten, kam der Zug bei der Spinnerin an, und die entsetzliche Prozedur nahm ihren Verlauf.
»Ich bitt' um Gnade für meinen Delinquenten«, rief der Profoß.
Die Antwort des dirigierenden Offiziers lautete: »Gnade ist nur bei Gott.«
Die letzte Hoffnung des Verurteilten war dahin, und sein bleiches Gesicht wurde noch bleicher.

Ratkays Justifizierung verlief »programmgemäß«: die bis zuletzt johlenden und schreienden Zuschauer, die vielfach betrunken waren, verstummten nun und schauten fasziniert zu, wie die Gehilfen des Scharfrichters Ratkay zum Querholz hinaufzogen, wo der Henker auf einer Leiter ihn erwartete. »Ein Druck auf den Knopf, eine Drehung der Winde«, heißt es in einem Bericht, »und der Justifizierte hing zwischen Himmel und Erde, ein abschreckender, entsetzlicher Anblick. Ein Gebet beschloß den Vorgang.«
»Schon vor der Hinrichtung«, heißt es auch, »liefen die sogenannten ›Urthelweiber‹ zwischen den Schaulustigen herum und boten um fünf ›Neukreuzer‹ die gedruckte Beschreibung der Verbrechen des

Delinquenten an, sowie das Urteil und dessen Begründung. Diese Erzeugnisse wurden den Weibern aus den Händen gerissen, so daß die Umsätze beträchtlich waren.« (Daß die Bezeichnung »Fünf-Kreuzer-Hefteln«, die von älteren Wienern bis heute noch für Kolportage-Broschüren verwendet wird, von den Druckwerken der »Urthelweiber« her stammt, die für fünf Kreuzer verkauft wurden, scheint eine einleuchtende Erklärung dieser Sprachschöpfung zu sein!)
Weitere Berichte zeitgenössischer Autoren verlauten, daß die Hinrichtungen bei der »Spinnerin« ein »Gepräge wie ein Jahrmarkt« hatten: »Hunderte Buden«, heißt es, »waren auf dem Plateau um den Galgen errichtet, an dem der Justifizierte bis Sonnenuntergang hängen mußte. Er wurde streng bewacht, da Fetzchen seiner Kleidung hochbezahlte ›Glücksbringer‹ waren. Es wurde gezecht, jubiliert und gesungen, die Buden-Besitzer verkauften ›Armesünder-Würstel‹ und ›Galgenbier‹ sowie ›Galgen-Heurigen‹. Die Prostituierten hatten Hochbetrieb hinter den Buden. Das Volksfest, das rund um den Galgen stattfand, endete aber, wie Volksfeste zu enden pflegten; es wurde gerauft und geprügelt, manch einer zog auch das Messer.«

Ratkays Justifizierung, die ebenso skandalös endete, war für die fortschrittlichere Bevölkerung Wiens sowie für die Presse der Anlaß, die Behörden auf das energischste aufzufordern, diesen »menschenunwürdigen Schauspielen, geneigt, dem Tierischen Vorschub zu leisten«, ein Ende zu setzen. Die Justiz

entsprach der Forderung, und es wurde verfügt, daß künftige Exekutionen nicht mehr öffentlich, sondern im Landesgericht zu vollstrecken wären.
Ein – vielleicht – weniger auf humanitäre, als auf rationelle Überlegungen zurückzuführender Entschluß, da die öffentlichen Exekutionen einen Rattenschwanz von Privatklagen nach sich zogen.
Wie auch immer: Mundl respektive Schorsch Ratkay, ein kleiner Raubmörder, gemessen an »Persönlichkeiten« wie etwa Jaroschinski oder Hugo Schenk, nimmt durch die Tatsache, daß er der Letzte war, der öffentlich gehenkt wurde, einen Sonderplatz in der Wiener Kriminalchronik ein. Denn ab 1868 wurde, in einem bestimmten Hof des Landesgerichtes Wien, nur mehr vor wenigen Zeugen, exekutiert.
Zum Leidwesen vieler Schaulustiger, bis zum heutigen Tage! Und eine Warnung vor den Geschäftemachern aller Sparten, die ihr Manipulieren der »Volksseele« damit begründen, daß »dem Volk gegeben werden muß, was es haben möchte«.

Es soll hier nicht untersucht werden, was »das Volk« möchte, denn Kennern der Volksseele steigen bei solchen Anlässen die berühmten wienerischen »Grausbirnen« auf. Wiens nächster Raubmörder, Enrico von Francesconi, verlor sein Leben bereits im Hof des Landesgerichts, und die Wiener kränkten sich, nicht mehr zur »Spinnerin am Kreuz« pilgern zu dürfen. Aber waren es nur die Wiener mit dem »goldenen Herzen«, die ihr Vergnügen an öffentlichen Hinrichtungen fanden? Die »tranken, jubilierten und sangen«, wie berichtet wird. Wie stand es um andere Völker?

Unter dem Titel: »Zur Moral der Todesstrafe«, berichtete die »Illustrierte Volkszeitung, Stuttgart, Leipzig und Wien«, im Juli 1875:

Die Verurteilung des Giftmischers Moreau in Paris zum Tode (siehe Heft V dieser Blätter), hatte allnächtlich mehr als zwei Wochen lang die widerlichsten Szenen zur Folge.
Jede Nacht drängte sich die Menge zum Richtplatze, um der Hinrichtung zuzusehen, die noch gar nicht bestimmt worden war. Da obendrein nicht sicher war, ob Moreau in Paris oder in Saint Denis hingerichtet werden sollte, so lief eine Menge dieser Neugierigen auch nach dem zwei Stunden entfernten Saint Denis. Die Gesellschaft, welche sich zu derartigen Schauspielen einfand, ließ sich bereits nach Schluß der Kaffeehäuser zum Richtplatze fahren: es wurde Essen und Trinken mitgenommen, und zwischen einem Hühnerflügel und einem Glas Chambertin wurden die abscheulichsten Witze gerissen: denn neben der Hefe des Volkes der Vorstädte lieferten die Elégants der Boulevards und der Vergnügungslokale die Hauptmenge dieser Aufzüge. Beobachter konnten daselbst die interessantesten psychologischen Studien machen. So erzählte Jemand, daß sich eine ganze Familie behaglich in einer Ecke aufstellte, wie man es bei einem Pfingstfeste zu thun gewohnt ist. Vater und Mutter, zwei blühende Töchter,

ein Knabe, eine alte Tante und zwei alte Onkel kramten gemüthlich ihre Eßwaren aus und ließen es sich köstlich schmecken. Dabei war das Frühstück mit einer unbeschreiblichen Unterhaltung über die erwartete Hinrichtung Moreaus gewürzt. Als der Morgen graute, und es wieder nichts war, kam es zu Ärgernissen in der Menge, in der viele schon zuviel getrunken hatten. Es wurden Rufe laut, die die Gerechtigkeit eine H ... (putain) nannten, die das Volk um das ihm Zustehende prelle. Es gab Prügeleien, so daß die Polizei einschreiten mußte. Nun zertheilte sich die Menge allmälig, sich dabei denkend: Aufgehoben ist nicht aufgeschoben, und sich versprechend, die folgende Nacht wieder zu kommen. Und sie trieb es dann fort, bis die Hinrichtung Moreaus in Paris wirklich stattfand, die ein abscheuliches Schauspiel war und die erhitzte Menge zur größten Brutalität einander gegenüber veranlaßte.

Über fernöstliche Gepflogenheiten läßt die »Illustrierte Volkszeitung« im August 1876 einen Augenzeugen berichten. (Zur Information: es handelt sich um ein seriöses Blatt, dessen ständige Rubrik: »Zur Moral der Todesstrafe«, diese [Moral] in Frage stellte, wie human Denkende und Schreibende dies im 19. Jahrhundert häufig taten.)
Der deutsche Augenzeuge berichtete:

Ich ging zu dieser japanesischen Hinrichtung in Yeddo mit gemischten Gefühlen. Ich bereute es, aber es war doch ein höchst ungewöhnliches Schauspiel, das auf mich großen Eindruck machte. Die Delinquenten waren acht an der Zahl, darunter eine Frau. Alle wurden enthauptet. Die Operation wurde mit merkwürdiger Geschicklichkeit und Kaltblütigkeit vollzogen, und nicht einer der Delinquenten, selbst nicht die Frau, zeigte das mindeste Symptom der Furcht. Es war ein Raum durch Seile abgegrenzt; innerhalb desselben waren drei Löcher in den Boden gegraben, hinter jedem ein kleines Häuflein Erde, auf welchem eine Matte ausgebreitet war, worauf der Verbrecher niederknieen mußte. An einer Seite der Einhegung saßen zwei japanesische Beamte, um darauf zu achten, daß Alles gehörig von sich gehe.

Ich stand direkt vor dem Erdhaufen in einer Entfernung von ungefähr 6 Fuß. Die Delinquenten wurden an einer Seite der Einhebung in eine Reihe gestellt und ihnen mit Stücken Papier (man benützt dort Papier für Alles), die Augen verbunden. Was mir am meisten auffiel, war die gräßliche Kaltblütigkeit des Scharfrichtergehülfen, eines hübschen Burschen von etwa 18 Jahren; er begab sich zu jedem armen Unglücklichen der Reihe nach, berührte ihn an der Schulter, führte ihn zu dem Erdhaufen und ließ ihn auf der Matte niederknieen; dann entblößte er des Delinquenten Schultern, ließ ihn den Hals ausstrekken, sagte ›So‹, und im Nu lag des Menschen Kopf in dem Loche vor ihm. Der Gehülfe, noch immer das angenehme Lächeln zeigend, hob den Kopf auf, goß etwas Wasser über das Gesicht, um es von Blut und Erde zu reinigen und präsentierte den Kopf sodann den Beamten, die winkten und ihm bedeuteten, mit dem nächsten vorzugehen; der Gehülfe versetzte sodann der Leiche einen Schlag zwischen die Schultern und warf schließlich diese wie einen Holzbock auf die Seite. Dann wiederholte er das widrige Verfahren mit dem Nächsten. Ich glaubte nie, daß ein Menschenkopf so leicht abgeschlagen werden könnte; es war, als wenn Krautköpfe niedergemäht würden, nur begleitet von einem eigentümlichen und höchst gräulichen Ton, thatsächlich der des Fleischschneidens.

Es war eine dichte Menge Japanesen, darunter viele Frauen und sogar Kinder, anwesend; diese Leute hörten während der ganzen Zeit nie auf, zu essen, zu rauchen und zu plaudern, sich in Glossen über die Operation ergehend und selbst gelegentlich lachend, als ob sie in einem Theater wären. Der Scharfrichter goß nach jeder Enthauptung Wasser auf sein Schwert, wie man ein Messer zu netzen pflegt.

»Es war halt einer von die Herrn ...«

Der Fall Katharina Krohn 1874

Am 20. Jänner 1874 kam der Stadtkurier (Dienstmann) Valentin Odahal von seinem Standplatz beim Strampfertheater heim in die Wohnung Martinstraße 44, die er mit seiner Lebensgefährtin Katharina Krohn teilte.
Odahal war ein kräftiger Mann um die 40, der Schuhmacher gelernt hatte. Am Schusterstockerl zu sitzen, hate ihn mit den Jahren verdrossen. Er erwarb eine Lizenz als Stadtkurier, die Mittel hierfür verdankte er der Katharina. Sie war wohl um elf Jahre älter als Valentin, sie war so mager wie ein Stecken und sie hatte kaum mehr einen Zahn im Mund. Sie war Handschuhmacherin. Von dieser ehrlichen Arbeit, die zum Leben zu wenig, zum Sterben zuviel einbrachte, war die Witwe aus Währing jedoch nicht zu ihrem bescheidenen Wohlstand gelangt. Katharinas Haupteinkünfte stammten aus ihren Nebenberufen. Sie war eine hochgeschätzte Kartenaufschlägerin, und wenn es finster wurde, warf die Katharina ein Tuch um und eilte zu den Liniengräben. Dort gab es immer Männer, die sich Weiberfleisch etwas kosten ließen. Nach dem alten Motto: »Bei Nacht sind alle Katzen grau«, fand auch die zahnlose Katharina ihre Freier, die sich hüteten, Licht zu ma-

chen. Valentin wußte vom Geld, das in den Liniengräben verdient wurde. Er war verständnis- und rücksichtsvoll, und wenn Katharina in der Martinstraße den einen oder anderen Herren empfing, dem's im Liniengraben gut gefallen hatte, blieb er weg.

Als Odahal an diesem Jännerabend heimkam und anklopfte, denn er besaß aus Diskretion keinen Schlüssel, öffnete ihm Katharina nicht. Er ging zum Haustor und wartete. Die Zeit verging, es wurde ihm kalt. Wenn Katharina im Zimmer noch zu tun hatte, so konnte er wenigstens in die Küche gehen – da störte er sie nicht! Er begab sich zur Nachbarin, deren Türschloß dem seiner und Katharinas Wohnungstürschloß glich: man konnte mit dem gleichen Schlüssel beide Wohnungen aufsperren. Odahal sperrte seine Wohnung auf. Nichts Ungewöhnliches war zu bemerken.

Er wollte lediglich in die Küche gehen. »Doch eine innere Stimme«, wie er später zur Protokoll gab, hieß ihn »ins Zimmer schauen«. Dann widerhallte die Zimmer-Küche-Wohnung vom Geschrei Odahals: »Die Kathl is umbracht, und g'stohln is a wurn!«

Die herbeieilenden Nachbarn sahen Katharina Krohn in Unterwäsche auf dem Diwan liegen. Das Zimmer war verwüstet, und Odahal beklagte den Verlust diverser Besitztümer.

Jemand lief aufs Wachzimmer. Bald traf der Polizeiarzt mit einem Inspektor ein, auch ein Kommissär vom Kommissariat Roßau erschien, dessen Name nur aus einem einzigen Buchstaben bestand, und

zwar hieß er: »I.« Dieser Kommissar I war ein sehr tüchtiger Beamter. Es wurde folgender Tatbestand aufgenommen: Katharina war »mit großer Gewalt erdrosselt worden, wie tiefe Strangulierungsfurchen und Nägeleindrücke am Hals« zeigten. Sie hatte nicht um Hilfe gerufen, und es war auch kein Kampfeslärm von den Nachbarn zu vernehmen gewesen. Es war daher anzunehmen, daß der Täter kein ihr Unbekannter gewesen war.
»Wahrscheinlich«, gab Odahal zu Protokoll, »hat's ihn mitbrocht.«
Nach Odahal pflegte seine Lebensgefährtin im Busen ein Leinensackerl aufzubewahren, in dem sich drei Wertpapiere à 100 Gulden befanden. Sackerl samt Inhalt lagen nicht mehr zwischen Katharinas ausgemergelten Brüsten. Überraschenderweise hatte der Mörder auf sonstige Beute verzichtet: zwei Koffer mit Schmuck, Bargeld sowie Odahals goldene Uhr standen unberührt an ihren Plätzen.
Im Verlauf der Untersuchung, die Verstärkung durch Beamte des Zentralsicherheitsbüros erhielt, ergaben sich weitere Überraschungen: die Wertpapiere waren im Bett versteckt! Was hatte der Mörder nun eigentlich gestohlen? fragten sich alle. Jeder Gegenstand von Wert war in der Wohnung verblieben. Ging es etwa um ein Verbrechen aus Leidenschaft? Die bald 52jährige Katharina als Opfer einer Liebestragödie?
Nach Odahals Gejammer waren Kleidung und Wäsche verschwunden: ein blauer Winterrock mit Samtkragen, ein Umhängtuch Katharinas,

einige Röcke, ein gelb überzogener Polster, ein lila gestreifter Bettüberzug, ein Leintuch, ein Untertuchent. Er bezifferte den Wert dieser Besitztümer mit etwa 14 Gulden. Daß der Täter einen solchen Packen fortschleppte und leicht Einzusteckendes zurückließ, war mysteriös, wie die aufgescheuchten Bewohner der Martinstraße fanden.
Die Untersuchung ergab ferner, daß der Mord zwischen fünf und sechs Uhr abends erfolgt sein mußte. Der Täter hatte die zur Küche führende Türe offen gelassen, die Eingangstüre hatte er versperrt. Besaß er einen Schlüssel oder verwendete er Katharinas Schlüssel, den er an sich genommen hatte? Katharinas Wohnungsschlüssel wurde nirgends gefunden. Er pflegte an der Eingangstüre, innen, an einem Nagel zu hängen. »Aber manchmal hat's ihn auch im Taschl g'habt und dann g'sucht«, gab Odahal an. In Katharinas Taschen fand sich jedoch kein Schlüssel. Die Bewohner der Martinstraße 44 und angrenzender Häuser debattierten, ob die Katharina am Ende ein Opfer ihrer Zukunftsdeuterei geworden war. Zeugen gaben an, daß am 20. Jänner um die ungefähre Tatzeit ein kleiner dicker Mann zur Krohn hinaufgegangen wäre, von der ein dünner Mann eben die Stiege hinunterkam. Der Dicke fragte den Dünnen: »Waren Sie bei der Kartenaufschlagerin?« Der Dünne erwiderte unfreundlich: »Nein.« Der Dünne hatte einen Packen mit Bettzeug und Kleidung mit sich geschleppt. Den Dicken hatte dann keiner fortgehen gesehen. Die Polizei, die jede Spur aufnahm, erließ durch die Zeitung und Anschläge einen Aufruf an diese beiden Männer, sich als Zeugen zu melden. Sie

meldeten sich nicht. Hingegen meldete sich eine Trödlerin aus der Veronikagasse. Aus Arbeitsüberlastung und Desinteressement an Vorgängen in Währing hatte die Hernalserin erst Tage später den Weg zur Polizei gefunden. Ihre Aussage war so wichtig, daß am 28. Jänner folgende Kundmachung erging:

Dreihundert Gulden Belohnung werden derjenigen Person zugesichert, welche der Behörde solche Mitteilungen macht, die die Zustandebringung des Täters des an der Handschuhnäherin Katharina Krohn, Währing, Martinstraße 44, am 20. d. M. verübten Raubmordes zur unmittelbaren Folge haben. Ein unbekannter Mann hat am 21. Jänner 1874, abends acht Uhr, bei einer Trödlerin in der Veronikagasse zu Hernals Effekten, welche aus der Wohnung der Katharina Krohn geraubt wurden, verkauft und dagegen die nachbeschriebene Taschenuhr eingetauscht. Der Unbekannte ist ca. 30 Jahre alt, ca. fünf Schuh groß, untersetzt und kräftig gebaut, hat ein breites, volles Gesicht, brünette, doch mehr blasse Gesichtsfarbe, schwachen, schwarzen Schnurrbart, mutmaßlich schwarze Augen. Er war mit einem dunkelblauen Winterrock mit Samtkragen bekleidet. Seine Stimme ist grob und tief. Die umgetauschte Uhr ist eine einfache silberne Spindeluhr mit glattem Gehäuse, weißem Ziffernblatt, römischen Ziffern, zwei Zeigern ...

Nun erfolgte eine weitere, minutiöse Schilderung der Uhr sowie die Mitteilung, daß der kleine, dicke Unbekannte am 22. Jänner »vormittags viertel zehn Uhr den Versuch machte, die oberwähnte Uhr bei einem Uhrmacher in Ottakring zu verkaufen«.

Der Uhrmacher kaufte sie nicht, und polizeiliche Kundmachung warnte »jedermann vor dem Ankauf«. Vielmehr wurde aufgefordert, »wer zu Auskünften erteilen in der Lage ist, sich im hierortigen Zentralsicherheitsbüro zu diesem Behufe einzufinden«.

Die 300-Gulden-Prämie führte begreiflicherweise zu verschiedenen Anzeigen und in der Folge zu einigen Verhaftungen. Die Arretierten mußten aus Mangel an Beweisen wieder entlassen werden. Auch Valentin Odahal, den die Umwelt stark verdächtigte, wurde erneut verhört. Er gab zu, daß er mit seiner Lebensgefährtin viel gestritten hatte, weil sie ihm Faulheit vorhielt. »Ich war ihr zuviel daheim«, sagte er. »Da war ich ihr im Weg beim Verdienen.« Für die fragliche Zeit konnte Odahal jedoch sein Alibi nachweisen.

Er hielt den runden Filzhut in der Hand, als er hinter Katharina Krohns Sarg auf dem Währinger Friedhof zum Begräbnis schritt. Er erbte die 300 Gulden Wertpapiere aus dem Sackerl zwischen Katharinas ausgemergelten Brüsten, er erbte die sonstigen Effekten, die der Mörder stehen gelassen hatte: sogar Odahals goldene Uhr!

Kathis Mörder wurde nie gefunden. Das war in den 80er Jahren des vorigen Jahrhunderts keine Besonderheit: in den Zeitungen war, wegen der Häufung der Bluttaten, eine »Mordrubrik« eingeführt, die die Wiener mit Interesse verfolgten. Darunter gab es viele Fälle, die nie aufgeklärt wurden.

Glück und Ende der Harmoniemacherin vom Schottenfeld

Der Fall Johann Natal 1862

In der Fuhrmannsgasse Nr. 178 lebte in den fünfziger Jahren des vorigen Jahrhunderts der Instrumentenerzeuger Endel mit seiner Frau in glücklicher Ehe. Die um 28 Jahre jüngere Rosalia war eine der feschesten Frauen auf dem Schottenfeld, und sie verstand es auch, Harmonika zu spielen, so daß die soliden Produkte des Hauses Endel, die Rosalia vor den Kunden zum Klingen brachte, viel gekauft wurden. Zuweilen fuhr das Ehepaar mit Freunden per Zeiserlwagen am Sonntag aufs Land, wo beim Heurigen dann Rosalias Harmonika fröhliche Lieder ertönen ließ; man sang mit und genoß das Leben, wozu Herr Endel manchmal freilich ein saures Gesicht machte. Denn seine »Rosi«, wie er sie mit dem Kosenamen nannte, gefiel auch den Freunden! Wenn die Stimmung der gutgelaunten Gesellschaft ins Übermütige kam, nahm Endel den kleinen Franz, den er adoptiert hatte, da ihm eigene Kinder versagt geblieben waren, an die Hand und machte mit ihm einen Spaziergang. Rosi pflegte ihm bald nachzukommen, während die Gesellschaft nach der »Harmoniemacherin«, wie sie genannt wurde, rief. Aber Rosi war der eheliche Frieden wichtiger als ihr Anwert bei den

Männern, auch liebte sie den kleinen Franz wie ein eigenes Kind.
Das Familienglück im Hause Endel erfuhr im Jahre 1860 eine Trübung: Johann Natal, ein gut aussehender Mann Mitte 20, war von Endel als Hausknecht aufgenommen worden. Johann, eine Waise, vom Leben herumgestoßen, kompensierte, wie man heute sagen würde, seine Enttäuschungen durch das Lesen von Fünf-Kreuzer-Romanen. Er hatte in Baumwollspinnereien gearbeitet, sodann das Anstreicherhandwerk erlernt, doch schien ihm das kein Leben – in den Hefteln stand es schöner! Rosalia schalt den verträumten Hausknecht vorerst gutmütig aus, dann borgte sie von ihm Romane und geriet selber ins Träumen ...
Was noch geschah, ist nicht überliefert. Doch kündigte Herr Endel schließlich dem Johann Natal, es gab einige Szenen – und der hoch in den Siebzigern stehende Endel erlitt eine Herzattacke und schied aus dem Leben.
Johann Natal blieb. Rosalia meinte, sein Verbleiben schade ihrem Ruf, und sie schenkte ihm 200 Gulden, womit er sich einen eigenen Betrieb als Anstreicher errichten könnte. Doch Johann Natal hielt nichts davon und betätigte sich als »Erfinder«. Er »erfand« Fallschirme, Spezialgewehre, er sprudelte vor Einfällen – und bald waren die 200 Gulden vertan. Rosalia half, wenn auch mit Einwänden, das Paar stritt. Daß es sich um ein Liebespaar handle, wußten bald alle Bewohner des Schottenfeldes! Doch traute niemand der nun 45jährigen, noch immer feschen »Harmoniemacherin« zu, daß sie den um 18 Jahre

jüngeren Johann heiraten würde, einen Hausknecht! Vielmehr kam sie ins Gerede mit »besseren Herren«. Johann vernahm das Gerede und wurde eifersüchtig. »Unter allerlei drolligen Verkleidungen«, heißt es, »suchte er seine Geliebte zu überraschen. Bald erschien er als Briefträger, bald als Bankdiener oder Geschäftsagent, wobei er sich falscher Bärte und vieler Theaterschminke bediente. Er ertappte die Meisterin jedoch nie bei einem Treuebruche, zumal sie ihn schon von weitem erkannte, wenn sie auch so tat, als hielte sie ihn für einen Fremden.«

»Doch mit der Zeit«, heißt es weiter, »wurde er ungemütlich.«

Das äußerte sich so, daß Johann Natal, der »Erfinder«, im Haus Drähte spannte, wozu er sich äußerte, es sei »alles hergerichtet, um das Haus in die Luft zu sprengen, wenn die Rosalia das Verhältnis mit mir löst«. Im Haus Fuhrmannsgasse Nr. 178 lebten aber noch andere Mieter. Sie gerieten in Panik über solche Drohungen und bestürmten den Hausbesitzer, der Witwe Endel zu kündigen, da ihr Verhältnis mit dem Natal alle gefährde! Wie es in der alten Chronik weiter heißt: »In der Nacht zum 12. Juli 1862 gab es eine furchtbare Aufregung. Johann Natal war spät heimgekommen, und alsbald vernahm die Nachbarin der ›Harmoniemacherin‹ einen Streit in deren Wohnung. Natal rief mit einem Male feierlich aus: ›*Jetzt ist der Moment da!*‹ Da sprang die besagte Nachbarin mit einem gellenden Schrei aus dem Bette und jagte sämtliche Parteien durch den Schreckensruf aus dem Schlafe: ›*Der Natal sprengt's Haus in die Luft!*‹«

Fünf Minuten später war eine merkwürdige Gesellschaft vor dem Hause versammelt: Männer, Weiber, Mädchen, Jünglinge und Kinder, durchwegs in Nachtgewändern. Man erwartete, ängstlich debattierend, die angekündigte Explosion. Herbeigeholte Polizeiwache drang schließlich in die Endel-Wohnung ein. Johann Natal saß am Tisch und sah erstaunt auf das behördliche Aufgebot. Als er den Grund erfuhr, lachte er und deutete auf die Weinflaschen vor sich: »Ich meinte«, gab er zu Protokoll, »daß jetzt der Moment ist, eine neue Flasche aufzumachen!«

Am Schottenfeld lachte man über Natal und seine Spassetteln, doch die Mitbewohner des Hauses Fuhrmannsgasse Nr. 178 hatten weniger Sinn für seinen Humor. Der Hausbesitzer kündigte der Witwe Rosalia Maria Endel, wie ihr voller Name lautete, und »Rosi« mußte sich mühen, diese Maßnahme nicht zur Durchführung gelangen zu lassen. Johann hatte einen Einfall. Er erfand einen Lotteriegewinn. »Der Natal hat an Terno g'macht«, hieß es bald, »jetzt hat er Geld.« Der glückliche Lotteriegewinner lud nun Hausbesitzer und Mieter zu einem großen »Versöhnungsfest« ein, Motto: »Der Natal zahlt alles!«

Im Innenhof des Hauses Fuhrmannsgasse Nr. 178 fand am 17. Juli tatsächlich ein großes Fest statt: es gab reichlich zu essen und zu trinken, bis in den Morgen wurde gesungen und gelacht. Daß Rosi und Johann mit der Zeit fehlten, fiel niemandem auf. Es war schon fast sechs Uhr früh, als die letzten Unentwegten zu Bett gingen.

»Plötzlich«, heißt es, »wurde das Haus durch zwei schreckliche Detonationen erschüttert.«
Jeder dachte natürlich sofort an Johann Natal, doch traute sich keiner nachzusehen, um nicht selber »in die Luft zu gehen«. Nur der Hausbesitzer rüttelte an der Endelschen Türe, und als man ihm nicht öffnete, stieg er durch das offene Fenster ein. Was der Hausbesitzer nun zu sehen bekam, war grauenvoll: Rosi lag in ihrem Blut, neben ihr Johann Natal, eine Pistole in der Hand, die noch rauchte. Sein Gesicht war kaum zu erkennen ... »Zwischen den beiden«, heißt es, »kniete der kleine Franz unverletzt im Blute und betete ein Vaterunser nach dem anderen.« »Um Gottes Willen, was haben Sie getan?« fragte der Hausherr den Natal. Dieser schlug langsam die Augen auf und lallte: »Ich hab's aus Eifersucht tan.« Seine Hand wies dabei auf einen Zettel, der am Tische lag und die Nachricht enthielt, daß Natal seine Geliebte mit ihrem Einverständnis ermordet habe.

Bald traf eine Polizei-Kommission ein, noch vor den Gemeinde-Sanitätsdienern. Es wurde erhoben, daß Rosalia Maria Endel bereits tot war, Johann Natal wurde ins Spital verbracht. Den alten Berichten nach, bestand damals noch nicht die »wohltätige Einrichtung der Freiwilligen Rettungsgesellschaft, der Polizei stand weder ein Telegraph, noch ein Telephon zur Verfügung, für den Spitalstransport waren bloß zweirädrige Karren zur Verfügung, deren Bedienungsmannschaften man erst aus den verschiedenen Gasthäusern holen mußte. Bis ein solches Rettungsfahrzeug zur Stelle war, hatte in der Regel ein Schwerverwundeter seinen Geist ausgehaucht. Das Publikum wußte indessen genau – aus der Farbe der Überdachung –, ob auf der Tragbahre ein Toter oder Verwundeter liege. So verbreitete sich auch bald die kunde, daß die ›Harmoniemacherin vom Schottenfelde‹ nicht mehr unter den Lebenden weile.«

Johann Natal hingegen lebte. Er hatte sich »eine Kugel unter das Kinn geschossen, die den Weg in die Mundhöhle nahm, um zwischen Auge und Nase wieder herauszukommen. Er verfiel in tiefe Bewußtlosigkeit, und man glaubte ihn schon verloren. Dennoch erholte er sich bis Ende Juli derart, daß der Gerichtsarzt Dr. Wirthinger an ihm eine Operation vornehmen konnte. Natal ertrug die furchtbaren Schmerzen mit Ruhe und Entschlossenheit. Eine Narkose gab es damals noch nicht. Natal soll einige Male gebeten haben: »Laßt's mich doch sterben.« Doch im Sinne der Rechtspflegung konnte ihm diese Bitte nicht gewährt werden. Er wurde auf das kunstvollste zusammengeflickt: Am 1. Oktober 1862 stand er – ein schwaches Männchen mit versagender Stimme – vor seinen Richtern.

Natal beteuerte vor Gericht: »Die Rosi war mein alles. Aber sie hat's net ausg'halten, was g'redt worden is über uns: der Johann is ein Hausknecht, und viel zu jung für so eine Frau. Sie hat zu mir g'sagt: leben lassen's uns net miteinander, Johann, wir dürfen nur miteinander sterben.« Nach seinen Worten hatte die Rosi den Todestag schon längst bestimmt, und sie

hatte sich »die Decke bis zum Kinn emporgeschoben und ganz ruhig verhalten, als er die Waffe ansetzte«. Der kleine Franz wußte es aber anders zu berichten: blaß und hochaufgeschossen stand die Waise Franz, nun schon zwölf Jahre alt und ein zweites Mal zur Waise geworden, gegen die Waise Johann Natal auf, der dem Kind abermals Vater und Mutter genommen hatte! Franz deponierte, daß »es beim Fest, weil's so lang gedauert hat, ausgemacht worden is: morgen schlafen wir alle lang. Erst um zehne steh'n ma auf!« Aber dann hatte Franz gehört, daß der Johann schon um fünf Uhr in der Früh, kaum daß er sich niedergelegt hatte, wieder aufgestanden und zur »Mama« ins Zimmer gegangen war.
Das war Franz gewohnt, wie er – Beobachter nannten es »haßerfüllt« – aussagte. Aber dann war etwas geschehen, das, bei aller Streiterei des Paares »Mama–Johann«, die Franz mitanhören mußte, etwas Neues und Entsetzliches war: die Mama hatte geschrien, daß es dem Franz »durch Mark und Bein gegangen« war! Er lief in ihr Zimmer, wo er sie »mit aufgehobenen Händen« im Bett liegen sah, den Johann vor sich. Was nun geschah, wußte der Bub nicht: er war »verzweifelt niedergesunken neben ihrem Bett« und hatte die Augen geschlossen und gebetet: »Lieber Gott, hilf der Mama ...«

Die Aussage des Buben, dem die Sympathien und manche Träne im Auditorium zuflossen, wurde durch andere Zeugenaussagen aus dem Bekanntenkreis der Verblichenen erhärtet. »Die Harmoniemacherin«, hieß es, »war ja grad kein Pupperl mehr, aber fesch war sie noch immer, und sie hat sich's aussuchen können, weil Geld hat sie genug gehabt: zum Sterben hat sie keinen Grund gehabt, sie hätt' was Besseres kriegen können als den Natal, den Böhm«. Woraufhin der Staatsanwalt die Verurteilung Natals wegen Meuchelmordes verlangte, »da für einen gemeinsamen Liebes-Tod auf Wunsch der Verblichenen nichts spreche«.

Natal, führte der Staatsanwalt aus, wäre es nur um seine Versorgung gegangen, die er zu verlieren befürchtete. Als Milderungsgründe könnten höchstens Natals fast tödliche Verletzungen an sich selber angeführt werden. Doch bleibe die ihm allein gesetzlich zustehende Strafe der Tod. Johann Natal sagte leise: »Der Tod war ja schon da. Warum hab' ich nicht sterben dürfen wie die Rosi?«

Dr. Lamasch, Natals Verteidiger, plädierte auf »Exaltiertheit« seines Mandanten, der »in der Geliebten die Mutter suchte und zu verlieren fürchtete«.

Franz, die Waise, brach bei dem Plädoyer in Tränen aus. Natal, heißt es, soll angesichts dieser Tränen gesagt haben: »Erbst eh alles, Franzl, du wirst es besser haben als ich.«

Nach einer Beratung von über einer Stunde wurde das Urteil über Johann Natal ausgesprochen: Tod durch den Strang. Nach Gesetzeslage, führte der Vorsitzende aus, würde der Akt dem Kaiser zur weiteren Entscheidung vorgelegt werden.

Der Kaiser entschied sich für Natals Begnadigung.

Guglhupf und Himbeersaft

Der Fall Therese Simmère 1877

Herbst 1874: Romantische Naturen werden in 100 Jahren und mehr von dieser Zeit behaupten, daß sie »friedlich, glücklich und wunderbar« war. Jetzt weiß man nichts davon. Jetzt vergeht kaum eine Woche, ohne daß die Wiener durch irgendein scheußliches Verbrechen aufgeschreckt würden. Es ist ein richtiges Blutjahr, und die »Mordchronik«, die die Zeitungen schon eine Weile führen, ist ständig voll ...

Abgesehen davon, werden die Wiener auch noch von anderen Sorgen geplagt. Das Geld ist »rar, wie noch nie«, und nicht nur die armen Leute wissen davon ein Lied zu singen! »Mir bleiben nur mehr zwei Möglichkeiten: die Kugel oder eine reiche Heirat«, stellte der elegante Herr, der mit einem Freund im Hotel »Lamm« in der Praterstraße beim Wein saß, trübe fest.

Der elegante Herr hieß Pompejus Coroni-Cronberg, und er stammte aus vornehmer Familie. Er hatte gut gelebt und war darum jetzt »auf dem Sand«, wie er seinem Freund eröffnete. Der nickte verständnisvoll. »Pompi«, sagte er nach einigem Nachdenken, »ich hab' was von einer Ehevermittlerin gehört. Die ist diskret und tüchtig, dem Fürsten«

– nun beugte sich der Freund vor und flüsterte einen berühmten Namen ins Freundesohr, »hat sie in letzter Minute eine Partie zugeschanzt, eine Partie!« Er küßte seine Fingerspitze. »So eine Partie!« fuhr er fort. »Dafür hat die Therese Simmère 22.000 Gulden Provision eingesteckt. Wie hoch die Mitgift war, von der diese Provision abgegangen ist, also davon kann unsereins nur träumen.«
Pompejus war begeistert. Schon am nächsten Tag fand er sich in Döbling ein, wo die Ehevermittlerin logierte.

In der Schloßgasse 24, in Döbling, empfing ein Dienstmädchen den Pompejus Coroni-Cronberg. Sie wirkte einfältig, die Magdalena Haselroithner, doch sie war gefällig und hübsch. Pompejus kniff sie in die Wange und ließ sich bei der »Gnädigen« anmelden.
Therese Simmère, 34 Jahre alt und eine »beauté du diable«, wie der Graf angesichts dieser schwarzen Augen und der entzückenden Figur feststellte, war »erfreut«, Pompejus kennenzulernen.
Daß sie gleich von den Geschäften zu reden anfing, bedauerte er fast. Die in weiße Spitzen gehüllte Therese schien es auch zu bedauern. Doch da war Madame Thereses Gemahl, Monsieur Marcel, der mit ihnen Tee trank. Obgleich Therese aussah, als käme sie frisch aus Paris, war sie doch eine Wienerin, wie sie Pompejus erzählte. Ihre Mutter war französischer Abstammung, eine geborene Simmonet, und ihr Gemahl Marcel war ebenfalls Franzose. Sie hatten einen kleinen Sohn.

Sie tranken Tee und knabberten an Bäckereien. Nach einiger Zeit erschien die Magdalena Haselroithner und holte Monsieur Marcel zu einer Besprechung.
Madame und der Graf waren allein. Es ging nun zu wie in einer französischen Komödie. »Ich denke«, sagte die schöne Therese, »ich habe eine passende Dame für Sie, liebster Graf.«
»Etwas wie Sie?« erwiderte Pompejus und beugte sich über Thereses Hand.
»Aber Graf!« verwies ihn Therese und blickte ihn zärtlich an.

Als Pompejus Coroni-Cronberg das Haus in Döbling verließ, konnte er sich zu einem doppelten Erfolg beglückwünschen. Erstens hatte er die Zuneigung der schönen Therese gewonnen, zweitens ihr Versprechen, eine reiche Braut für ihn ausfindig zu machen.
Madame zeigte indessen ihrem zurückgekehrten Gemahl einen Stoß Blankowechsel, die Pompejus unterschrieb, nachdem sie ihm begreiflich gemacht hatte, daß sie die Wechsel zur Vorlage bei den Vätern diverser Kandidatinnen brauche. Einer der Wechsel lautete auf 100.000 Schweizer Franken, ein zweiter auf 40.000. Außerdem war Madame in Besitz eines Schriftstückes, das ihr eine gigantische Provision im Falle der Verheiratung des Grafen zusicherte.

Jänner 1877: Graf Pompejus hatte unterdessen weitere Schulden gemacht, die reiche Braut war aber noch immer ausständig.

»Therese, ma bien-chère«, hatte er oft zu der schönen Madame Simmère gesagt, »von der Liebe können wir nicht leben!«
Oh, unselige Zeit der ersten Liebe, da er dieser Frau rückhaltlos vertraute!
Jetzt wurde Therese wachsend ungehalten über seine Vorwürfe. Es war nicht ihre Schuld, wenn keine der vorgeschlagenen Bräute genügend Geld für des Grafen Ansprüche besaß! Sie stritten, Pompejus fand, daß Thereses Mühen in keinem Verhältnis zu den Summen standen, die sie ihm dafür abverlangte. Manchmal hatte er Lust, die ganze Geschichte der Polizei mitzuteilen. Aber konnte er sich das leisten? Therese wußte zuviel über ihn!
Nun brach ein schwerer Schicksalsschlag über die Simmères herein: im Dachboden ihres Hauses brach ein Feuer aus, dessen Ursache nicht ermittelt werden konnte. Das Feuer verursachte großen Schaden. Denn just auf dem Dachboden und in der in Mitleidenschaft gezogenen Küche hatte Madame Therese ihre kostbarsten Kleider sowie eine Menge Juwelen aufbewahrt!
Welch ein Glück, daß Monsieur Marcel erst einige Monate vorher eine hohe Versicherung abgeschlossen hatte!
Doch damit nicht genug. Das boshafte Schicksal hörte nicht auf, die arme Therese zu verfolgen. Kaum ist die Aufregung über den Brand vorüber, wird das Dienstmädchen Leni Haselroithner ins Spital geschafft. Sie ist total übergeschnappt, die Leni. Madame ist erschüttert, denn sie hat ihr Dienstmädchen sehr, sehr gern.

Auch Graf Pompejus hatte viel auszustehen! Seine Gläubiger bedrängten ihn dermaßen, daß er es nicht mehr aushielt. Eines Tages – es war der 23. Jänner – stieg er in seine Equipage und fuhr nach Döbling. Sein Entschluß stand fest: entweder eine reiche Braut oder Schluß mit allem. Der Therese würde er es schon zeigen, ihn konnte sie nicht mehr zum Narren halten!

Die schöne Frau empfing den aufgeregten Grafen voll Sanftmut. Eine Braut für ihn hätte sich gefunden, teilte sie ihm mit, und jetzt würden sie ein Glas auf das Wohl der Dame trinken. Der noch immer grollende Pompejus leerte das Likörglas, das ihm Therese anbot. Schon nach wenigen Minuten wurde ihm entsetzlich übel und er verlor fast das Bewußtsein.

Therese, aufs äußerste bestürzt, versuchte ihn zu laben, doch der Graf stieß sie beiseite und wankte hinaus zu seinem Wagen.

Die nächsten Tage fühlte er sich sterbenselend. Als sich sein körperliches Befinden gebessert hatte, kam die Wut über ihn. Denn Therese hatte ihn in den vergangenen Tagen durch einen Anwalt auf Bezahlung einer Wechselforderung von 100.000 Schweizer Franken klagen lassen!

Kurz darauf klagte sie zwei weitere Akzepte ein. Daß sie Pompejus jemals als Heiratsvermittlerin aufgenommen habe, bestritt sie. Der Graf, gab sie vielmehr verschämt zu Protokoll, hätte jahrelang mit ihr eine innige Seelenfreundschaft unterhalten, und das Geld habe sie ihm geborgt, um ihm aus seiner ewigen Geldmisere herauszuhelfen.

Graf Coroni-Cronbergs Anwalt schüttelte den Kopf, als sein Klient nun tobte. Pikiert meinte er, daß der Graf wenigstens seinem Anwalt reinen Wein einschenken hätte müssen! Die Seelenfreundschaft sei gewiß zum Lachen, aber Madame Thereses' Ruf war ausgezeichnet. Welche Beweise hätte Graf Pompejus, daß Therese eine verabschiedete Geliebte sei, die sich nun rächte? Die Wechsel hatte er jedenfalls unterschrieben!

1. Juli 1877: Im Haus Technikerstraße 9, auf der Wieden, herrschte große Aufregung. Folgendes war geschehen: Die Familie Detoma, die im ersten Stock wohnte, war nach Baden zur Sommerfrische gefahren. Das Dienstmädchen Margareta Knoll betreute die verwaiste Stadtwohnung.
Gretl Knoll war mit dem Dienstmädchen Marie Wendl befreundet, die bei der Familie Kamerling arbeitete. Die Familie Kamerling wohnte ebenfalls im ersten Stock, den Demotas gegenüber.
Am Mittag des 1. Juli erzählte Marie Wendl ihrer Gnädigen in großer Erregung, daß sie Angst um die Gretl hätte. Um elf hätten sie einander beim Hausbrunnen noch getroffen. Doch jetzt, um halb eins, war sie zur Gretl hinübergegangen, um sie etwas zu fragen. Gretl war nicht zur Türe gekommen, als sie angeklopft hatte. Diese Türe erwies sich, als Marie die Klinke hinunterdrückte, als offen.
Die sehr ordentliche Gretl hätte die Türe niemals unversperrt lassen, meinte Marie. Da müßten Einbrecher gewesen sein! Frau Kamerling schien die Aufregung ihres Dienstmädchens übertrieben, doch holte

sie die Hausmeisterin und ihren Sohn. Man begab sich in die Detoma-Wohnung.
»Gretl!« schrie Marie auf, als sie im Wohnzimmer die Reglose auf dem Fußboden liegen sahen, mit dunkelrotem Gesicht und weit offenen, starren Augen.
War sie tot oder nur bewußtlos? Dem Arzt, den die Nachbarn holten, gelang es nicht, Gretl ins Bewußtsein zurückzubringen. Man schaffte sie ins Wiedener Spital, wo sie fast 24 Stunden bewußtlos lag. Die Polizei untersuchte indessen die Detoma-Wohnung, wobei auch nach der verreisten Familie Botschaft geschickt wurde.
Es stellte sich heraus, daß die eiserne Kasse ausgeraubt worden war. 1000 Gulden in Banknoten, Schmuck und Orden für 225 Gulden und ein Sparkassabuch für 506 Gulden waren Beute der Täter geworden, über die Frau Detoma, aus Baden zurückgekehrt, keine Anhaltspunkte geben konnte.
Der Kriminalbeamte, der an Gretls Bett im Wiedener Spital saß, hatte es nicht leicht, von der ins Leben zurückgekehrten Gretl eine Darstellung der Ereignisse zu erfahren. Denn so lieb das Mädel auch war, ein Geisteskind war die 19jährige Gretl nicht, und die böse Geschichte hatte das bißchen Verstand total durcheinandergebracht.
Waren es Phantasien, was Gretl daherplauderte? Es klang so unglaublich!
Eine »Französin« – ihren Namen wußte Gretl nicht, aber die Dame war einige Male zu Besuch bei der Familie Detoma gewesen – war am Morgen des 1. Juli bei der Karlskirche zufällig mit der Gretl zusam-

mengetroffen. Sie wollte zu den Detoma nach Baden fahren, erzählte die »Französin«, und eine Torte mitbringen. Sehr liebenswürdig überließ die Dame der Gretl die Auswahl der Torte und gab ihr dafür Geld. Reichlichst! Denn was »drüber« wäre, meinte die Dame, sollte für den Ankauf eines guten Guglhupfs und einer Flasche Himbeersaft dienen. »Das essen und trinken wir zusammen«, sagte die Dame, »Sie und ich, Gretl, Sie sind ja ein so liebes Kind.«
Die Dame war nicht mit in die Konditorei gegangen, wo Gretl alles ausgesucht hatte. Dann fuhren sie gemeinsam heim. In der Paniglgasse verabschiedete die Dame den Kutscher. »Die paar Schritte gehen wir zu Fuß«, sagte sie zur Gretl. »Ich hab schreckliche Migräne, die frische Luft wird mir guttun.« Sie ging in ein Haustor und kehrte ohne Hut zurück, statt dessen hatte sie ihr Spitzentaschentuch um die Stirn gebunden. Darüber zog sie ihr Umhängetuch. »Die Migräne quält mich so«, erzählte sie der Gretl, die nun »gar nichts mehr von der Gnädigen sehen« konnte.
Im Haus Technikerstraße 9 ließ sie die Gretl allein hinaufgehen, ihr auftragend, Guglhupf und Himbeersaft herzurichten. Sie mußte noch »Luft schnappen, wegen der Migräne«. Als sie dann in die Wohnung kam, hatte Gretl alles hergerichtet und freute sich auf die »Jausen«.
Die Dame fand den gedeckten Tisch »allerliebst«. Sie würde den Guglhupf anschneiden, Gretl sollte Teller und Besteck holen. Die Dame goß Wasser aus dem Krug auf den Himbeersaft, der in zwei Gläser von Gretl eingegossen worden war.

Gretl aß ein Stück von dem guten Guglhupf und trank voll Genuß ihr Himbeersaftglas leer.
Kurz darauf entsank ihr das Besteck, mit dem sie ein weiteres Stück Guglhupf essen wollte. Es wurde ihr so entsetzlich schlecht, daß sie hinauswankte. »Im Spiegel hab' ich gesehen«, erzählte sie dem Kriminalbeamten, »daß mir die Augen außeg'standen sind, wie auf Stangerln.«
Dann war sie zusammengebrochen und wußte nichts mehr. Was sollte die Polizei von dieser Geschichte halten, die so mysteriös klang?
Frau Detoma erklärte, daß Gretls konfuser Bericht auf Frau Therese Simmère hinweise. Doch Therese war eine liebe Freundin des Hauses Detoma. Kein Mensch konnte annehmen, daß eine Dame ihres Rufes und ihres Ansehens ein Dienstmädchen vergiftete, um einen Raub auszuführen!
Dessen ungeachtet, begaben sich sofort einige Detektive nach Döbling. Madame war nicht zu Hause. Sie kam erst nach ein paar Stunden, und ihre Empörung war grenzenlos, als man sie ersuchte, mit ins Krankenhaus auf der Wieden zu fahren. Gretl gegenübergestellt, die bei ihren Behauptungen blieb, meinte die schöne Therese achselzuckend, daß sie sich höherorts über solche Unverschämtheiten beschweren würde. Zornbebend rauschte sie ab – zwei Detektive hinter sich, wovon sie freilich nichts wußte ...

Die Nachricht von der Verhaftung der Madame Simmère schlug wie eine Bombe ein, und die Details, die sodann Tag für Tag in den Zeitungen erschienen, lie-

ßen so manchen eleganten Lebemann und so manche bestrenommierte Familie nachträglich vor Schrekken erstarren.
Denn was brachte die fünf Monate dauernde Untersuchung nicht alles zutage!
Monsieur Marcel, Thereses Ehemann, erwies sich als Kopf einer Einbrecherbande, und Madame hatte in einer abseits gelegenen Kammer ihres Hauses eine Giftküche eingerichtet, deren Arsenal ausgereicht hätte, die Bewohner von ganz Döbling umzubringen!
Die Recherchen über das Vorleben der Simmères ergaben: Thereses Eltern, ursprünglich wohlhabend, so daß sie das Haus Schloßgasse 24 erwerben konnten, waren durch Spekulationen des Vaters Johann Schulz in Armut geraten.
Die schöne Therese hatte 1860 den Kammerdiener Marcel Simmère, einen Franzosen, geheiratet. Marcel war ein schöner Mann, doch er trank. Die Simmères kamen dadurch herunter: Marcel wurde Fremdenführer und Agent, zuletzt Hausknecht. Therese mußte Geld verdienen. Sie kam auf den Einfall, Ehen zu vermitteln.
Da sie hübsch und gescheit war, hatte sie Erfolg, der sehr diskret von den Personen behandelt wurde, die sie zum »Glück der Ehe« führte.
So war Pompejus Coroni-Cronberg ihr Kunde geworden. Wer zuviel Einblick in Thereses Tun hatte, wie etwa ihr Dienstmädchen Magdalena Haselroithner, bekam ein Likörglas vorgesetzt und landete im Spital.
Doch Madame hatte keine Morde begangen! Dazu

war sie viel zu gescheit. Mit einer Materialkenntnis, um die sie jeder Fachmann beneiden könnte, hatte sie Personen, die ihr gefährlich werden konnten, solcherart mit Gift bedacht, daß sie das Leben behielten, doch ihr Verstand sich trübte!
Bezüglich ihrer Betrügereien als Ehevermittlerin konnte ihr außer dem Fall Coroni-Cronberg nichts nachgewiesen werden: die Beziehungen der schönen Frau zu ihren Opfern, Herren der ersten Kreise, waren so verwickelt und ihre Kenntnis heikelster Dinge so kompromittierend, daß die Betreffenden es vorzogen, Schweigen zu bewahren.
Darum gestaltete sich der Prozeß, der am 18. März 1878 begann, allen Erwartungen zum Trotz sehr simpel. Graf Lamezan, der die Anklage vertrat, hatte einen schweren Stand gegenüber der zungenfertigen Therese. Ihre Opfer, selbst Coroni-Cronberg, der zuletzt auch »nichts mehr von der leidigen Sache« wissen wollte, schwiegen.
So wurde die schöne Therese lediglich wegen des in der Technikerstraße 9 begangenen Verbrechens des Vergiftungsversuches an dem Dienstmädchen Knoll sowie des Vergiftungsversuches an ihrem eigenen Dienstmädchen Haselroithner und des Versicherungsschwindels abgeurteilt. Weiteres war ihr nicht zu beweisen, da die Detoma-Effekten niemals zum Vorschein kamen.
Sie erhielt immerhin 15 Jahre, die sie in der Frauenstrafanstalt Neudorf verbüßen mußte. Sie nahm ihr Urteil ohne eine Miene zu verziehen an.
Doch als ihr ältester Sohn Marcel, der mit ihren anderen unmündigen Kindern der Milde Wiener Bür-

ger überantwortet wurde, öffentlich erklärte: »Mit meiner Mutter will ich nie mehr etwas zu tun haben«, da weinte Therese.
Ihre Briefe aus Wiener Neudorf an Marcel, ihren Sohn, blieben insgesamt unbeantwortet.

Das Herz am rechten Fleck

Wie Josef Lang Scharfrichter wurde. 1900

Zu Beginn des Jahres 1900 stand das Präsidium des Wiener Landesgerichtes vor einem schwierigen Problem.

Der verdiente Scharfrichter Selinger war gestorben, und es mußte ein neuer gefunden werden. Die Stelle war wohl bereits ausgeschrieben, und es hatten sich auch 18 Bewerber gemeldet, doch es war keiner darunter, der den Herren so recht zusagte.

16 Professionisten, darunter ein Wäschereibesitzer, ein Friseur und ein Fleischhauer, die gern in den Staatsdienst eingetreten wären, gefielen den Herren ebensowenig wie die zwei Spitzenreiter unter den Kandidaten: Nr. 1, der Gehilfe des Scharfrichters von Prag, und Nr. 2, des verstorbenen Selinger ältester Gehilfe. Gegen Nr. 1 sprach, daß der Scharfrichter von Prag, Meister Wohlschläger, kein Könner seines Faches war: kürzlich aushilfsweise für den verhinderten Selinger eingesprungen, hatte er die Kindesmörderin Johanna Hummel so miserabel hingerichtet, daß die Prozedur fast volle dreiviertel Stunden gedauert hatte, während welcher Zeit »das arme Opfer«, wie es heißt, »in Todeszuckungen raste, so daß allen Teilnehmern an diesem Schauspiel vor Entsetzen graute«. Man sprach noch jetzt von

diesem »Skandal einer Menschenquälerei im Namen des Gesetzes«. Vom Gehilfen des brutalen Stümpers Wohlschläger war anzunehmen, daß er kaum anders arbeiten würde als sein Meister.
Nr. 2, Meister Selingers ältester Gehilfe, wäre qualifiziert gewesen, wies aber diesen »Fehler« auf: er war bereits 45 Jahre alt, und nach der Dienstpragmatik durften in den Staatsdienst nur Leute eintreten, die das 40. Lebensjahr nicht überschritten hatten.
Von Selingers Exekutionen der letzten Zeit wußte man, daß sein zweiter Gehilfe ein sehr fähiger Mann war, ein Hüne von Gestalt, der die Protokolle über vollzogene Hinrichtungen mit »Josef Lang« mitunterzeichnet hatte. Wer dieser Lang war, wußte man hingegen nicht, da es zu dieser Zeit dem Scharfrichter überlassen war, wen er als Gehilfen beizog. Dieser Hüne, der korrekt arbeitete und auch ein sehr freundliches Gemüt bewiesen hatte, wie sich die Herren sagen ließen, schien besser geeignet als alle anderen – doch lag kein Gesuch eines Josef Lang vor! Da die Zeit drängte, entschloß man sich im Präsidium, einmal ganz unbürokratisch vorzugehen und diesen Josef Lang zu suchen.

Man suchte ihn nach allen Regeln der Kunst der Kriminalisten: wie in einem Krimi – wenn dieser Ausdruck für die damalige Zeit gestattet ist, wurde ein Mann gesucht, von dem nur der Name und sein Aussehen bekannt waren. Da im »Lehmann«, dem Wiener Adreßbuch, an die hundert Leute namens Josef Lang aufschienen, bedeutete es eine Menge Mühe, den Richtigen herauszufinden, ohne andere »Verdächtige« zu sehr zu molestieren, da kaum ein Wiener sich freute, wenn die Behörde Interesse an ihm zeigte ...

So freute sich der Simmeringer Kaffeesieder Josef Lang ganz und gar nicht, als ihm eines schönen Tages eine Vorladung zur Polizei ins Haus flatterte! Als gelernter Wiener überlegte er sich sofort, wegen welchen Verstoßes gegen die Polizeivorschriften man ihm eine Geldstrafe abknöpfen könnte, denn schon damals, heißt es in zeitgenössischen Berichten, waren »die österreichischen Gesetze und Gebote von einer derartigen Kompliziertheit und Unverständlichkeit, daß selbst der treueste Untertan gegen sie verstoßen mußte«.

Josef Lang, als Sohn eines Eisenhändlers am 11. März 1855 geboren, hatte die Tischlerei erlernt, war 1875 zum Militär eingerückt und verdingte sich nach seiner Abrüstung 1879 bei der damals englischen Gasgesellschaft als Heizer, welche Stellung er bis 1888 behielt. Da er fleißig und sparsam war, legte er in den folgenden Jahren so viel Geld beiseite, daß er sich schließlich ein Kaffeehaus in Simmering, Geygasse Nr. 5, erwerben konnte. Später übersiedelte er in ein Kaffeehaus auf der Simmeringer Hauptstraße, das er mit seiner Frau betrieb.

Er hatte keine Geheimnisse vor seiner Frau, bis auf eines: daß er sich vor einiger Zeit vom Scharfrichter Selinger, einem guten Gast im Kaffeehaus, zum Helfen bei den Exekutionen überreden hatte lassen. »Hauptmann Pepi«, wie Lang in Simmering hieß, weil er nicht nur gedient hatte, sondern auch der Feuerwehr angehörte, besaß zu seinem herkulischen

Körperbau auch ein solides Nervenkostüm: er erlitt keinen Schwächeanfall bei der ersten Exekution, zu der ihn Selinger mitnahm, sondern er stand seinen Mann – er entwickelte auch eigene Ideen in puncto Hinrichtungen, die den »Hauptmann Pepi« später berühmt machten ...
Aber davon war nicht die Rede, als Lang, der Simmeringer Kaffeesieder, die polizeiliche Vorladung in Händen hielt und sich den Kopf zerbrach, was er wohl angestellt haben könnte!

Es ist anzunehmen, daß Josef Lang, in dessen Kaffeehaus die Simmeringer sangen: »Wien bleibt Wien«, wozu er mitzusingen pflegte, überrascht war, als ihn der Polizeirat, der ihn zu sich beordert hatte, sehr freundlich empfing. Er forderte von ihm mit ausgesuchter Höflichkeit nichts anderes, als daß er seinen Namen auf ein Stück Papier setze.
Lang schrieb seinen Namen.
Der Polizeirat verglich den Namenszug mit anderen, die unter Protokollen standen, die er aus der Schreibtischlade zog. Es waren die gleichen Züge!
Doch mochte es der Polizeirat nicht wagen, den angesehenen Gewerbetreibenden Lang zu fragen, ob er ... Vielmehr tastete sich der Polizeirat zu der Frage vor, wie Herr Lang über den Beruf eines Scharfrichters denke?
Lang hielt es für einen ehrenhaften Beruf, für den er eigene Ideen hätte.
Woraufhin ihn der Polizeirat fragte, ob er nicht Scharfrichter werden wolle?
Lang gab zu, daß er sich – nach Selingers Tod – mit

6 Hauptmann Pepi mit dem goldenen Wiener Herzen

der Absicht getragen hätte, die Nachfolge anzustreben. Doch hätte er kein Gesuch geschrieben, weil er bereits 45 Jahre alt wäre und die Dienstpragmatik kenne.
»Aber Lang!« rief der Polizeirat (wie das Protokoll besagt). »Wir brauchen einen tüchtigen Mann, der das Herz am rechten Fleck hat. Sie sollen froh sein, daß ich diesen Mann endlich gefunden habe!«
»Die paar Jahrln«, meinte der Polizeirat abschließend, »werden's schon nicht ausmachen!«

Wenn die Behörde will, geht alles. Mit Dekret vom 27. Februar 1900 wurde Josef Lang zum Scharfrichter von Wien ernannt. Sein Aktionsbereich war ganz Österreich mit Ausnahme des Königreiches Böhmen, wo Scharfrichter Wohlschläger den Dienst versah, und mit Ausnahme der Okkupationsländer Bosnien und Herzegowina, die auch einen eigenen Scharfrichter hatten. »Gab es in Graz, in Laibach oder Galizien oder Trient eine Hinrichtung zu vollziehen«, heißt es, »so wurde der Scharfrichter von Wien rechtzeitig berufen. Er fuhr mit seinen Gehilfen in den betreffenden Ort und kehrte nach vollzogener Amtspflicht in sein Standquartier zurück.«
Lang informierte weder seine Frau noch seine Freunde von der Feuerwehr über seine neue zu erwartende Würde: als er, am 27. Februar, sein Dekret erhalten hatte und heim kam, soll er seine Frau gefragt haben: »Alsdann Alte, was glaubst, was ich jetzt bin?«
»Was kannst *du* schon viel sein«, erwiderte seine Frau, ahnungslos, wie Ehefrauen häufig über die

wahren Qualitäten ihrer Männer sind. (Lang erzählte die häusliche Episode gern in späterer Zeit, als er längst der berühmt-berüchtigte Henker war, den die feinsten Leute einluden, um ihre faden Gesellschaften mit ihm aufzuputzen.) Am 27. Februar wußte er jedoch noch nichts vom künftigen Glanz und den zahllosen Liebesbriefen, mit denen ihn Frauen aller Schichten bombardieren würden. Er zeigte seiner skeptischen Frau sein Dekret. Sie las es aufmerksam durch und sagte dann: »Pepi, das kostet uns das Kaffeehaus!«

Sie sollte rechthaben: nach der Dienstpragmatik war es einem Staatsangestellten nicht gestattet, ein selbständiges Gewerbe zu betreiben: Lang mußte sein Kaffeehaus verkaufen und büßte damit den Rückhalt einer bürgerlichen Position ein! (Der Österreicher von heute vernimmt solche Informationen aus der guten alten Zeit mit Staunen.)

So daß Lang, als ihn die junge Republik nach 1918 nicht mehr brauchte, fürs Standrecht aber doch in Evidenz behielt, sein Salair mit selbstgezogenem Gemüse aufbesserte: »Hauptmann Pepi« noch immer, dazu Obmann der Freiwilligen Simmeringer Turner-Feuerwehr und Obmannstellvertreter des »Ersten Simmeringer Athletenklubs«: ein hünenhafter Mann bis in die tiefen Sechzig, ebenso verhaßt wie beliebt, als Kandidat für den Wiener Gemeinderat aufgestellt, dessen Motto: »Liebe deinen Nächsten wie dich selbst«, jedoch viel Hohn erntete, so daß seine Kandidatur scheiterte.

Doch das steht auf einem anderen Blatt. Auch des Scharfrichters Lang meisterhafte Fähigkeit die »Ha-

scherln«, wie er seine Delinquenten nannte, im schwarzen Salonanzug, mit Zylinder und Glacéhandschuhen, in 42 Sekunden »wenn's gut geht«, in schweren Fällen in 65 Sekunden vom Leben zum Tode zu befördern.
Lang, wie es heißt, hatte sich für seine Hinrichtungen eine »neue Methode zugelegt, welche durch völlige Unterbindung der Halsschlagadern mit augenblicklicher Wirkung entweder Gehirnlähmung oder Herzschlag herbeiführte«. Er bezog, als definitiver Staatsangestellter, ein fixes Monatseinkommen von 140 Kronen. Für jede Hinrichtung erhielt er eine »Renumeration« von 50 Kronen. Da der alte Kaiser Franz Joseph wachsend ungern Todesurteile unterschrieb, kam der »Herr im Zylinder«, wie Lang genannt wurde, wachsend selten zu seinem »Spielhonorar« – ausgenommen die Kriegsjahre: da gab's in der weiten Monarchie viel zu henken!
Doch wenn Lang »beruflich« auch zu wenig ausgelastet war, verschaffte ihm sein Scharfrichter-Appeal Ansehen: beim Korso im Prater galten seinem Wagen feurige Blicke und rosa Briefe, die Frauen stellten sich geradezu um ein Schäferstündchen an, »Hauptmann Pepi« bis in seine Wohnung verfolgend. Lang, vielleicht ein Psychologe, interpretierte seine Faszination auf das weibliche Geschlecht nicht nur mythisch – die Berührung mit dem Scharfrichter verhieß in vergangenen Zeiten Heilung von Krankheiten, und beschwor die bösen Geister –, sondern er stellte auch realistisch fest, daß ihn die Frauen liebten, weil er »Männer tötete«.
Die Männer, die den Frauen das Leben vergällten!

Er sang und paschte beim Wein, er machte Späße. Er liebte Tiere und Kinder und rettete bei feuerwehrlicher Tätigkeit »ebensovielen Menschen das Leben«, wie er meint, als er als Scharfrichter exekutierte. Der »Freymann«, wie ihn das Mittelalter und die beginnende Neuzeit kannte, mit einem Happy-End, wie es Heinrich Heine in seinem Gedicht »Schelm von Bergen« beschreibt, mag dem »Hauptmann Pepi« aus Simmering, um den sich die Frauen rissen, vorgeschwebt haben. Wenn er berichtet, daß ihn »Private« männlichen und weiblichen Geschlechts häufig aufforderten, sie probeweise zu strangulieren, um das Glück »sexueller Erlösung« kennenzulernen, setzt dies weniger Lang herab als seine Kundschaften. Doch mag dies in anderen Arbeiten ausgelotet werden, die einen Verhaßten seiner Epoche mit der Perversion seiner Zeitgenossen konfrontieren. – Jenen, die noch immer an die Todesstrafe als Patent-Lösung aller Schwierigkeiten glauben, zur Mahnung.

7 Das Begräbnis des Scharfrichters Josef Lang, der sich zuletzt selbst richtete

»Die höchste Poesie, die ist das Geld ...«

Der Fall Hugo Schenk 1884

Die Jahrzehnte nach Johann Georg Grasel wurden für die Wiener Sicherheitsbehörden um nichts leichter, es entstanden vielmehr ständig neue Probleme, denen man kaum gewachsen war. Anarchistische Umtriebe schufen Entsetzen und Bestürzung in den 60er Jahren, da das Entsetzen über das Attentat auf den Kaiser noch in aller Erinnerung war: Am 12. Februar 1853 hatte der Fanatiker Johann Libenyi die junge apostolische Majestät Franz Joseph II. »meuchlerisch von rückwärts angefallen und mit einem Küchenmesser in der Gegend des Hinterhauptes verwundet«, wie es im Protokoll heißt. Die Verwundung war indes nur geringfügig gewesen, und Libenyi war schon 14 Tage später justifiziert worden: in diesem speziellen Fall hatte der Kaiser auf das von ihm gern geübte Recht der Begnadigung verzichtet.

In den 70er und 80er Jahren wuchs Wien zu einem wahren Umschlagplatz für internationale Anarchisten heran. Die Sicherheitsbehörden wurden dadurch dermaßen überfordert, daß die bodenständige Kriminalität wieder aufblühte wie zu Grasels Zeiten! Welcher Beamte sollte jetzt auch Zeit haben, sich etwa um ein verschwundenes Dienstmädchen zu küm-

mern, dessen Angehörige zumeist ebenso umständliche wie verworrene Angaben machten? Der Erfahrung nach pflegten die Dienstmädchen ohnehin bald zurückzukehren, meist verschämt über die Ursache ihres Verschwindens schweigend. Und die Angehörigen tadelten ein paar Monate später das immer dikker werdende Mädchen: »Und du hast net amol die Adress' von dem feinen Herrn!«
Indes verliefen nicht alle Abgängigkeiten so, und in sämtlichen Teilen der Monarchie sowie in den Nachbarländern gab es Mordfälle, die jahrelang der Aufklärung harrten – oft vergeblich.
Als im Wiener Sicherheitsbüro gemeldet wurde, daß wieder ein Dienstmädchen verschwunden war, wandte man dieser Anzeige Beachtung zu, war es doch die dritte Meldung innerhalb weniger Sommerwochen des Jahres 1883. Die Abgängigkeit war obendrein von einer Persönlichkeit von Rang erstattet worden, und im Zimmer des vermißten Dienstmädchens fanden sich Briefschaften vor, die stutzig machten. Nicht weil sie von »Liebe und ewiger Treue« sprachen und Gedichte romantischen Inhalts aufwiesen, wie etwa:

Wonnige Stunden im Lenze!
Sonniger, duftiger Mai!
Tage der blühenden Kränze,
seid ihr für ewig vorbei?

Auf dem blauen Himmelsdome
geht der Mond die stille Bahn,

Liebste, wie bist du mir ferne!
Dein Bild schau' ich traurig an!

Unterschrieben waren die gefühlvollen Ergüsse an das nunmehr verschwundene Dienstmädchen Therese Ketterl mit: »Ihr Sie liebender Bräutigam Hugo Schenk, Ingenieur.«
Hugo Schenk? Der Untersuchungskommissär Polizeirat Breitenfeld grübelte: den Namen kannte er. Doch ehe er Schenks Vergangenheit nachforschte, studierte er nochmals das Protokoll über die Abgängigkeitsmeldung der Ketterl, nachstehend angeführt:

Sicherheitsbüro der
k. k. Polizeidirektion Wien, am 20.8.1883
4617 S.B.

Protokoll

aufgenommen mit Hr. Baron Ottokar Buschmann, 29 Jahre alt, k. k. Ministerial-Concipist im Finanzministerium, 8., Florianigasse 7, 3. Stock, Tür 9, welcher angibt:
»Gestern kehrte ich von einer 6wöchigen Reise zurück und fand die Wohnung ordnungsgemäß verschlossen, ohne daß ich jedoch die Köchin Therese Ketterl aus Bayern geb., ca. 35 Jahre alt, welcher ich telegraphisch meine Ankunft angezeigt hatte, angetroffen hätte. Nach Aussage der Hausmeisterin hatte sich Th. Ketterl ungefähr vor 14 Tagen, u. z. am 4.

oder 6. ds. Mts. mit einem kleinen Kofferl, in dem mein Hund (gelber Rattler mit Nr. 17196, hört auf Pitschinella) war, in Reisekleidern, angeblich einen Ausflug auf 2 Tagen machen, aus dem Hause begeben. Den Vogel, den ich habe, hat sie der Schuhmacherin im Haus nebenan zur Pflege für die Zeit ihrer Abwesenheit übergeben. Nach Aussage der Letzteren hat sie auch Proviant mitgenommen. Nach Briefen, die ich im Zimmer gefunden habe, hat sie anonyme Korrespondenzen durch das »Tagblatt« geführt, in welchen sie zu Landpartien aufgefordert wurde. Diese, sowie solche amourösen Inhalts, die ich nicht gelesen habe, übergab ich behördl. Organen.
Die Wohnung, in welcher Reparaturen vorgenommen werden sollten, fand ich in größter Unordnung, jedoch ordnungsgemäß versperrt. Geld hinterließ ich ihr ca. 50 fl. Ich bemerke noch, daß die Ketterl eine vollends verdrießliche Person war. Sie soll erwähnt haben, daß sie eine Freundin in Mödling besuchen will, doch soll sie dort keine haben.«
C. m. Stuckart *Ottokar Buschmann eh.*
4617 S.B.

An dieses Protokoll schloß sich eine Note an die Staatsanwaltschaft an, die – auszugsweise – verlautete:

Sicherheitsbüro der *(Auszug)*
K. K. Polizeidirektion Wien, 24. August 1883
Z. 441103 II S.B.

An die löbliche k. k. Staatsanwaltschaft Wien
Note

Am 20. ds. Mts. erstattete Ottokar Freiherr von Buschmann k. k. Ministerial-Concipist ha. die Anzeige, daß er die während seiner Urlaubsreise in der Wohnung allein verbliebene Köchin Theresia Ketterl, geb. zu München, 37 Jahre alt, kath. ledig, bei seiner Ankunft nicht angetroffen und daß dieselbe, sowie er im Haus erfahren hat, seit ca. 14 Tagen nicht mehr gesehen worden ist.
Die ha. sofort eingeleiteten Erhebungen ergaben, daß die Ketterl am 4. ds. Mts. in Gesellschaft eines in den 30er Jahren stehenden, großen, korpulenten Mannes, mit schönem dkl.blonden ins rötliche schimmernden Schnurr- und Vollbartes, etwas lichteren Haaren und eleganter Kleidung, gesehen worden war, mit dem sie, entsprechend ihren mehrseitig gemachten Äußerungen, eine Landpartie auf 2 oder 4 Tage machen wollte, tatsächlich verreist sein dürfte.
Insoweit es bisher möglich war, die Spur zu verfolgen, wurde konstatiert, daß die Th. Ketterl an dem kritischen Tag gegen 7 Uhr abends mit dem ihrem Dienstherrn gehörigen kleinen Rattler und dessen neuem Hundekoffer in Reisekleidern das Haus verließ, und daß sich ihr jener unbekannte Mann, der einige Zeit vor ihr, angeblich mit einem Handkoffer, aus dem Hause getreten war, und sie in der Nähe erwartet hatte, zugesellt hat. Es wurde weiter festgestellt, daß die auf ihren Namen lautenden, gewöhnlich im Koffer versperrt gewesenen zwei Sparkassabücher, nicht minder eine goldene, schwarz email-

lierte, rückwärts mit einer größeren Raute besetzte Damenuhr, 1 gold. Armband und mehrere Ringe fehlen, während alle übrigen Effekten, darunter auch Pretiosen und ca. 100 fl. bares Geld, zum Teil im Koffer, teils in der Küche, herumliegend aufgefunden wurden. Die beiden Sparkassabücher wurden lt. Zuschrift der Ersten Österr. Sparkassa am 6. ds. Mts. früh 1/2 9 Uhr von einer unbekannten Person in der Liquidatur eingereicht und sind die Einlagen im ganzen von 1177 fl. 46 abgehoben worden. Weiters wurde auch der Hundekoffer einige Tage später bei der Revision in einem der Waggons der hier einlangenden Züge der Westbahn vorgefunden. Obgleich sich bisher im vorliegenden Falle kein bestimmter Anhaltspunkt ergeben hat, welcher die Annahme eines an der Vermißten verübten Verbrechens außer Zweifel stellen würde, so beehrt sich die k. k. Polizeidirektion demnach den Sachverhalt mit dem Beifügen zur Kenntnis zu bringen, daß von hieraus die umfassendsten Recherchen eingeleitet wurden, um in den an und für sich mysteriösen Fall Klärung zu bringen.

Von den vielen Zeugenaussagen, die aufgenommen wurden, scheint die einer Freundin der Verstorbenen besonders bemerkenswert:

Sicherheitsbüro der
k. k. Polizeidirektion, Wien, am 30.8.1883

Protokoll

aufgenommen mit Anna Nonner, Handarbeiterin, 8., Ledererg. 30, welche angibt:
»Die Ketterl kenn ich aus dem Hause, weil ich dort im 3. Stock bedient habe ... Am 4. früh kam sie zu mir und erzählte auf mein Drängen, daß sie eine Bekanntschaft gemacht hat, der Mann ist bei der Staatsbahn angestellt, ihren Jahren angemessen, hübsch blond, mit schönem Vollbart. Sie wird mit ihm nach Linz reisen, wo sie Wohnung nehmen werden ... Als ich sie aufmerksam machte, nicht mit ihm zu reisen, da ihr etwas geschehen könnte, sagte sie: ›Er hat sehr dünne, lange Finger‹, die würden brechen, wenn er ihr etwas täte. ›Ich glaube nicht‹, sagte die Therese, ›daß er mich umbringen wird, aber wohl wo hinstoßen, da er so gut mit dem Stoßen umgehen kann.‹ Er dürfte sie also schon oft gestoßen haben.
Sie war dreimal in meiner Wohnung. Das letzte Mal kam sie wie eine Furie am Samstag um 8 Uhr früh und sagte, ich soll einpacken und mitreisen nach Linz, wo sie heiraten wird. Mit dem Mann hat sie einen Treffer gemacht, viel Geld und Schmuck. Ich fragte sie, ob sie ihr Sparkassabuch mitnehme und fügte bei, daß er sie dann erst recht umbringen würde. Sie bat mich wieder, mitzufahren, was ich nicht konnte. Da sie den Hund mitnehmen wollte, sagte ich, sie soll ihn bei mir lassen, damit doch, wenn ihr etwas geschieht, wenigstens der Hund am Leben

bleibt. Sie erwiderte, sie nehme den Hund mit, damit sie, wenn sie schon irgendwo liegen bleibt, wenigstens nicht allein zu liegen habe.
Den Mann habe ich am 21. ds. Mts. gesehen, gegen 7 Uhr früh, als ich aus dem Haus trat. Er war elegant gekleidet, trug einen Handkoffer und rauchte eine Virginier. Er ging eine Strecke neben mir, wobei er mich so anstierte – er hat funkelnde Augen –, daß ich ihm Beachtung schenken mußte.
Er ging dann über die Alserstraße gegen Hernals. In der Nacht träumte mir, daß eine Person ans Fenster klopfte und an der Glocken riß. Ich rannte hin und bemerkte eine Frau, welche die Augen und die Zunge hinausstreckte auf mich, als wollte sie etwas sprechen.«
C. m. Stuckart *Anna Nonner eh.*

Der schöne Hugo Schenk mit dem rotblonden Bart ... Polizeirat Breitenfeld entsann sich, daß es über einen Hochstapler und Heiratsschwindler dieses Namens einen Akt geben müsse.
Der Akt enthüllte folgendes: Schenk war 1849 in Czech in Mähren geboren. Sein Vater, ein höherer Justizbeamter, mit ansehnlicher Kinderschar, hatte aus allen seinen Söhnen gleichfalls Pfleger des Rechts machen wollen, doch war er verfrüht gestorben, und daheim war die Not eingezogen.
Hugo taugte wenig im Gymnasium. 1863 kam er in die militärische Artillerieschule in Olmütz, wo er auch wenig taugte. Über seine militärischen Tätigkeiten sowie sein Ausscheiden gab das k. k. Infante-

rieregiment Freiherr von Roßbacher Feld Nr. 71, Feldkompagnie, bekannt:

Hugo Schenk wurde lt. Grundbuch am 15. Mai 1866 aus der Artillerieschulkompagnie zu Olmütz als Korporal zum 9. Artillerieregiment ausgemustert, machte den Feldzug in Italien 1866 mit, wurde Feuerwerker und als solcher am 1. April 1867 zum diesseitigen Regiment transferiert. Als Feldwebel ging er auf dauernden Urlaub, und man war froh, wie ich mich erinnere, ihn los zu werden. Am 10.1.1871 erfolgte seine Verurteilung wegen Betrugs, und er wurde am 12.8.1871 zum Infanteristen degradiert. Nachher wurde er nicht mehr aktiv.

Schenk hatte sich dann abwechselnd als Ingenieur, Chemiker, Fabrikdirektor, Bergwerksunternehmer und Poet ausgegeben. Als letzterer verfaßte er Lyrik, die gelegentlich in Zeitungen abgedruckt wurde. Diese Lyrik war recht konventionell, verfehlte aber nicht die Wirkung auf gefühlvolle Damen: so gewann Schenk die Gunst einer reichen Witwe namens Krecek, die für ihre 17jährige Tochter Marie einen Ehemann suchte.
Schenk, der sich »Fürst Wilopolski« nannte und gern schmucke polnische Kleidung trug, brachte die bereits bekannten Vierzeiler von den »wonnigen Stunden im Lenz« zur Darbietung. Die 17jährige Marie verliebte sich daraufhin leidenschaftlich in ihn. Um sie »heiraten zu können«, wie Schenk ausführte, mußte er auf seine Güter und seine Position als Fürst im fernen Rußland/Polen verzichten und

sich bei der »Englischen Bank« in Wien verdingen. Aber auch Marie mußte das Verzichten lernen: in Wien durfte er sich nicht mehr Fürst Wilopolski nennen, sondern nur schlicht: Hugo Schenk. Die ferne und zürnende Familie gebot es so. Würde Marie trotzdem die Seine werden?
Sie wollte! Nun ging es nur mehr darum, bei der »Englischen Bank« eine Kaution zu stellen. Schenk kassierte von der Schwiegermutter in spe 1600 Gulden in Wertpapieren und 500 Gulden in bar. Er reiste nach Wien zur »Englischen Bank«, um sich anstellen zu lassen.
Seiner Braut schrieb er sodann: »Marie – ich liebe Sie mit jener Liebe, die uns der unvergeßliche Schiller in seinem besten Stück ›Kabale und Liebe‹ offenbart. Oh, fachen Sie die Glut meines Herzens an und machen Sie mein aller Hoffnungen scheiterndes Herz glücklich. Ihr Bräutigam Wilopolski, nun nur mehr Hugo Schenk, Ingenieur.«
Während Marie ihrem Bräutigam entgegenfieberte, machte sich die Schwiegermutter in spe realistischere Gedanken. Sie schrieb einen energischen Brief an Schenk, in dem auch von einer möglichen Anzeige die Rede war. Fürst Wilopolski antwortete indigniert: »Madame, ich will Ihnen dieses Geld in wenigen Tagen zurücksenden. Denn eine Frau, der ich meine Existenz verdanke, möchte ich nicht heiraten. Dazu bin ich zu stolz, so endet eine Liebe.«
Marie weinte, und ihr beleidigter Fürst fuhr nach Deutschland und Paris, wo er sich mit Kartenspielen über Wasser hielt. Von Paris schrieb er der erzürnten Frau Krecek: »Ich komme bald zurück und beglei-

che alles. Es kann auch sein, daß ich mich erschieße. Marie – angesichts des Todes werde ich rufen: Keine Seele hat mich je so verstanden wie Sie!«
Marie weinte, und Hugo Schenk erschoß sich nicht. Er schickte auch kein Geld zurück. Er spielte Karten, wofür er zweimal wegen Betruges abgestraft wurde. Die letztere Bestrafung brachte ihm ein Offizier ein, der ihn gezinkter Karten beschuldigte und den erzürnten Hugo dann zum Duell aufforderte.
Hugo machte sich nichts aus Duellen. Vielmehr verfaßte er einen Brief an den Offizier: »Mein Herr, Sie über den Haufen zu schießen, wäre eine Kleinigkeit für einen Fürsten Wilopolski. Doch ist mir die Sache nicht wichtig. Ich bin der Vollzieher höherer Missionen. Mein Leben gehört einem höheren Wesen.« Worauf der Offizier die Klage gegen ihn eingebracht hatte und Hugo hinter Gitter gewandert war. Als er wieder herauskam, ging er Wallfahren nach Maria Taferl, bei welcher Erbauung er die Schauspielerin Anna Lammer kennenlernte.
Anna war aus begüterter Familie. Doch ihr Vater traute dem Hugo nicht. Er zog Erkundigungen ein, und da Frau Krecek gegen Hugo eine Klage wegen Betrugs eingebracht hatte, endete die Wallfahrer-Idylle von Maria Taferl in der Wachau/Nibelungengau mit einem gebrochenen Herzen für Anna Lammer und fünf Jahren schweren Kerkers für Hugo Schenk, der nach zwei Jahren begnadigt wurde.

In der Haft lernte Hugo Schenk den wegen Diebstahls einsitzenden Karl Schlossarek kennen, einen

immer düster dreinblickenden Burschen von kümmerlichem Habitus.
Ihre Gespräche drehten sich um das »Nachher«.
»Am besten«, meinte Hugo Schenk, »sind die, die nicht mehr reden und Anzeigen erstatten können.«
»Dann muaßt as umbringen«, meinte Schlossarek, ein echter Wiener.
Schlossarek hatte nur 18 Monate, und als er ging, gab ihm Hugo Schenk einen Brief an seinen Bruder Karl Schenk mit. Als Hugo entlassen wurde und in Wien ankam, fand er Freund und Bruder in bestem Einvernehmen vor.

Dies stand natürlich nicht im Akt »Hugo Schenk«, den Polizeirat Breitenfeld studierte, es ist vielmehr in den späteren Akten vermerkt, Konvoluten von Akten, die die grauenhafte Tätigkeit eines Mörder-Teams enthüllen!
Was den schönen Hugo bewegte, den Verfasser lyrischer Gedichte über Mond und Sterne, dürfte aus den weitaus ehrlicheren Zeilen hervorgehen, die er gern im Freundeskreis (ohne Damen) vortrug:

Die höchste Poesie, die ist – das Geld;
Kein Geld – die Prosa,
Drum heirat' ich die Emma Feld
Und nicht die Rosa.

Wozu er, unter dem Gelächter der Freunde, hinzuzufügen pflegte:

Des Weibes Reiz, er ist vergänglich,
Für Geld allein bleibt man empfänglich.

Wie mag er ausgesehen haben, der schöne Hugo Schenk, fragt man sich unwillkürlich, woher kam's zu dieser Faszination?
Seine Persons-Beschreibung, von trockenen Justizbeamten erstellt, gibt als »Besondere Kennzeichen« lediglich die Verschiedenheit seiner Augen an: rechts dunkler als links, wie die nachfolgende Beschreibung vom 20. Jänner 1884, als er vor seinen Richtern stand, eröffnet:

Persons-Beschreibung

Schenk *Hugo*

Alter: 35 Jahre	*Religion: kath.*
Geburtsort:	*Czech in Mähren*
Stand:	*verheiratet*
Beschäftigung:	*Gesicht: oval*
Kaufmann	*Gesichtsfarbe: gesund*
Größe: 169 cm	*Haare: braun*
Körperbau: mittel	*Stirne: oval*
	Augenbrauen: braun
	Augen: braun
	Nase: gerade
	Zähne: alle
	Kinn: rund
	Bart: br. Schnurrbart

Besondere Kennzeichen:
das rechte Auge dunkelbraun, das linke lichtbraun
Sprache: deutsch, slovakisch, französisch
Bekleidung:
1 br. Plüschmütze, 1 br. Mezikoff, 1 bl. Rock, 1 bl. Weste, 1 gr. Hose, 1 schz. Halsbinde, 1 weiß. Hemd, Schwz. Stiefletten, gr. Socken, 2 Sacktücher
Wien, den 20. Jänner 1884

Die Suche nach Hugo Schenk, dem das Verschwinden der Therese Ketterl angelastet werden mußte, führte zur Kombination, die – vielleicht – berechtigt war: zwei Frauen der Familie Timal waren ebenfalls abgängig. Schon eine Weile waren Mitglieder der Timal-Familie bei der Behörde vorstellig geworden, und man hatte sie weggeschickt, weil sie zu konfuses Zeug daherredeten. Konfus? Polizeirat Breitenfeld ließ sich die Akten kommen. Es fing mit dem Brief der Josefine Timal an ihre Eltern in Teindles/Mähren an. Das Dienstmädchen Josefine Timal hatte ihren Eltern geschrieben:

Wien, 18. Mai 1883
Teure Eltern!
Ich bin glücklich, Ihnen bekannt zu geben, daß ich in kurzer Zeit heiraten werde. Deshalb trat ich aus dem Dienste und werde bei Verwandten meines Bräutigams solange bleiben, bis Hochzeit sein wird. Dann werden wir die Reise nach Rußland antreten, wo mein Bräutigam einen Dienst hat. In kurzer Zeit

werde ich Ihnen mehr schreiben. Hiermit grüße und küsse ich Sie vielmals

Ihre treue und glückliche
Tochter Josefine

Für die richtige Übersetzung
Josef Riedl, Gerichtsdolmetscher der böhmischen Sprache

Gab es einen Konnex zum entsetzlichen Bericht aus Mährisch-Weißkirchen, wo eine Frauenleiche aufgefunden worden war?

K. k. Bez. Gendarmerie-Kommando Weißkirchen
Nr. 733
An das
lb. Bezirksgericht in Weißkirchen
Gestern nachmittag wurde im Gevatterloch bei Töplitz die Leiche einer Frauensperson, welche dem Grade der Fäulnis nach zu urteilen, schon mehrere Wochen im Wasser gelegen sein mochte, aufgefunden und nach erstatteter Anzeige beim Gemeindeamte durch Personen über Veranlassung des Polizeikommissärs Paus herausgezogen und in die Bahrkammer auf dem Friedhof übertragen.
Die Verunglückte dürfte, da sie städtisch und elegant gekleidet war, der besseren Klasse angehört haben und ist es zweifelhaft, ob ein Selbstmord oder eine strafbare Handlung vorliegt. Der Körper ist mehr groß, das Gesicht jedoch bis zur Unkenntlichkeit aufgedunsen, und die Kleider und das Mieder sind

durch das Herausziehen aus dem Wasser weggerissen worden.
Auffallend ist auch der Umstand, daß h. o. gar nichts bekannt ist, daß irgendeine Frauensperson vermißt werden würde und muß daher angenommen werden, daß die Aufgefundene aus einer anderen Gegend komme.

Weißkirchen am 18. Juli 1883
Unterschrift unleserlich

Das k.k. Bezirksgericht Weißkirchen verfügte Leichenbeschau und Obduktion der »ganz nackt auf einer Totenbahre Liegenden«. Aus den Befunden und Gutachten der Gerichtsärzte Kurfürst und Kurz, die sehr umfangreich sind, geht auszugsweise hervor:

...der Schädel ist rund gebildet, über die nähere Beschaffenheit der Augenbrauen, Wimpern sowie die Augenfarbe läßt sich nichts Näheres angeben, da die beiden ersten vollkommen mangeln, die letzteren (die Augen) bis auf Bohnengröße zusammengeschrumpft sind ... Die sämtlichen Hirnhäute hängen zusammengeschrumpft im Schädel, lose wie eine halb gefüllte Blase.
Wie aus der Beschaffenheit der Nähte an den Schädelknochen hervorgeht, dürfte die Unbekannte im Alter von 20–30 Jahren gestanden haben, wofür auch der gute Zustand der Zähne spricht. Ihrer Kleidung nach zu schließen, dürfte die Person eine Prostituierte gewesen sein, woraus ebenfalls der Schluß auf

ein jüngeres Alter zulässig ist. Über die nächste Todesursache können wir uns mit Rücksicht auf die vorgeschrittene Fäulnis ... nur mit Wahrscheinlichkeit aussprechen: daß die Person nicht den Erstickungstod durch Ertränken gestorben ist, weil sich weder in der Luftröhre noch in der Lunge Schleimmassen oder Wasser vorgefunden haben ... Die Person kam höchstwahrscheinlich im Wasser bereits tot an, welcher Tod infolge des Bruches der Basalpartie des Hinterhauptknochens erfolgt sein dürfte ... Eine solche Verletzung des Hinterhauptknochens ist nur durch den Sturz von ziemlicher Höhe möglich, u. zwar nur dann, wenn der Betreffende, sei es lebend oder als Leiche, auf den Schädel auffällt.
Für die Frage endlich, ob der Person durch jemand anderen Gewalt angetan worden ist, scheint uns nur der Umstand zu sprechen, daß sich am Rücken der rechten Hand kleine, zerstreute Abschürfungen vorfinden, wobei jedoch bemerkt werden muß, daß diese Abschürfungen nicht unmittelbar vor dem Tode zustande gekommen sein müssen, da sie ebensogut einen oder mehrere Tage vor dem Tod entstanden sein können ...

Das äußerst aufschlußreiche Gutachten fügte nun zusammen:

1.) Der vorgefundene Leichnam mag einer 20- bis 30jährigen Weibsperson angehört haben, welche höchstwahrscheinlich eine Prostituierte war.

2.) Der Tod dürfte nicht infolge des Ertrinkens zustandegekommen sein, sondern, wie aus den Umständen hervorgeht, wahrscheinlich infolge Lähmung der Nervenzentren durch einen Bruch des Basalteiles des Hinterhauptknochens.
3.) Der Bruch kann nur durch einen Sturz von bedeutender Höhe auf eine feste Unterlage beim Auffall des Schädels zustandegekommen sein.
4.) Das Vorhandensein der Kratzeffekte an der »linken Hand« (wieso an der linken Hand? Vorher war von der rechten die Rede, fällt dem Leser von heute auf), »gestattet nur vage Vermutungen für eine Gewaltanwendung.«
5.) Der Leichnam lag mindestens 2 Monate im Wasser.

Zur örtlichen Situation am »Gevatterloch« äußerten sich Mährisch-Weißkirchener Persönlichkeiten, wie etwa der Gemeinderat und Polizeirat Karl Krenek:

»Die Gevatterhöhle, welche wegen ihrer schroffen Wände und Tiefe von ca. 30 Klafter eine äußerst gefährliche Tiefe ist, entbehrt jeder Verwahrung und führen darin verschiedene Fußsteige, welche allgemein begangen werden. Sie gehört zum Besitztum der Fürstin Hötzfeld und trifft daher sie, resp. ihr Personal die Verpflichtung zur Abgrenzung, die bis heute nicht erfolgt, und ich bemerke nur, daß es nicht der erste Fall ist, sondern daß schon mehrere Leichen dort gefunden wurden.«

Während man in Mährisch-Weißkirchen nicht wußte, was man mit der toten »Prostituierten« vom Gevatterloch anfangen sollte, schrieb Josefine Timals Vater im nicht allzu weit gelegenen Teindles an seine Tochter:

Liebe Fini, Du hast am 18. Mai geschrieben, daß Du heiraten und mit Deinem lb. Mann nach Rußland gehen wirst.
Bist Du so glücklich mit ihm, daß wir nichts mehr von Dir hören? Am 7. Juni ist ein Telegramm von Dir gekommen, ich habe es bezahlen müssen. Du brauchst die Tante Katharina als Wirtschafterin? Wenn es Dir so gut geht, bezahle mir das Telegramm, es hat 1 Gulden 40 gekostet. Weil Du uns nicht zu Deiner Hochzeit eingeladen hast, weint die Mutter. Ich richte diesen Brief nach Wien, weil ich nicht weiß, wo Du bist.

Dein Vater

(Der Brief, wieder vom Gerichtsdolmetscher der böhmischen Sprache, Josef Riedl, übersetzt, gelangte niemals in Josefines Hände, denn Josefine war längst tot. Er wurde später zu den Akten gelegt.)

Das erwähnte Telegramm Nr. 23/160 war am 7. Juli in Wien aufgenommen worden. Der Text lautete:

Ich anzeige Trauung, wo ist Tante Katharina? Wir brauchen sie dringend als Wirtschafterin, Drahtantwort Poste restante, Fünfhaus, Wien.

Josefine Siegl, geb. Timal

Daß die Tante Katharina herbeigeeilt war, um der Fini und ihrem Mann, der guten Partie, als Wirtschafterin beizustehen, wußten einige Mitglieder der weitverzweigten Timal-Familie, schließlich erfuhren es auch ihre Eltern in Teindles. Was am 25. Juli 1883 in Pöchlarn an der Donau die Gemüter erregte, wußten die weitverzweigten Timals nicht. Über die Aufregung in Pöchlarn berichtet das k. k. Gendarmerieposten-Kommando:

K. k. Gendarmerieposten-Kommando Pöchlarn
ad Nr. 371 *B 1883*
194
An das
k. k. Bezirksgericht Melk Pöchlarn, am 25. Juli 1883

Wird angezeigt, daß am gestrigen Tage 8 Uhr früh die beiden Schifferknechte Johann Gruber und Johann Filsberger einen weiblichen Leichnam am rechten Donauufer in Loco fanden, welchen der hiesige Dr. Fankhauser nach erfolgter Anzeige in die Totenkammer schaffen ließ.
Die gestern nachmittag vom obigen k. k. Bezirksgerichte erschienene Kommission konstatierte einen Mord, weil die Leiche durch ein Messer 3 Stich- und 2

Schnittwunden am Hals und Gesicht hatte und mit einem 15½ kg schweren Uferstein, welcher ihr um die Taille mit einer Rebschnur, in einer Serviette eingebunden, wovon das Merk teilweise herausgetrennt – beschwert war.
Die Leiche war vollständig, bis auf einen Stiefeletten, der fehlte, bekleidet.
Die Wäsche war, bis auf ein Sacktuch, das mit K. S. rot gemerkt, ohne Merke. In der Kleidertasche wurden ca. 60 fl. an Bargeld, am Arm 1 gold. Armband, an den Fingern 3 gold. Ringe, am Halse 1 gold. Brosche; weiters 1 Lotto-Einlagsschein und 1 Schein vom Dienstvermittlungs-Büro I., Habsburgergasse Nr. 4 in Wien gefunden.
Der Leichnam dürfte 2–3 Wochen im Wasser gelegen sein und wurde kurz zuvor am Rechen herabschwimmend bemerkt. Sämtliche obbenannte Sachen werden von Seiten der hiesigen Gemeinde eingesendet.
Die Nachforschungen nach der Identität der Leiche und Ausforschung der unbekannten Täter wurde im obigen Postenbezirke eingeleitet.

Unterschrift unl.

Josefine Timal hatte eine Freundin: das 19jährige Stubenmädchen Marie Grausam aus Baden. Die beiden hatten Hefte der Zeitschrift »Schöne Stunden« getauscht. Marie Grausam, unweit von Josefine bedienstet, kam gern zu Josefine auf Besuch. Über Josefines rätselhaftes Verschwinden berichtete Marie, die gemeinsam mit der Freundin auf Partnersuche gegangen war, auszugsweise wie folgt:

Sicherheitsbüro der
k. k. Polizeidirektion Wien
am 2.1.1884

Protokoll

aufgenommen mit Marie Grausam, 19 Jahre alt, aus Baden, Stubenmädchen bei Winkelmann, Wien 9., Wasagasse 11, welche über Befragen angibt:
»Im selben Hause war Josefine Timal aus Teindles in Böhmen, 29 Jahre alt, kath., ledig, als Kammerjungfer bedienstet. Sie diente ¾ Jahre dortselbst. Sie war groß, schwarze Haare, schwarze Augen, sie trug sich schön in der Kleidung. Die Josefine hat heiraten wollen und bestimmte mich, mit ihr im Tagblatt zu annoncieren. Dies geschah Anfang Mai 1883.
Wir annoncierten, daß zwei Mädchen der besser dienenden Klasse sich mit soliden Herren zu verheiraten wünschten.
Wir bekamen ›Poste restante‹ Währingersraße 21 viele Briefe von vielen Seiten. Der Josefine gefiel am besten der von einem Ingenieur, weil er so schön vom Mai und der Liebe schrieb. Er bestellte die von uns, die es ernst meint, in den Park beim Franz Josefskai, um sechs Uhr abends. Sie ging hin und kam nach einer Stunde zurück. Sie erzählte mir, daß der Ingenieur sehr fesch ist und sie heiraten werde. Er hat ihr aufgetragen, den Dienst zu kündigen. Sie müsse zu

seiner Schwester nach Oberösterreich, damit niemand weiß, daß er ein Dienstmädchen geheiratet hat. Sie sagte ihm, daß sie nur 500 fl habe. Darauf soll er geantwortet haben, das tut nichts, er sucht ein anständiges Mädchen und fragt nicht nach Geld. Sie war einige Male mit ihm aus und blieb lange, weil sie fein speisten. Wo er wohnt, hat er ihr nicht gesagt. Er ließ sich poste restante Meidling schreiben und zwar unter Hugo Schenk, so nannte er sich. Er war, wie ich selbst von zweimal Sehen mich erinnere, ziemlich groß und fesch, hatte rötlich blonden Schnurrbart und schöne blonde Haare. Er ging stets rasiert, hatte hübsche Manieren, ging elegant gekleidet, trug steifen Filzhut.
Nach 14 Tagen holte er sie im Votivpark ab, nachdem sie aus dem Dienst getreten war, um mit ihr zu seiner Schwester zu reisen. Josefines Koffer, 2 Stück, ein schwarzer Holzkoffer und ein großer mit Leinwand überzogener, ließ er durch seinen Diener abholen.
Sie versprach, mir zu schreiben, ich hörte aber nichts mehr von ihr. Als sie zum letzten Mal wegging, trug sie eine kurze Jacke aus tegetthoffblauem Tuchstoffe, an den Ärmeln und am Hals mit Spitzen benäht. Der Rock war tegetthoffblau und gelb kariert, hatte zwei Volants und war ganz mit dunklem Organtin gefüttert. Über der Jacke trug sie eine Frühjahrsjoppe von dunklem Wollstoff mit großen Beinknöpfen. Sie trug gewöhnlich einen weißen Unterrock und einen weißen Barchentrock, eine weiße Hose mit Spitzen besetzt, ein weißes Mieder und weiße hohe Strümpfe, sowie ein weißes Leinwandhemd. Sie trug Brüxell-

schuhe. Ihre schwarzen Haare hatte sie glatt gekämmt, vorn herabhängend ins Gesicht. Sie trug Ohrgehänge und Brosche aus goldenen Münzen, dann hatte sie noch Granatschmuck und zwar Ohrgehänge, 1 Ring, 1 Medaillon und 1 Brosche. Ihre Wäsche war rot gemerkt. (J. T.) Sie war sehr hübsch, die Josefine, die Zähne waren weiß, die oberen Eckzähne haben ihr gefehlt, was man beim Lachen merkte. Den Diener, der das Gepäck abgeholt hat, würde ich erkennen, weil er öfters bei uns war. Weil die Schwester von der Josefine gesagt hat, sie soll aufpassen, daß er sie nicht ins Wasser wirft, hat sie mit einem früheren Verehrer über den Ingenieur gesprochen. Dieser Verehrer ist der Staatsbahnbeamte Johann Galan vom Büro Schwarzenbergplatz. Er hat gesagt, daß ein Schenk bei ihnen eingetragen ist als Ingenieur, wenigstens hat das die Christine Timal erzählt, ihrer Schwester Josefine, und diese mir.«

C. m. Stuckart *Maria Grausam eh.*

Breitenfeld

Waren die Zusammenhänge klar?
Die Angehörigen der Timal-Familie identifizierten die Leichen von Weißkirchen und Pöchlarn. Doch nun galt es, Hugo Schenk auszuforschen.
Er hatte zahlreiche Adressen und Absteigquartiere. Eins bei seinem Bruder Karl Schenk in der Sperrgasse 5, eins in der Goldschlagstraße 19, wofür der Zins bis Jänner 1884 vorausbezahlt war.
Aber Schenk befand sich in Linz, Landstraße 79/81, »mit seiner Frau«, wie Recherchen ergaben.

Als die Kommission aus Wien in Linz erschien, waren die »Schenks« schon abgereist. Die Durchsuchung des Linzer Quartiers brachte eine Menge Frauenwäsche zum Vorschein, die mit J. T. (Josefine Timal) und K. T. (Katharina Timal) gemärkt waren. Diese Wäsche und einige Schmuckgegenstände wurden verpackt und nach Wien mitgenommen. Die Kontrolle der Bahnhöfe von Penzing und Wien, die Breitenfeld telegraphisch von Linz aus angeordnet hatte, brachte jedoch keinen Erfolg: Schenk und seine Begleiterin schienen schneller gewesen zu sein. War diese – als hübsch und jung von den Vermietern bezeichnete Frau – Schenks nächstes Opfer? Er hatte sie als seine Ehefrau vorgestellt, doch Schenk hatte eine Ehefrau, Wanda, geb. Pfennig, »Beutegut aus Preußen«, wie sie der Vielgereiste ironisch Dritten gegenüber apostrophiert hatte – in der kurzen Zeit ihrer intakten Ehe: nach der bald erfolgten Trennung ging Wanda Schenk als Gouvernante nach Saaz und kränkte sich mehr über den schönen Hugo, als daß sie den Wunsch hegte, wieder mit ihm zusammen zu leben ... Nein, Wanda, geb. Pfennig, war es nicht! (Telegramme nach Saaz, wo Wanda nach wie vor die Kinder der Familie Kohn betreute, bewiesen es durch ihre Beantwortung.)
Breitenfeld ließ nun beide Wiener Quartiere Schenks überwachen.
Diese simple Maßnahme brachte einen überraschenden Erfolg. Hugo Schenk erschien mitten in der Nacht vor dem Hause Sperrgasse 5, in dem er das Absteigquartier bei seinem Bruder Karl innehatte und pfiff. Bruder Karl Schenk kam hinunter.

Das Brüderpaar wanderte zum Haus Sturzgasse 1, Schlossareks Domizil. Die Schenks besprachen flüsternd einiges, das den postierten Polizeibeamten entging, dann ging Karl heim in die Sperrgasse, und Hugo stieg in Schlossareks Wohnung hinauf.
Die Polizeibeamten warteten eine Stunde und noch etwas drüber. Dann stiegen sie ebenfalls zur Schlossarek-Wohnung hinauf. Sie verhafteten den aus dem Schlaf gerissenen Hugo Schenk, brachten ihn ins Polizeigefangenenhaus, und kurz darauf wurde auch Bruder Karl verhaftet. Schlossarek kam später dran. Alle leugneten, widersprachen einander doch, beschuldigten schließlich einander, an Hand der drükkenden Beweise. Es kamen Vorfälle zu Tage, die die Polizei bisher als »ungeklärt« ruhen hatte lassen müssen.
Da war das »Attentat« auf den Müllergehilfen Franz Podpera, der am 28. März 1883 nach Wien gekommen war, um sich eine Existenz zu gründen. Er hatte im »Neuen Wiener Tagblatt« annonciert und eine Kaution angeboten, um als Verkäufer in einer Mehlhandlung unterzukommen.
Die eifrigen Annoncenleser Schenk und Schlossarek fanden, daß Podpera ihnen gerade recht käme. Man setzte sich mit ihm in Verbindung.
Dem Mehlhandelsaspiranten mit der Kaution wurden nun große Möglichkeiten eröffnet: bei freier Wohnung, Beleuchtung und Beheizung, würde er noch 50 Gulden monatlich beziehen, wenn er die 500 Gulden Kaution erlege.
Der Posten war in Sternberg, Podpera hatte kein

Bargeld, sondern ein Sparkassabuch. »Geht«, meinte Schlossarek.
Podpera müsse nur sogleich das Sparkassabuch nach Sternberg schicken, poste restante, um seine Seriosität zu beweisen und anderen Bewerbern zuvorzukommen. Dann könne er in Ruhe seine Sachen pakken und sich selber auch nach Sternberg begeben. Da Schlossarek auch in der Gegend zu tun hätte, würde er mit Podpera mitfahren.
Dem arglosen Müllergehilfen gefiel der Vorschlag, dem folgender Plan zugrunde lag: Podpera sollte in den Wald gelotst werden, wo ihn Schlossarek zu erschießen beabsichtigte, um sich seiner Habe zu bemächtigen, sodann wollte man zum Postamt von Sternberg gehen, um das Sparkassabuch abzuholen. Schenk war in diesem Unternehmen lediglich der »Kopf«. Er besorgte die Schußwaffe und zwei Schnapsflaschen, eine mit »normalem« Sliwowicz, die andere mit Schnaps, in den er ein Betäubungsmittel gemischt hatte, gefüllt. Schenk nannte diese Mischung, die er an sich selber ausprobiert hatte, den »Tigerbändiger«.
Das Paar Podpera-Schlossarek begab sich am Morgen des 3. April 1883 mit der Nordbahn auf die Reise nach Sternberg. Hugo Schenk, vom arglosen Podpera unbemerkt, bezog das Coupé nebenan. Kurz vor der Station Rohatec teilte Schlossarek dem Podpera mit, daß er etwas Wichtiges im Wratzower Wäldchen zu tun hätte. Mache es dem Franzl was aus, die Fahrt kurz zu unterbrechen? Franz Podpera war kein Spielverderber, stellte sich Schlossarek doch so an, als ginge es um ein verliebtes Mädel. Sie stiegen in

Rohatec aus und begaben sich in den Wald. Hugo Schenk folgte in diskretem Abstand.
Schlossarek war um diese Zeit noch gelegentlich nervös. Im menschenleeren Wratzower Wald bot er dem Podpera die Schnapsflasche mit dem »Tigerbändiger« an, die dieser ablehnte. Schlossarek hingegen nahm einen kräftigen Schluck. War's die falsche Flasche? Als er schließlich dem Franzl den Revolver ins Genick preßte, fuhr Podpera herum und sah, daß das »Kalte im G'nack« ein Revolver war. Nun kapierte der arglose Müllergehilfe. »Du Sau!« schrie Podpera und versetzte Schlossarek einige kräftige Schläge. Dann wollte er ihm den Revolver entreißen, den Schlossarek nicht hergab. Im Ringen um die Waffe entluden sich Schüsse, die beide verletzten.
Hugo Schenk, in einiger Entfernung, sah zu.
Schlossarek begriff, daß ihm der kräftige Podpera noch »das Licht ausblasen« würde, wenn er den Kampf fortsetzte. Er schlug sich in die Büsche, blutend.
Mit Hugo Schenk, der ihm gefolgt war, kehrte er zur Nordbahn zurück. Verdrossen fuhren die beiden heim nach Wien.
Sie begriffen beide schon damals, daß Männer Schwierigkeiten machten, wenn man sie umbringen wollte. Aber es mußte zu einem zweiten Versuch kommen, ehe sie erkannten, daß Frauen vorzuziehen waren: Frauen, die auch Geld hatten und schwächer waren als Männer, teils aus körperlichen Gründen und teils aus seelischen, da Frauen die Liebe und den Traum vom Eheglück als höchstes Gut ansahen ...

Um zu dieser Konsequenz zu kommen, mußte das Mörder-Team noch mit dem Kutscher Franz Bauer Unannehmlichkeiten ertragen. Auch Bauer hatte annonciert und eine Kaution angeboten. Schlossarek kontaktierte Franz Bauer am 18. April 1883. Sich für den »Vertrauten« eines Wiener Wäschegeschäft-Besitzers ausgebend, warb er Bauer für Kutscherdienste in Weidlingen an, wo die Villa des Geschäftsbesitzers stehen sollte.
Wieder machte Schlossarek den Reisebegleiter, und wieder saß Hugo Schenk im Coupé daneben. Im Weidlingauer Wald war ein Rastplatz ausersehen, wo Bauer vom »Tigerbändiger« trinken sollte: für alle Fälle hatte Hugo Schenk auch ein bisserl Blausäure mitgenommen.
Bauer und Schlossarek machten es sich am Rastplatz gemütlich, wobei Schlossarek erzählte, daß er gerade Vater eines Buben geworden sei. Sie stießen auf das Wohl des Kindes an, und Bauer nahm einen herzhaften Schluck vom »Tigerbändiger«, dem er einen zweiten Schluck rasch folgen ließ. Dann brach er zusammen.
Den Bewußtlosen zu berauben war nicht schwer. Er hatte aber nur 170 Gulden bei sich, die Kaution hatte er nicht mitgenommen! »Du Hund«, sagte Schlossarek wütend. Es war nun auch zu befürchten, daß Bauer, wenn er wieder zu sich kam, Anzeige erstatten würde. Sollte man ihn lieber umbringen?
Schlossarek hatte kein geeignetes Gerät bei sich, und es freute ihn auch nicht. »Weiber san besser«, stellte der schmächtige Schlossarek fest, der Rauchfangkehrer gelernt hatte und mit seinem schütteren Haar

und Bartwuchs keine imponierende Figur machte. Der weltgewandte Hugo Schenk, dem die Frauenherzen zuflogen, wo immer er sich einfand, nickte.

Das Resultat dieser Überlegungen war der Tod der Josephine Timal.

Wie erinnerlich, hatte Hugo Schenk das hübsche Dienstmädchen durch eine Annonce kennengelernt. Für Josephine war es »Liebe auf den ersten Blick«. Sie traf den feschen Ingenieur mehrmals, und bald forderte er sie auf, ihren Dienstplatz zu kündigen, um sich auf »die Ehe vorzubereiten«.

Josephine teilte ihr Glück rundherum mit, auch den Eltern in Teindles. Am 21. Mai 1883 fuhr sie mit ihrem Bräutigam nach Mährisch-Weißkirchen.

Ihr Tod war längst beschlossen. Über den Hergang der Tat gab Schlossarek zu Protokoll:

... Schenk und ich fuhren mit dem Mädchen im gleichen Coupé, doch hat sie nichts mit mir gesprochen. Gegen 4 Uhr nachmittags kamen wir in Weißkirchen an und gingen zuerst in ein Gasthaus. Dort kaufte Schenk eine Bouteille Wein, wofür er einen Gulden bezahlte. Wir gingen dann über das Gevatterloch nach Czernotin, weil er dem Mädchen gesagt hatte, daß er dort wegen des Geldes zu tun habe. Er hatte mir schon vorher gesagt, daß er deshalb zuerst nach Czernotin gehen müsse u. erst am Rückweg sein Vorhaben ausführen könne. Wir gingen mehr als eine Stunde bis Czernotin. Dort ließ er das Mädchen vor dem Orte warten, wir gingen in ein Gasthaus, wo je-

der von uns ein Glas Bier trank. Am Rückweg bemerkte ich, wie Schenk ein kleines Fläschchen herausnahm, in welchem sich kleine weiße Sternchen befanden, was es war, weiß ich nicht. Wie wir bei dem Mädchen ankamen und gegen das Gevatterloch gingen, nahm er die Weinflasche, die ich bis dahin in einem Papier eingewickelt getragen habe, mir ab, entkorkte dieselbe und gab sowohl mir als auch dem Mädchen während des Gehens zu trinken. Er selbst trank nichts aus der Flasche, die ich, auf seine Aufforderung, dann weggeworfen habe. Wie wir in die Nähe des Gevatterloches kamen, ungefähr 20 Schritte entfernt, setzten wir uns nieder. Da war das Mädchen schon in großer Aufregung, so, als ob sie betrunken wäre. Auch mir war so, als ob ich einen leichten Rausch hätte. Das Mädchen schrie mehrmals laut: »Hugo, Hugo!« Er hob sie beim Arm auf und sagte: »Komm, gehen wir.« Ich nahm das Mädchen am anderen Arm, und so führten wir sie dem Loche zu. Nach wenigen Schritten schon wurde sie ganz bewußtlos und brach zusammen. Jetzt sagte Hugo Schenk zu mir: »Gehen Sie und holen Sie einen Stein.« Ich brachte einen solchen, ungefähr in der Größe eines Hutes. Schenk nahm nun eine Zuckerschnur, die er eigens zu diesem Zwecke aus Wien mitgenommen hatte, aus der Tasche und band mit der Schnur den Stein um die Mitte des Mädchens. Sie lag ganz nahe am Rande des Loches. Schenk nahm sie an den Händen, ich an den Füßen, und so schoben wir sie über die steile Böschung ins Loch hinab. Sie gab keinen Laut von sich, doch hörte ich, wie sie unten ins Wasser fiel. Weggenommen haben wir ihr nichts, so-

viel ich weiß. Sie besaß eine goldene, kleine Damenuhr, die sie Schenk schon im Eisenbahnzug gegeben hatte. Er trug sie später selbst und schenkte sie dann der Emilie Höchsmann aus Clessitz, seiner ständigen Geliebten.
Auf der Rückfahrt habe ich gesehen, daß Schenk das Sparkassabuch der Timal bei sich hatte ... Am nächsten Morgen gingen wir gleich in die Stadt zur Sparkassa, wo Schenk das Buch einlöste. Er sagte, er hätte 300 Gulden und einige Kreuzer bekommen, zeigte mir das Geld aber nicht. Er gab mir nur 90 oder 100 Gulden, weil er bereits Spesen habe, wie er sagte, und doch dem Karl auch seinen Anteil geben müsse.
Am Tage der Reise nach Weißkirchen hatten Karl Schenk und ich von der Türkenstraße 2, wo die Timal wohnte, ihre Koffer auf Geheiß Hugo Schenks abgeholt. Es befanden sich in den Koffern Wäsche, Kleider, 3 Polster, 1 Tuchent und viele Fetzen. Karl Schenk brachte zwei Männer, die einen Teil der Sachen für 8 Gulden kauften. Den Rest, sowie Koffer, versetzte Karl Schenk, so daß ungefähr insgesamt 40 Gulden zusammenkamen, von denen ich nichts erhielt ...

Josephine Timal besaß eine große Verwandtschaft: Eltern, Schwestern, Tanten. Unter den letzteren liebte sie besonders Katharina Timal. Sie war an die 40, hatte als Herrschaftsköchin und Wirtschafterin etliches gespart und erwiderte Josephines Zuneigung.
Josephine hatte ihrer Lieblingstante geschrieben,

daß sie heiraten und im Oberösterreichischen mit ihrem Manne ein Gut bewirtschaften würde. Da sie diesen Aufgaben allein nicht entsprechen könne, bat sie die Tante, ihr zu Hilfe zu kommen.
Da Katharina mit ihrer Herrschaft verreist war, dauerte es eine Weile, ehe das Mörder-Team sie ausfindig machte und durch entsprechende Botschaften, die es dem Brief Josephines nachfolgen ließ, nach Wien lockte.
Als Katharina per Bahn in Wien ankam, war ihre Nichte nicht da, doch Hugo Schenk vertrat sie: er holte die Tante am Franz-Josephs-Bahnhof ab. Überaus charmant, brachte er sie ins Hotel Fuchs, wo die beiden in der Nacht vom 12. auf den 13. Juli 1883 noch eine Weile beieinander saßen und plauderten.
Katharina war sehr guter Stimmung in dieser Nacht. Doch als Frau um die 40 wußte sie, was ihr zustand: der fesche Hugo, obgleich nur wenige Jahre jünger, gehörte zu Josephine! Sie konnte höchstens Wirtschafterin bei dem jungen Paar sein.
Über die Ermordung der Katharina Timal gab Schlossarek folgendes (auszugsweise) zu Protokoll:

... Am 13. Juli vormittags kam Hugo Schenk ... und gab dem Karl einen unbedeutenden Geldbetrag. Wir sollten mit der Bahn nach Pöchlarn fahren, von dort zu Fuß bis zur Station Krummnußbaum gehen und ihn dort ... erwarten. Dort werde er die Tante hinbringen. Wir sollten ihnen nachgehen. Auf ein verabredetes Zeichen sollten wir sie überfallen und zu Bo-

den werfen. Das Zeichen war: er fragt die Tante, ob sie über die Donau fahren möchte.
Karl und ich waren gegen 3 Uhr in Pöchlarn, wo wir beide zusammen nicht einmal 1 ganzen Gulden mehr besaßen. Wir kauften uns Brot und Käse und gingen nach Krummnußbaum, wo wir abends ankamen. Wir legten uns unter einen Getreideschober, doch fing es zu regnen an. Wir gingen auf den Bahnhof und setzten uns davor auf einer Bank nieder. Als Leute von den Zügen kamen, gingen wir hinab auf jenen Weg, den uns Hugo Schenk bezeichnet hatte. Nachdem der Zug angekommen war, sahen wir Hugo mit der Tante herunterkommen. Da ging der Karl voraus, ich ging zur Seite, bis Hugo Schenk, der den Handkoffer trug, mit der Tante bei mir vorüber war. Dann schlich ich mich einige Schritte hinter ihnen nach ... Nachdem wir eine lange Strecke gegangen waren, kamen wir zu einem großen Baum ... Dort gab Hugo das Zeichen, indem er vom Überfahren über das Wasser sprach. Im gleichen Augenblick ging ich auf sie los, auch Karl Schenk griff zu: er faßte sie von vorne, ich sie von rückwärts beim Hals, den wir so fest zusammenpreßten, daß sie keinen Schrei ausstoßen konnte. Sie fiel zu Boden, wehrte sich aber noch immer. Der Karl sagte: »Ich halte es nicht mehr aus.«
Jetzt kam Hugo, der den Koffer niedergestellt hatte, herbei und ich sah, wie er ihr mit seinem Taschenmesser die Kehle durchschnitt ...

Hugo Schenk schilderte die Tat anders.

Da lügt Schlossarek. Ich habe niemals im Leben einen Menschen geschlagen oder ihm sonst etwas Böses getan. Ich kann keiner Fliege ein Haar krümmen! Ich war etwa 10 Schritte hinter der Timal, die vorausging, als ich in der dunklen Nacht einen Schlag hörte und sodann den Schlossarek rufen: »Ich bin zu schwach, bitte geben Sie mir ein Messer.« Ich sah nichts, weil es so finster war und vernahm ein Geräusch, wie wenn jemand die Kehle durchgeschnitten würde: so ein Sägen und Gurgeln. Dann sah ich die dunklen Umrisse zweier Menschen, welche einen Körper zum Wasser schleiften ...

Schlossarek schilderte weiter:

Als ihr Hugo den Hals durchgeschnitten hatte, ging er weg. Karl und ich schleppten sie zur Donau. Dort nahm Karl einen großen Stein, ich band denselben in ein mitgebrachtes Tuch ein, durch dessen Schlinge Karl einen mitgebrachten Strick durchzog und den Stein um den Leib der Leiche band, dann hoben wir sie gemeinsam auf und warfen sie in den Strom ... Anschauen hat sie mich wenigstens nicht mehr können, wie die Josephine, die mich vor dem Gevatterloch so angeschaut hat, daß ich es mein Leben nicht vergesse.
Wie wir zum Hugo zurückgekommen sind, fragte er uns, ob wir ihr das Geld weggenommen hätten und die Schmucksachen, was wir verneinten. Darauf sagte er uns, jetzt hat er nicht einmal soviel Geld, um für uns die Bahnfahrt zu bezahlen.

Wir mußten bis Pöchlarn gehen, wohin Karl den Koffer der Timal trug. Am dortigen Bahnhof angekommen, ging Hugo Schenk zum Stationsvorstand und versetzte den Koffer für die Fahrkarten bis Penzing. Schon auf dem Wege vom Tatort nach Pöchlarn sah ich, daß Hugo ein rotledernes Frauenhandtascherl bei sich trug, in dem sich das Sparkassabuch der Timal befand ...
Das hat er am nächsten Tag in der Sparkassa bei der Stiftskaserne eingelöst, er sagte, er habe dafür 1000 Gulden bekommen, wovon er mir meinen Anteil von 250 Gulden auszahlte, Karl bekam 150 Gulden ...

Da Schenk mit den Ersparnissen seiner Opfer nicht lange auskam – lebte er doch auf großem Fuß (so bezahlte er für einen festlichen Abend mit seiner ständigen Geliebten Emilie Höchsmann und ihren Angehörigen über 150 Gulden) –, kam die Zeit bald heran, neue Geldquellen zu erschließen. Schlossarek, der geheiratet hatte und der Geburt seines ersten Kindes entgegensah, mochte nicht mittun, Bruder Karl hatte noch vom letzten Mal genug.
Die beiden halfen Hugo nur beim Briefe-Austragen und später beim Koffer-Expedieren, als sich der unermüdliche Hugo der Therese Ketterl näherte: per Annonce, wie erinnerlich.
Die Köchin des auf Urlaub weilenden Barons Ottokar Buschmann begab sich mit dem Mann ihrer Träume am 4. August 1883 zur Landpartie – wie sie die Umgebung und ihre Freundinnen wissen ließ. Buschmanns Vogel brachte sie bei einer Nachbarin

unter, den kleinen Hund nahm sie mit. Ebenfalls nahm sie mit: ihre Sparkassabücher, Wertpapiere, ihren Schmuck und ihre Aussteuer. Schenk, ihr durch seine zärtlichen, ungleichfarbigen Augen, den Schmelz seiner Stimme und die »wunderschönen Gedichte« innig vertraut, riet ihr dazu, alles mitzunehmen.

Das Paar mit dem Hund im Koffer verbrachte die Nacht zum 5. August im St. Pöltener Gasthof »Zur Kaiserin von Österreich«.

In der Früh weckte Schenk seine Braut zärtlich auf, und sie fuhren mit Hund und Aussteuer nach Lilienfeld. Auch ein Backhendl, das Therese noch rasch in Wien zubereitet hatte, reiste mit.

Schenk marschierte mit Therese durch die »Sternleiten«, eine düstere Schlucht. Sie kampierten auf einer Wiese, aßen das Backhendl und tranken Wein, den der fürsorgliche Bräutigam mitgenommen hatte.

Was dann geschah, gab Hugo Schenk zu Protokoll:

... Ich hatte nicht den Mut, die Therese umzubringen. Ich habe darum eine List angewendet. Ich hielt mir einen ungeladenen Revolver an die Schläfe und drückte ab. Die Resi hat geschrien ... Aber da ich sie nachher angelacht habe, mußte sie auch lachen.

Ich sagte zu ihr: ›Siehst du, das ist nur Spaß. Jetzt machtst du's.‹

Sie legte ebenfalls den Revolver an ihre Schläfe und drückte ab. Sie hat gemeint, daß das ein Spaß sei. Sie trank weiter Wein, während ich zur Seite ging und den Revolver geladen habe.

Ich habe dann gesagt: ›Spielen wir weiter.‹ Sie hat den geladenen Revolver an die Schläfe gesetzt. Sie hat abgedrückt. Sie war sofort tot.

Tot war bald darauf auch Baron Buschmanns ständig kläffender Rattler, dem Hugo den Garaus machte – weit von Therese ...
Was von der Ketterl an Werten blieb, mußte Hugo diesmal nicht mit Schlossarek und seinem Bruder Karl teilen. Der Alleingang brachte ihm an Spareinlagen 364 Gulden ein, an Wertpapieren 1400 Gulden. Thereses Schmuck: Armbänder, Halsketten, eine goldene Uhr und Ohrgehänge, verkaufte er teilweise, andernteils schenkte er ihn der Emilie Höchsmann, seiner ständigen Geliebten. Die Geliebte Nr. 2, Josephine Eder, bekam davon nichts. Therese Ketterls Verschwinden war somit geklärt.
Ihr Leichnam lag zur Prozeß-Anfangszeit im Schnee der »Sternleiten«. Nach Schenks Angaben konnte er schließlich geborgen und identifiziert werden.

Neben der Emilie Höchsmann, die Schenks willenlose Geliebte seit mehreren Jahren war, mit ihm in der Welt herumgereist war und Hugo demütig als »Herrn Grafen« titulierte, gab es auch die junge Josephine Eder. Sie lernte Hugo durch eine Annonce kennen und verfiel ihm sofort.
Sie stahl für ihn Schmuck bei ihrer Herrschaft, der Baronin Malfatti. Sie konnte weiterhin von Nutzen sein. So blieb sie am Leben.

Keinen weiteren, nur augenblicklichen Nutzen brachte Rosa Ferenczy.
Ebenfalls durch Zeitungsannoncen, war Schenk mit der kleinen, zarten Rosa in Kontakt gekommen. Sie liebte ihn über alle Maßen, und der schöne Hugo hatte mit der Zeit genug von ihr: ihr Sparkassabuch war das einzige, das ihn im Dezember 1883 an ihr noch interessierte.
Schlossarek, indessen Vater geworden, zeigte Unternehmungslust. Schenk erzählte der Rosa, daß sie in Preßburg heiraten würden.
Er, Schlossarek und die Rosa reisten am 29. Dezember 1883 nach Preßburg. An der Donau, in dunkler Nacht, wurde die Rosa mit einer Hacke erschlagen. Schenk gab an, Schlossarek hätte zugeschlagen, Schlossarek sagte, es wäre Schenk gewesen. An Nutzen brachte Rosa 384 Kronen 24 Kreuzer ein, die Schenk bei der Sparkassa kassierte. Ihren Kofferinhalt teilten sich Schlossarek und Karl Schenk.
Der Akt »Hugo Schenk und Consorten« im Sicherheitsbüro schwoll an.
Die Zeitungen brachten Veröffentlichungen, die nicht nur die Wiener erregten. So kam am 12. Jänner 1884 ein Schreiben Wanda Schenks an, das verlautete:

Aus dem gestrigen Prager Tagblatt entnehme ich, daß mein Mann Hugo Schenk, von dem ich 2 Jahre getrennt lebe, mehrere Verbrechen verübt haben soll. Während meines zweijährigen hiesigen Aufenthalts, sandte mir mein Mann eine goldene Broschen-

nadel. Nachdem ich nicht wissen kann, ob das Präsent redlich gekauft wurde oder ob selbes etwa aus den ihm zugemuteten Verbrechen herstammt, übergebe ich diese Nadel dem k. k. Bezirksgericht in Saaz, mit dem Ersuchen, die nötigen Schritte einzuleiten.

Wanda Schenk, geb. Pfennig

Aus dem Norden der Monarchie sowie aus Deutschland, regnete es weitere Zuschriften: neun Mädchenmorde in Österreich, die der Aufklärung harrten, konnten – vielleicht – auf Schenks Konto gehen. Und in Deutschland gab es allein in Schlesien sieben ermordete Frauen und einen Mordversuch, die der Aufklärung harrten.

Schenk, im Verhör, sagte mit der Nachsicht eines Weltmannes: »Aber meine Herren, überall und gleichzeitig kann nicht einmal ich gewesen sein!«

Doch der 1. Staatsanwalt von Breslau, von Rosenberg, sandte eine Liste unaufgeklärter Mädchenmorde nach Wien, und überall hatte sich Hugo Schenk, der Viel-Reisende, um die fragliche Zeit befunden – oder zumindest in der Nähe!

Da war am 12. Jänner 1874 zwischen Salzbrunn und Freiberg Ernestine Klose ermordet aufgefunden worden, dann Ida Revy, am 5. Juli Lydia Kadelbach. Am 9.10.1879 Ernestine Kliprich, dann Ernestine Homann bei Fürstenstein, Bezirk Waldenburg. Am 22.1.1876 war Julie Hänsel in Altwasser getötet und beraubt worden. Erna Feigl hatte überlebt, erkannte

Hugo Schenk jedoch an den Abbildungen in der Zeitung ...
Dann gab's das rätselhafte Verschwinden des Rittergutsbesitzers Joseph von Chelnitzky im Krottoschiner Kreis. Er war am 25.3.1876 nach Posen abgereist und dort nie angekommen.
Schließlich fand man seine nackte Leiche in der Oder. Im Braun'schen Hotel zu Breslau jedoch fand sich sein Bärenpelz im Depot! Und der Hotelportier schwor, den Hugo Schenk, den er in der Zeitung abgebildet sah, als Gast wiederzuerkennen, der dieses auffallend schöne Kleidungsstück getragen habe. Hugo Schenk gab zu, in der fraglichen Zeit in diesen Gegenden gewesen zu sein, wo er sich zumeist allerdings »Fürst Wilopolski« genannt hatte. (Auch seine Anmeldung im Braunschen Hotel lautete auf diesen Namen.) Er war in Borek, er war überall gewesen. Doch von Chelnitzky, seinem Bärenpelz und den 20000 Mark, die der Rittergutsbesitzer bei sich gehabt hatte und die spurlos verschwunden waren, wußte er nichts!
Von Rosenberg sandte drei Volumen Akten nach Wien und ersuchte, ein allfälliges Todesurteil über Schenk nicht zu vollstrecken, ehe die deutschen Rätsel geklärt wären. Die Wiener Staatsanwaltschaft nahm wegen »zu vager Verdachtsgründe die Verfolgung nicht auf«. (Spötter meinten dazu, in Wien sei man der Ansicht, die Deutschen sollten sich ihre Mädchenmörder selber suchen und nicht den Wienern respektive Schenk alles anhängen.) Im höflichen Absageschreiben an von Rosenberg fand sich zuletzt beigefügt, daß sich die Staatsanwaltschaft

»auch von der Rücksicht auf rasche und wirksame Justizpflege leiten ließe, da es eine der vorzüglichsten Eigenschaften einer wirksamen Strafpflege sei, daß die Strafe dem Verbrechen so schnell wie möglich auf dem Fuße folge«.

»Schnell« ist immer Ansichtssache respektive von den Gegebenheiten abhängig. Die Wiener Staatsanwaltschaft arbeitete so »schnell«, daß es zur Verhandlung erst am 13. März 1884 kam.
Einige Fakten der Untersuchung, die zahlreiche Volumen Akten füllt, verdienen besonderes Interesse: so die »echten« Beziehungen Schenks zu Frauen, die er weder beraubt noch ermordet hatte.
Da war die Josephine Eder und da war Emilie Höchsmann, die ihm in Unterwürfigkeit anhing. Er hatte das sehr hübsche Mädchen auf »achtbare« Weise im gepflegten Hause ihrer Schwester kennengelernt, die mit dem Stenographen Vinzenz Zwierzina verheiratet war.
Hugo Schenk zeigte Emilie seine Gedichte und machte ihr bald einen Heiratsantrag. Emilie teilte es ihren Verwandten mit. Zwierzina gefiel der Schenk nicht, obgleich er keine Ahnung hatte, wie begründet seine Aversion war!
Er teilte Hugo Schenk mit, daß er ihn nicht mehr in seinem Hause sehen wollte.
Emilie, beleidigt, übersiedelte zu einer anderen Schwester, die mit dem Beamten Vogt verheiratet war.
Hugo Schenk schrieb der Emilie nun viele Liebesbriefe, denen auch Gedichte beilagen, wie etwa dieses:

Als einst der liebe Gott die schöne Welt erschaffen,
da setzt' er außer andern großen Affen
auch mich in dieses ird'sche Jammertal.
Er suchte mich indes alsbald zu trösten,
gab mir ein Herz von seinen allergrößten,
und sprach zu mir: »Beginne deine Qual.«
Ich fand alsbald an Blumen meine Freude,
die schönsten Knospen wurden mir zur Beute:
zur Straf' hierfür ward ich ein Schmetterling.
Ich flatterte nach Schmetterlingens Sitte
von Blum' zu Blum', von Blüte rasch zur Blüte,
bis ich an einer Blume mich verfing.
Ich schlürfte nun mit seelenvergnügten Zügen
als tränke ich aus alten deutschen Krügen:
Er ist so süß, der einen Blume Duft!
Und wüßt' ich auch, ich müßte auf ihr sterben,
Als Schmetterling hab' ich ja keine Erben!

Die über diesen Schmetterling entzückte Blume Emilie Höchsmann leistete seiner Einladung Folge, und sie machten einen Maien-Spaziergang, der sie durch Schönbrunn führte. Schenk bedrängte Emilie, sich ihm zu schenken. Sie flüsterte: »Nach der Hochzeit.«
Er runzelte die Stirne und verschwand. Er kehrte mit einer Flasche zurück. »Darin ist Gift«, erklärte er Emilie.
»Ich trinke es, wenn du mich nicht liebst.«
Emilie bestand jedoch auf den Trauring, und Schenk trank nicht aus der Flasche.
Einige Tage nach dem Maienspaziergang bekam

Emilie einen Brief. Ein Dr. Josef Schenk schrieb ihr, daß sein »unglücklicher Bruder Hugo« einen Selbstmordversuch gemacht hätte. Emilies Entsetzen legte sich, als ein zweiter Brief eintraf. Darin schrieb Hugo, daß er als Ingenieur einen Posten bei der Arlberg-Bahn bekommen hätte. Die 1200 Gulden Kaution wären erlegt.
Emilie sah eine glückliche Zukunft als Ingenieurs-Gattin vor sich. Sie schenkte sich dem Schenk, ahnungslos, daß er katholisch verheiratet und ein Mörder war. Er verriet ihr, daß er »eigentlich« Fürst Wilopolski heiße, weshalb die Trauung aufgeschoben werden müsse: für eine »gewöhnliche Frau Schenk« müßte sich die Emilie doch zu gut sein!
Emilie, die sich als »Fürstin Wilopolski« sah, übte sich in Geduld.
Nach einiger Zeit teilte ihr Hugo mit, daß er einen Onkel in Cincinatti in Amerika hätte: einen Millionär. Er diktierte der Höchsmann einen Brief an den Onkel, den »Marquis Wilopolski, Grundbesitzer in Cincinatti, USA.« Die Höchsmann bat den Onkel in diesem Brief um ein Darlehen von 5000 Dollar zur Ehegründung mit seinem Neffen Hugo.
Wie ihr Schenk nach einiger Zeit beglückt mitteilte, hatte der Onkel geantwortet und die 5000 Dollar an ein Londoner Bankhaus angewiesen!
Um nach London zu fahren und das Geld für ihre glückliche Zukunft abzuholen, brauchte Hugo 200 Gulden an Reisespesen, die ihm Emilie sogleich aushändigte.
Hugo ging auf die Reise, die ihn allerdings nicht nach London führte. Vielmehr brachten er und

Schlossarek die Josephine Timal und danach ihre Tante um.
Hugo erstattete der Emilie Höchsmann die 200 Gulden zurück und schenkte ihr weitere 100 Gulden sowie einige Schmuckgegenstände. Er schenkte ihr auch Schmuck der Rosa Ferenczy. Mit der Familie Vogt gab es schließlich eine Hochzeitsfeier für Schenk und Emilie, die mehr als hundert Gulden kostete.
Emilie wartete auf die Hochzeit, die jedoch nicht stattfand, da Schenk verhaftet wurde.

Schenks »echte« Frauenbeziehungen brachten eine Anzahl weiterer Mädchen zutage, die schamvoll baten, im Protokoll »nicht vorkommen zu dürfen«. Da war die 25jährige Charlotte Scharl, eine Kleidermacherin, die Schenk anno 1881 durch eine Annonce kennengelernt hatte. Sie gab ihre Arbeit im Salon »Marion« auf und zog mit ihrem »Bräutigam« in ein gemeinsames Quartier in der Rasumovskygasse 22. Als Schenk, der sich als »politisch verfolgter Fürst Wilopolski« ausgab, schließlich verschwand, lebte Charlotte von ihren Ersparnissen. Sie gab an, bei ihrem Geliebten »Fläschchen mit scharfer Flüssigkeit und kleine Stangen einer lichten Masse«, die sie für Zyankali hielt, bemerkt zu haben. Auf ihren Wunsch hätte Schenk die Fläschchen vernichtet.
Die Scharl bat, im Interesse ihres Rufes, zur Verhandlung nicht vorgeladen zu werden.
Das »Fräulein R.«, Dienstmädchen in der Nibelungengasse 1, in Wien, der Karl Schlossarek Briefe zugestellt hatte und die dann mit Hugo Schenk nach

Hetzendorf abgereist war, um »nie mehr in die Nibelungengasse zurückzukehren«, konnte nicht eruiert werden.
Ein Fräulein Moser in der Lindengasse wartete auf Schenks Antwort, und ein Landmädchen in Prag gab fünf Gulden zu, die ihr Hugo Schenk für eine Nacht gegeben hätte. Schlossarek erzählte und erzählte. Hugo Schenk nannte es »Gehässigkeit« ...

Der Prozeß gegen »Hugo Schenk und Consorten« fing am 13. März 1884 an, und der Schwurgerichtssaal mit dem aus sechs Berufsrichtern bestehenden Senat war zum Überquellen voll. Wiens Haute-Volée war erschienen, um schauerliche Vorkommnisse anzuhören.
Graf Lamezan, bereits berühmt, war Vorsitzender. Hugo Schenks Erscheinen – im braunen Überrock, bis zum Hals zugeknöpft – elektrisierte die Damen der höchsten Kreise, die zum Erschauern gekommen waren, da ihnen das Leben keine anderen Erschauerungen bot.
Hugo Schenk gefiel, Schlossarek mißfiel. Karl Schenk war insgesamt ein »Nichts«.
Nach Anklage-Verlesung trat der elegante Hugo Schenk vor und erwartete des Präsidenten Vorlesung über seinen Werdegang. Insgesamt ein Nichts war er, der schöne Hugo, nach dieser Vorlesung. Sohn redlicher Eltern, frühzeitig auf Abwege geraten ...
Am 25. August 1879 hatte er Wanda, geborene Pfennig, geheiratet. Es war dem Ehepaar ein Kinderpärchen geboren worden. »Die Kinder starben«, stellte die Anklage fest, »zu ihrem Glück!«

8 Das Mördertrio Karl Schenk, Hugo Schenk, Karl Schlossarek und ihre Opfer
oben: Katharina Timal und Josephine Timal
unten: Therese Ketterl und Rosa Ferenczi

Im Auditorium schneuzten sich einige Damen über dieses »Glück« der Schenk-Kinder.
»Sie unterhielten«, warf die Anklage Hugo Schenk vor, »neben Ihrer Ehefrau Beziehungen zu anderen Frauenspersonen. Eine davon war die Magdalena Wimmer. Sie soutenierten die Wimmer, die dann verschwunden ist.«
Erregung im Auditorium. Der schöne Hugo lächelte.
Schenks und Schlossareks Überfälle auf den Müller Podpera und den Kutscher Franz Bauer, die nun zur Sprache kamen, interessierten das Auditorium nicht. Interesse kam wieder zustande, als Hugo Schenk über Josephine Timals Ende berichtete: »Schlossarek hatte genug von Männern. ›Das bringt nix‹, sagte er. ›Weiber san besser.‹ Die Josephine hatte 1500 Gulden erspart, sie war in mich verliebt. Ich sagte dem Schlossarek, daß ich niemals die Hand an Josephine anlegen würde.«
Er berichtete nun über die Ermordung der Josephine Timal am Gevatterloch, durch Schlossarek. Da ihm Graf Lamezan vorhielt, daß er, Schenk, zu diesem Unternehmen den »Tigerbändiger« in der Flasche beigestellt hätte, sagte Hugo Schenk achselzuckend: »Das kann keineswegs stimmen. Denn wäre Josephine durch ein solches Betäubungsmittel ums Bewußtsein gebracht worden, hätte sie nicht zum Gevatterloch weitergehen können. Und Schlossarek hätte nach der Tat nicht zu mir sagen können: »Wie sie mich angeschaut hat, die Josephine – das vergesse ich nie!«
Die Damen im Auditorium schluchzten zu diesen

Worten. Über das Ende der Tante Katharina Timal sagte Schenk: »Ich habe diese hübsche Dame niemals berührt.«

Auf die Vorhaltungen des Präsidenten, daß Schenks ewiges Leugnen, selbst Hand angelegt zu haben, doch nichts nütze, erwiderte Hugo: »Mir ist vollkommen klar, was mir bevorsteht. Ich kann aber nichts zugeben, was ich nicht getan habe.«

Als Schlossarek erzählte, daß Schenk ihn »ein früheres Mal« aufgefordert hätte, eine »Frauensperson an einen Baum zu binden und diesen anzuzünden«, mußte Hugo Schenk lachen.

»Lachen Sie nicht!« fuhr ihn Graf Lamezan an. »Sie waren verheiratet, Sie verführten trotzdem andere Frauen, Sie haben gemordet und gleichzeitig die Ehe versprochen!«

Hugo Schenk schaute ins Auditorium, in dem Schluchzen erklang. Gerichtssaalkiebitze meinten bei diesem Prozeß, daß der elegante Hugo ohne weiteres aus diesem Auditorium eine Fülle von Damen erwerben hätte können, die ihn begleitet hätten – und wäre es zum eigenen Liebestod gewesen!

Als Hugo Schenk sein Urteil vernahm, das Todesurteil, verzog er keine Miene. Er legte auch kein Rechtsmittel ein, sondern sagte mit seiner schönen Stimme: »Ich bin zum Sterben bereit. Ich berufe nicht.«

Auch Schlossarek und Karl Schenk beriefen nicht. Doch wurde Karl vom Kaiser begnadigt, und seine Frau mit den vier Kindern erwartete in den folgenden Jahren inbrünstig, daß ihr Mann weiterer Begnadigungen teilhaftig würde.

Hugo Schenks und Schlossareks Exekution fand am 22. April 1884 statt. Ein Priester betreute die beiden. Hugo Schenk beichtete mit Noblesse. Schlossarek stieg vor ihm zum Richtpflock im Leichenhause des Landesgerichts. Er sagte zu den Anwesenden: »Fluchet mir nicht, ihr Christen.«

Als Scharfrichter Willenbacher dem Hugo Schenk die Schlinge um den Hals legte, sagte dieser: »Bitte, grüßen Sie meine Frau.«

Wie sich Wanda Schenk zu diesen letzten Worten ihres Mannes verhielt, ist nicht überliefert.

Über den tot am Galgen hängenden Hugo Schenk hielt der Gefängnisgeistliche eine rührende Ansprache, die Schenks Opfer würdigte, aber auch Schenks Beichte und Reue beinhaltete.

Schenks und Schlossareks Leichen wurden nach einigen Stunden vom Galgen geholt und begraben.

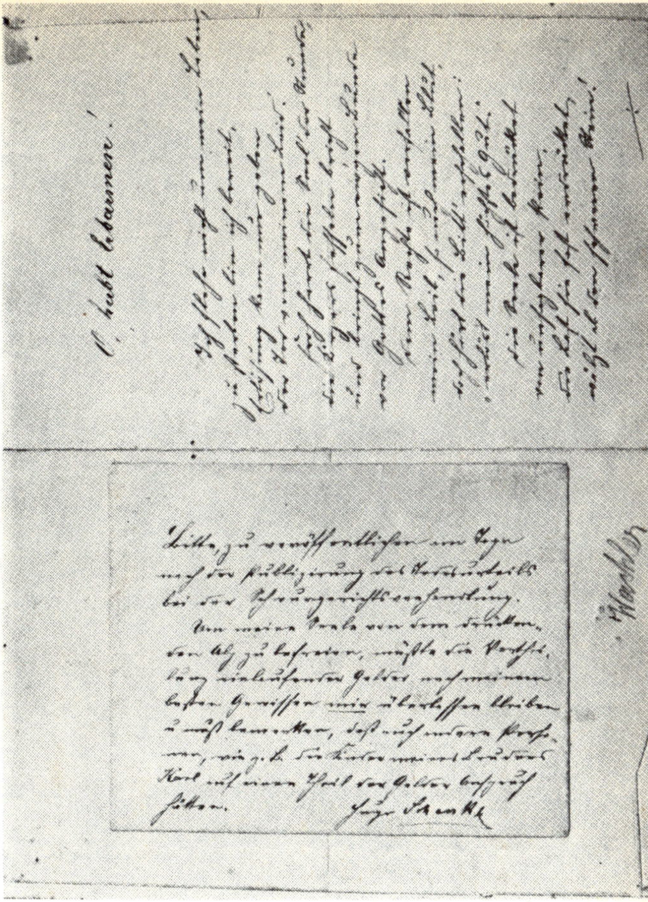

9

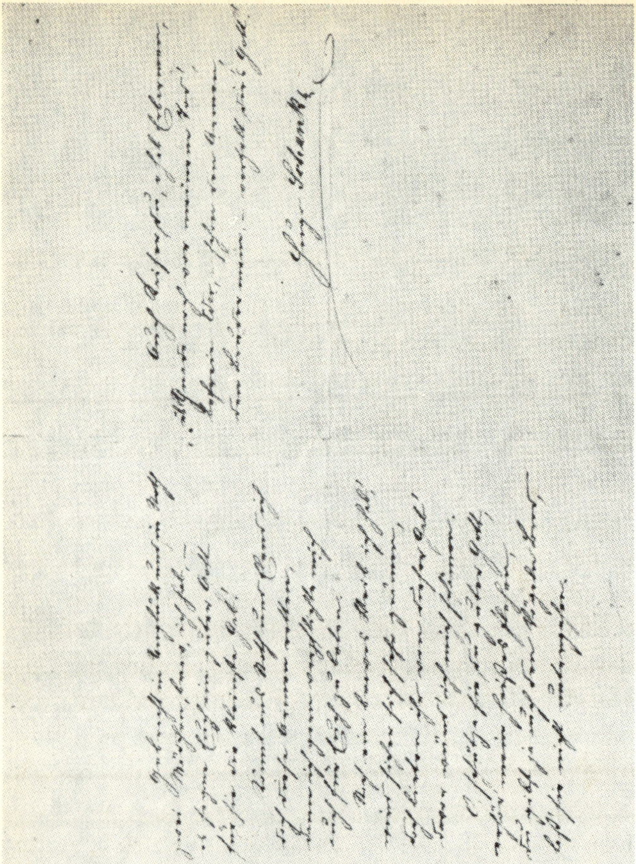

10 Das letzte Gedicht des mörderischen Poeten

Köllastiagn

Der Fall der Anna H. 1903

Die polizeiliche Einvernahme der Anna H. machte dem Diensthabenden ziemlich wenig Freude.
Er war selbst Vater einer elfjährigen Tochter. Sie spielte mit Puppen, sie war eine richtige kleine Puppen-Mama. »Spielst du auch mit Puppen?« fragte er die magere Anna, die mit ihrer Mutter vor ihm saß. Da sie ihn nur verständnislos anlächelte, antwortete ihre massige Mutter mit der Ironie armer Leute, die an Besserwissen selbst die allwissende Polizei belehren können: »Bei unsereins gibt's immer kleine Kinder, da braucht ein Madl keine Puppen zum Spielen. Die Anna schon gar nicht.« Sie stieß die Kleine, die unausgesetzt lächelte, mit dem Ellbogen an. »Weil die Anna bald selber ein Kind haben wird, no sag's schon, Anna!«
Der Protokollführer im Hintergrund schrieb. Anna lächelte. Ihre blauen Porzellanaugen waren ausdruckslos. »Sie macht's Maul net auf«, beschwerte sich ihre Mutter, »auch wer der Schuft war, sagt sie nicht.«
Da anzunehmen war, daß die elfjährige Anna mit der eckigen Figur eines Kindes und den blauen Porzellanaugen einer Puppe in Anwesenheit ihrer Mutter auch weiterhin »nichts sagen« würde, schickte man

die Mutter hinaus. Und das Verhör nach dem Ursprung der Schwangerschaft eines offenbar noch vorpubertären Kindes, laut Sachverständigen-Gutachten das »Phänomen einer Gravität«, nahm seinen Beginn.

Dem Verhör lag eine Anzeige der Wiener Gebärklinik vom 11. Oktober 1903 zugrunde, »daß sich die im XVIII. Gemeindebezirk (Währing) wohnhafte, erst elf Jahre alte Anna H. im sechsten Monate der Schwangerschaft befinde«. Nach österreichischem Strafgesetz gilt der sexuelle Umgang mit Personen unter 14 Jahren als Verbrechen. Also mußten Recherchen eingezogen werden. Sie ergaben, daß Anna H. von der Rauchfangkehrersgattin Marie L. im Alter von sieben Jahren als magistratisches Kostkind in Pflege genommen worden war. Die Rauchfangkehrersgattin, die einen Schippel eigener Kinder hatte, ließ das Kostkind »mitrennen«. Mit Arbeit für die große Familie überlastet, fiel ihr nicht auf, daß der eckige Körper Annas »Veränderungen« zeigte. Wachsame Nachbarinnen machten sie schließlich darauf aufmerksam. Anna wurde zum Arzt geführt, der Gravität feststellte und das Kind an die Gebärklinik überwies, die den Befund bestätigte und zur Anzeige brachte.

Die Fachleute, an »weiblicher Reifung in unseren Gegenden durchschnittlich im vierzehnten und fünfzehnten Lebensjahr« erfahrungsgemäß orientiert, standen einem Phänomen gegenüber, das höchstes Interesse erweckte!

Das hochinteressante Kind saß nun beim Verhör, das bald ergab: Anna war gutmütig und gehorsam, geistig etwas zurückgeblieben, gedächtnis- und willensschwach. Da ihr gütig zugeredet wurde, sie brauche wirklich »keine Angst haben«, erzählte sie schließlich von einem »jungen Mann mit Jägerhut und graugrün ausgeschlagenem Rock«. Wenn sie für ihren Ziehvater, den Rauchfangkehrer, Bier holen ging, war der Mann mit dem Jägerhütl im Hausflur gestanden und hatte sie dann in den Keller geführt. Auf der Kellerstiege hieß er Anna hinsetzen. Und dann?

»G'spü't* hamma auf da Köllastiagn«, sagte Anna.

Wer war der Mann mit dem Jägerhütl?

Anna zuckte die Achseln. Wußte sie seinen Namen nicht oder wollte sie ihn nicht nennen?

Nach einschlägigen Erfahrungen war anzunehmen, daß sich der »Spielkamerad« unter den Hausbewohnern befand: kleine Mädchen auf die Kellerstiege zu locken und sich dort mit ihnen zu vergnügen, war eine gern geübte Usance der Epoche, die Zimmerherren, Bettgehern und mitunter den eigenen Verwandten, vom Cousin über den Onkel bis zum Großvater, oblag. Derartige »Spiele« gingen mitunter tödlich aus, »damit nix aufkommt«. Anna war immerhin nur in andere Umstände gekommen ...

Da sich die Elfjährige noch zu dem Zusatz entschloß, der Mann mit dem Jägerhütl hätte auch »einen geringelten Schnurrbart« gehabt, wurden die Hausbewohner, die bei bisherigen Befragungen »nichts bemerkt« haben wollten, doch mitteilsam. Danach richtete sich der Verdacht auf den am selben Gang

* gespielt

wie die Rauchfangkehrerischen wohnhaften Rudolf P.

P., 24 Jahre alt, war Modelleur, stammte aus guter Familie, besaß einen tadellosen Ruf und – einen Schnurrbart.

Doch nun – das Auskunfterteilen hatte angefangen, und jetzt wurden die Hausbewohner gesprächig: eine Nachbarin gab an, den Rudolf »um die fragliche Zeit aus dem Keller kommen« gesehen zu haben. Eine andere gab an, Anna gesehen zu haben, als sie aus dem Keller kam. »Fürcht'st dich denn nicht in der Nacht allein im Keller?« fragte sie die Kleine. »Aber nein«, erwiderte Anna, »der Rudolf is ja auf der Stiagn.« Rudolf P. wohnte bei seinen Eltern. Die sehr achtbare Familie mußte eine polizeiliche Hausdurchsuchung erdulden. Es wurde nichts weiter Belastendes gefunden als der von Anna beschriebene graugrün ausgeschlagene Rock und das Jägerhütl. Rudolfs Geliebte, die 17jährige Fabrikarbeiterin Marie P., sagte aus, daß ihr Rudolf »bereits ein bis zwei Tage vor der an Anna vorgenommenen ärztlichen Untersuchung von dem Phänomen einer elfjährigen Schwangeren in seinem Wohnhaus« erzählt habe. Rudolf wurde zur Einvernahme bestellt. Entrüstet bestritt er, mit dem Mann »von da Köllastiagn« identisch zu sein. Als Beweis führte er an, daß er mit seiner Braut, der Marie P., jeden Abend nach der Arbeit von 18 bis 21 Uhr zusammen sei, weshalb er nicht der Verführer Annas sein könne, der die bierholende Kleine zu dieser Zeit auf die »Köllastiagn« lockte.

Die Alibi-Überprüfung ergab jedoch, daß zumindest diese Zeitangaben nicht stimmten. Vielmehr pflegte Rudolf nach dem Modellieren am Arbeitsplatz weder sofort zu seiner wartenden Braut noch heim zu den Eltern zu eilen. Bis er da oder dort eintraf, vergingen häufig halbe Stunden und mehr: »Wo haben'S denn da modelliert?« wurde Rudolf befragt, den diese Formulierung ungemein ärgerte.

Er mußte sich Annas Aussagen anhören: nach mühseliger Befragung hatte sie »in kindlich ungeschmückter Natürlichkeit« berichtet, daß der »verbrecherische Verkehr beiläufig sieben Monate lang« angedauert hätte.

War es anzunehmen, daß ein Fremder riskiert hätte, während so langer Zeit mit Anna im Keller zusammenzukommen?

»Na, fremd war er net«, meinte die kindliche Schwangere, die erzählte, wie sie, auf der Kellerstiege sitzend, mit dem Mann mit dem Jägerhütl »g'spü't« hatte. Den Namen Rudolf erwähnte sie freilich nie. Doch litt sie, wie Rudolf, an Gonorrhöe.

Anna gegenübergestellt, die ihn mit blauen Porzellanaugen anlachte und sagte: »Das is er«, meinte Rudolf, »Das ist doch merkwürdig, nein, so etwas!«

Unter Kopfschütteln mußte er sich anhören, daß Anna nochmals die Kellerstiegen-Begebnisse erzählte, die er immer wieder bestritt, soweit sie ihn betrafen.

Im Verlauf der weiteren polizeilichen Erhebungen gab er zum Sachverhalt, »bereits ein bis zwei Tage vor der an Anna vorgenommenen ärztlichen Untersuchung von dem Phänomen einer elfjährigen

Schwangeren in seinem Wohnhaus erzählt zu haben«, zu Protokoll:
»Ich habe von der Sache geträumt und auch im Traume den wahren Täter gesehen. Ich habe ihn so deutlich gesehen, daß ich ihn der Behörde übergeben könnt', wenn ich ihn zufällig irgendwo träfe.«
Um diesen »Traum« zu deuten, bedurfte es nicht des in Wien so beliebten ägyptischen Traumbuchs ... Rudolf wurde nach beendeter Vorerhebung nicht auf freien Fuß gesetzt, sondern wegen Verabredungsgefahr dem Landesgericht eingeliefert.
Zwei Monate später, am 17. Dezember 1903, stand Rudolf P. vor Gericht, angeklagt wegen »Verbrechens der Notzucht nach § 127 StG«. (Strafe: schwerer Kerker zwischen fünf und zehn Jahren.) Zur argen Enttäuschung der Wiener Gerichtssaalkiebitze wurde der Prozeß unter Ausschluß der Öffentlichkeit geführt.
Als die Anklageschrift verlesen worden war, meldete der Staatsanwalt sich zu Wort und wies auf einen Irrtum in der Schrift hin: Anna H. wäre am 16. Juli 1892 nicht geboren (wie bisher angenommen wurde), sondern an diesem Tage *aufgefunden* worden. Der Polizeiarzt hätte den Findling als »zwanzig bis zweiundzwanzig Monate alt« eingestuft. Fundort Annas war eine Wiese in Favoriten gewesen, wo Spaziergänger das wimmernde Baby entdeckten. Es wurde vom Magistrat übernommen. Nachforschungen nach der Mutter blieben erfolglos. So wurde das Baby von Amts wegen getauft, erhielt den Namen Anna H. und kam als »Kostkind in wechselnde Pflege«. Irrtümlich kam der Auffindungstag als Ge-

burtstag in ihre Papiere, obwohl das Gutachten des Polizeiarztes beilag.
Die damalige Schlamperei hatte Anna um 20 bis 22 Monate jünger gemacht! Sie war also jetzt nicht elf, sondern bereits über 13, und sie war nicht zehn gewesen, als sie mit dem »Mann mit dem Jägerhütl« das erstemal auf der Kellerstiege »g'spü't« hatte, sondern gute zwölf Jahre!
Was das bedeutete, machte sich der Anwalt Rudolfs sofort zunutze. Dr. Richard Preßburger sprang auf und forderte die Zurückziehung der Anklage.
Er führte an, daß die damals schon »schwächliche und zurückgebliebene« Anna vom Polizeiarzt irrtümlich für 20 bis 22 Monate alt befunden worden sein könnte, es läge die berechtigte Annahme vor, daß sie älter gewesen wäre. Unter seinen Worten wurde das schwangere Kind über 14 Jahre alt – und die Anklage gegen Rudolf P. hinfällig!
Das Gericht ließ sich auf das advokatische Zahlenmanöver nicht ein, und die Verhandlung nahm ihren Lauf.
Rudolf P. erklärte sich nicht schuldig. »Ich habe die Anna öfters im Haus gesehen, wie ich ja alle Parteien sehe, aber ich rede mit niemand.« Vom Keller, aus dem er gekommen sein sollte, wußte er nichts, geschweige denn von der Kellerstiege: »Die Kohlen holt die Mutter aus dem Keller.« Wegen seines Traumes, den Keller-Mann »gesehen zu haben«, befragt, gab er an: »Ich hab' zur Mutter gesagt, ich hab' vom Täter geträumt und könnt' ihn, wenn ich ihn träfe, der Polizei übergeben.«

Er ließ sich jedes Wort aus dem Mund ziehen, er machte einen verschlagenen Eindruck.
Dann kam die Rauchfangkehrersgattin Marie L. zur Aussage. Sie lobte Annas Folgsamkeit, sie nannte sie ihr »bravstes« Kind. Niemals hätte sie dem Hascherl zugetraut, daß es »was mit einem Mann haben könnt'! Die hat ja von solchen Dingen überhaupt nichts gewußt.« (Verlegen führte sie an, daß Anna ihres Wissens »noch nie krank« gewesen sei – eine gebräuchliche wienerische Umschreibung der Menstruation, die tiefenpsychologische Deutung herausfordert.) »Erst als die Hausparteien soviel geredet haben, hab' ich die Anna gefragt.« So kam der Mann mit Jägerhütl und geringeltem Schnurrbart ins Gespräch ... Über diesen Mann sagte der nächste Zeuge, der Polizist Johann L., aus, daß er ihn »auf Grund der Beschreibung angehalten« habe, als »derselbe ins Haus kam«. Es war Rudolf P. gewesen. Anna habe damals erklärt: »Das is er.« Sie hatte das auch anderen Polizeiorganen gegenüber wiederholt erklärt. Daß sie früher nichts gesagt hätte, begründete sie damit, daß sie der Spielgefährte von der Kellerstiege gewarnt hätte, »was zu sagen, sonst werden wir alle zwei eingesperrt«.
Die nächste Zeugin, Rudolfs Geliebte, war ein so schmales, weiblicher Formen bares Wesen, daß sie den Eindruck erweckte, Rudolf fühle sich attrahiert von kindlichen Erscheinungen. Die 17jährige Fabrikarbeiterin wollte wohl ihrem Geliebten zur Seite stehen, doch war sie so unwissend, daß sie ihn belastete, weil sie auch vor Gericht wiederholte, daß er ihr am Sonntag, spätestens Montag, *keinesfalls aber*

Dienstag vor der Verhaftung (diese fand am Mittwoch statt, die Feststellung der Schwangerschaft am Dienstag) von dem »Fall in seinem Wohnhaus« erzählt habe. Diese Aussage machte alle ihre Bemühungen, Rudolfs Alibi (»er ist nach der Arbeit immer sofort zu mir gekommen«) zu erhärten, zunichte. Als Dr. Preßburger, Rudolfs Verteidiger, sie scharf zu befragen begann, wieso sie denn so genau wisse, daß es nicht Dienstag gewesen sei, verhedderte sie sich und brach schließlich in Tränen aus.
Der nächste Zeuge, ein 70jähriger Favoritner, berichtete, wie er »seinerzeit«, am Abend des 16. Juli 1892, »über die Wiesen spazieren gegangen« sei. Es war ein schöner Sommerabend gewesen. Er und seine Frau, letztere indessen tot, vernahmen plötzlich Wimmern. Sie fanden im Gras »das Patscherl«, das einen »großen Dippel am Kopf« hatte. »Meine Frau hat gesagt, die Mutter wird's umbringen haben wollen, aber dann hat's as do auf die Wiesen g'schmissen«, erzählte er, unter allgemeiner Rührung und Empörung über das »Rabenviech von einer Mutter«, wie er seine Aussage beschloß, noch hinzufügend, daß das Rabenviech wahrscheinlich geglaubt habe, »der Bankert is eh scho hin«.
Die Empörung über das »Rabenviech«, dessen Ergreifung dem Gericht versagt geblieben war, übertrug sich nun auf Rudolf P., der die Geschworenen durch Grinsen über die rührende Erzählung verstimmte. Der nächste Zeuge, der Polizeiarzt Dr. H., der seinerzeit das Gutachten über das aufgefundene Kind erstellt hatte, konnte diesem – nach so vielen Jahren – nur hinzufügen, daß er das Gutachten

»nach bestem Wissen und Gewissen« erstellte. Von den »zwanzig bis zweiundzwanzig Monaten«, die Anna damals alt gewesen war, ließ er sich trotz Dr. Preßburger nicht abbringen.
Hierauf kamen Hausbewohnerinnen zur Aussage, die ihre Beobachtungen über Haus, Keller, Stiege und Anna deponierten: sie alle belasteten Rudolf P. in »eindeutiger Weise«.
Schließlich wurde Anna aufgerufen.
Sie war schon auf der Gebärklinik stationiert, man hatte sie nur zur Aussage freigestellt. Das 1 m 32 große Kind mit den dünnen Ärmchen und Beinen, die in Widerspruch zu ihrer Leibesmitte standen – Anna war im achten Monat – trat schüchtern ein und setzte sich auf ihren Platz neben den Vorsitzenden, zu dem man sie führte. Ihr Kindergesicht mit den blauen Augen zeigte Angst und Staunen. Auf gütiges Befragen schilderte sie sämtliche Ereignisse im Keller, ihre kindliche Ausdrucksweise ließ erkennen, daß sie nie begriffen hatte, was mit ihr geschehen war. Dann wurde sie mit Rudolf P. konfrontiert. »Und nun, liebes Kind«, sagte der Vorsitzende, »schau dir den Herrn auf der Bank dort genau an. War es dieser Herr?«
Die kleine Anna stand auf, um Rudolf wahrnehmen zu können. Ihre blonden Zöpfe gingen mit dem Kopf auf und ab, als sie nickte: »Ja, er is.«
Vorsitzender: »Irrst du dich nicht?«
Anna: »Na.«
Vorsitzender: »Kannst du es ihm ins Gesicht sagen?«
Auf einen Wink des Vorsitzenden muß Rudolf P. sich nähern. Anna sagte: »Ja, das is er.«

Rudolf, der Anna nicht ins Gesicht blickte, schüttelte den Kopf. »Was sagen Sie dazu?« fragte der Vorsitzende.
»Ich staune«, erwiderte Rudolf und blickte vor sich hin.

Sachverständigen-Gutachten über Annas Alter – hat sich nun der Polizeiarzt damals geirrt oder nicht – wurden in der Folge diskutiert, dann kam die Gonorrhöe zur Sprache, die Anna und Rudolf gemeinsam plagte. Der Staatsanwalt hielt schließlich sein Plädoyer und forderte den Schuldspruch Rudolfs. Dr. Preßburgers Aufgabe, die Geschworenen *für* seinen Klienten einzunehmen, schien aussichtslos. Doch Dr. Preßburger war Spezialist für »hoffnungslose« Fälle. Er plädoyierte:
»... Wir stehen unter dem peinlichen Eindruck eines scheußlichen Verbrechens an einem unglücklichen Geschöpf, welches schon im zartesten Alter von der Mutter zum Tode bestimmt worden war. Welcher Abgrund öffnet sich doch immer vor uns Männern, die wir an das Edle im Weibe glauben! Doch es ist das Wesen des Bösen, daß es fortlaufend Böses muß gebären, wie schon Goethe sagt – womit ich natürlich keine Bedenken gegen das kleine Mädchen äußern möchte, das ein sündhafter Mann verführte, aufgestachelt vom Reiz, der schon der Mutter innewohnte und dem die Kleine in ihrer Unschuld ahnungslos zum Opfer fiel.
Doch die Gerechtigkeit fordert nicht irgendein Opfer, sondern den Schuldigen. Und nun bitte ich Sie, meine Herren Geschworenen, die, wie wir alle, am

Weibe leiden, sich objektiv zu fragen: Was spricht für die Schuld des Angeklagten?« Nachdem Dr. Preßburger die Aussagen der Hausbewohnerinnen zerpflückt hatte, fuhr er fort: »Von der Agnoszierung meines bedauernswerten Klienten durch Anna sollten Sie sich aber schon gar nicht irre machen lassen. Ich kann Ihnen eine stattliche Reihe berühmter Namen aus der Geschichte und aus meiner Praxis aufzählen, welche den Zeugenaussagen von Kindern jedweden forensischen Wert absprechen, ja, welche Kinder schlechthin aus dem Prozesse eliminiert wissen wollen. Welchen Wert ferner die Handlungen und Behauptungen von Schwangeren haben, brauche ich wohl nicht besonders auszuführen. Es gibt Hunderte Beispiele, wo gravide Frauenspersonen Verbrechen begingen! Daß man Schwangeren und Schwachsinnigen nicht allzuviel glauben darf, leuchtet von selbst ein. Und nun sehen Sie: Alle Umstände sind in dem unglücklichen Wesen vereinigt, welches hier als Kronzeugin aufgetreten ist! Bei allem Mitleid, das wir dem armen Kinde entgegenbringen – seine Aussage allein kann nicht bewirken, daß man einen bisher unbescholtenen Mann auf lange Zeit in den schweren Kerker schickt!«
Nach weiteren Ausführungen über »Suggestivfragen«, die Annas Aussagen in Frage stellten, fuhr Dr. Preßburger fort: »Der Herr Staatsanwalt beliebte, die Art meines Mandanten, sich zu rechtfertigen, als ›hinterhältig‹ zu bezeichnen. Und warum? Weil er von allem Anfang an mit ›Nein‹ antwortete. Ja, um Gottes willen, was soll er denn sagen? Das gemahnt mich an die bekannte Geschichte von den silbernen

Löffeln. Wenn Ihnen heute, meine Herren Geschworenen, jemand vorwirft, Sie hätten silberne Löffel gestohlen, so werden Sie doch nur mit ›Nein‹ antworten können, wenn Sie der Sache wirklich ferne stehen. Was für einen Beweis für Ihre Unschuld vermöchten Sie denn sonst zu liefern, wenn Sie bei der Tafel sitzen, von der das Besteck soeben weggekommen ist?«

Preßburger redete und redete. Er schloß mit der Mahnung, der »furchtbaren Justizirrtümer, von denen die Kriminalgeschichte bis zum heutigen Tage voll ist, zu gedenken«, bat, »keinem Vorurteil einen Menschen zu opfern« und »in dubio pro reo« walten zu lassen.

Nach weiteren Verhandlungen, in denen sich der Staatsanwalt aufgrund des Beweisverfahrens recht sicher fühlte und verschiedene Möglichkeiten zur Replik ablehnte, zogen sich die Geschworenen zur Beratung zurück.

Ein einstimmiger Schuldspruch war so gut wie sicher. Es erregte Verwunderung, daß die Geschworenen über eine Stunde berieten. Doch das Resultat war noch überraschender: es lautete auf acht Nein, vier Ja, also *Unschuldig*. Rudolf P. war *freigesprochen!*

Es dauerte nur knapp ein Jahr, und Rudolf P. stand wieder vor Gericht. Diesmal als Komplize Annas, die wegen Diebstahls angeklagt war. Sie hätte »alles nur wegen dem Rudi getan«, beteuerte sie, »und er hat's gewußt«.

Sie erweckte jetzt nicht mehr Mitleid: die Polizei bezeichnete sie als Vagantin, jeder kindliche Liebreiz war entschwunden, »unrettbar im Sumpf der Großstadt eingetaucht«, nannte sie Rudolfs Verteidiger (wieder Dr. Preßburger). Sie sah elend und frühgealtert aus. Was aus ihrem Kind geworden war, bleibt uns der Bericht schuldig.

Das Schicksal des Kindes, die Umstände seiner Geburt und Annas Möglichkeiten, mit den Problemen ihrer so frühen Mutterschaft fertigzuwerden, interessierten das Gericht nicht. Sie hatte gestohlen, und sie bezeichnete Rudolf als ihren Geliebten und Mitschuldigen. Er bestritt beides.

»Sie sind immer unschuldig«, stellte der Staatsanwalt ironisch fest. Dr. Preßburger erhob Einspruch. Sein Mandant war freigesprochen, und eine Wiederaufnahme des Verfahrens nicht beantragt worden! Doch sichtlich hing Rudolf P. dieser Prozeß nach: er schien der Justiz damals entwischt zu sein, und nun versuchte er, seine erprobte Taktik wieder anzuwenden!

Obgleich die »im Großstadtsumpf eingetauchte« Anna keinen rührte, war Rudolf noch unsympathischer als sie: im Verlauf der Verhandlung, die diesmal öffentlich war, wurde die Stimmung immer schlechter für den »Taktiker, der schon einmal straffrei geblieben« war.

Gegen Verhandlungsschluß gelang es indes der Verteidigung, stichhaltig nachzuweisen, daß Rudolf die Anna seit dem vorjährigen Prozeß *nicht wiedergesehen* hatte. (Wie das Dr. Preßburger gelang, wissen wir heute nicht; aus den Berichten geht nur diese lapidare Feststellung hervor.) Es heißt: »Es wird plötzlich konstatiert, daß die Gefallene *lügt*, wenn sie Rudolf P. als ihren Komplizen bezeichnet. Sie bestreitet es zwar, allein es tritt klar zutage, daß sie den Modelleur mindestens diesmal verleumdet hat.« Die »Gefallene«, nunmehr eine vorschnell verblühte Frau, der der Liebreiz der Jugend entschwand – Anna war ja immerhin indessen 12, 13 oder gar mehr geworden, ihr wahres Alter wird immer unerforschbar bleiben –, schaute mit immer noch porzellanblauen Augen auf Rudolf P., der nun glaubhaft versicherte, daß er »die Fräul'n Anna grad nur vom Grüßen im Haus« – wie alle anderen Parteien – kenne.

Da die Berichterstatter der Zeit Wichtigeres zu berichten hatten, als dieser Prozeß um ein zurückgebliebenes Mädchen hergab, wurde die Frage »Log Anna damals, lügt sie heute?« kaum an die Öffentlichkeit getragen. Wer der Partner der »Spiele auf der Kellerstiege« bzw. Nutznießer von Annas Diebstählen war, blieb unerforscht: Anna klagte Rudolf P. an. Aus Haß? Oder um einen Dritten zu decken, der ihr eingegeben hatte, den Rudolf zu verleumden, um selber ungeschoren zu bleiben?

Ein Berichterstatter der Zeit soll – der Situation in armen Wiener Häusern kundig – lakonisch gesagt haben: »Es war der Großvater.«

Tatsächlich vollzogen ältere Familienangehörige häufig praktischen Sexualunterricht der heranwachsenden Weiblichkeit auf »da Köllastiagn«, die Diskretion annehmen ließ. Je jünger das Mädchen war, um so reizvoller gestaltete sich der Umgang: »Wann's scho rennen können, san's nix«, lautet ein

Bonmot der Zeit, das bis zum heutigen Tage seine Lacher findet.

Rudolf P., der immer »unschuldige« Modelleur, wurde freigesprochen. Zum zweitenmal schritt er, ohne Anna eines Blickes zu würdigen, aus dem Gerichtssaal.

Dr. Preßburger, der wieder Goethe zitiert hatte – »es ist der Fluch der bösen Tat, daß sie fortzeugend Böses muß gebären«, was im Hinblick auf Annas Familienverhältnisse angebracht schien –, ließ sich gratulieren.

Die Hüter der Justiz fanden durch diese Verfahren einen erneuten Beweis dafür, »mit welcher Vorsicht Kinderaussagen und Indizienbeweise zu behandeln seien«.

Die Götterjützi

Der Fall Chorinski und der Stiftsdame Ebergényi 1867

Die Gräfin war 34 Jahre alt und sehr allein. Ihr Leben war eine einzige Kette von Enttäuschungen und Demütigungen geworden – aber daran dachte Mathilde von Chorinski in ihrem Münchener Untermietzimmer jetzt nicht. Mit einem fast zärtlichen Blick auf die schöne junge Frau, die ihr gegenüber saß, sagte sie: »Wie danke ich Ihnen für Ihr Kommen und Ihre gute Nachricht von meinem Mann. Richten Sie dem Gustl aus, daß ich ihm alles vergebe – denn ich liebe ihn, bis zum Tod!« Die schöne Fremde lächelte. Das Licht der Lampe ließ ihren wundervoll gearbeiteten Halsschmuck, kleine Totenköpfe aus weißem Email, gespenstisch aufleuchten.

»Auf unsere Freundschaft, liebste Maria«, sagte die Gräfin und hob ihr Glas, um es in einem Zug zu leeren: vorher hatte man nur Tee getrunken. Es war ein köstlicher Muscat Lunel, den Maria, Baronin Vay, wie die schöne Fremde sich vorgestellt hatte, in einer Kristallkaraffe mitgebracht hatte.

Daß die Baronin ihr Glas nur hob und nicht trank, fiel Mathilde von Chorinski nicht mehr auf. Denn kurz darauf glitt sie vom Sofa, und ein Blutstrom quoll aus ihrem Mund. Die schöne Fremde nahm die Kristallkaraffe und den Teekessel an sich und verließ mit einem verächtlichen Blick auf die Sterbende das Zimmer.

Dies geschah gegen sieben Uhr abends am 21. November 1867. In der Halle des Münchener Nobelhotels »Zu den vier Jahreszeiten« ging indessen ein älterer Geschäftsreisender ungeduldig auf und ab. Er wartete auf die Baronin Vay, die ebenfalls im Hotel Gast war. Er kannte sie seit kurzem: eine hinreißende Frau – und ganz und gar nicht spröde! Schließlich erschien die Baronin in großer Erregung und verlangte sofort die Rechnung. »Mein Mann beordert mich nach Paris«, teilte sie an der Rezeption mit, »ich erhielt eine Depesche von ihm.«
Unter dem Hotelpersonal gab es einige Verwunderung, weil eine solche Depesche doch eigentlich hier, im Hotel, hätte ankommen müssen. Noch mehr Verwunderung gab es, als die Baronin den Droschkenkutscher statt zum Pariser Zug zu jenem beorderte, der nach Wien fuhr!
Der ältere Geschäftsreisende durfte die Baronin zum Bahnhof begleiten. Er durfte die vor Nervosität Zitternde umarmen, ihre Hände mit Küssen bedecken. Als er sie fragte, ob das so romantisch begonnene Erlebnis nun aus sein müsse, meinte sie, man könne ja bis auf weiteres miteinander per Zeitung korrespondieren. Bei dieser Gelegenheit ließ sie etwas von einer augenblicklichen Geldverlegenheit durchblikken, worauf der ältere Geschäftsreisende, als Mann von Welt, eiligst seiner Brieftasche einige Scheine entnahm.
Trotzdem wurde ihm die Freude an dem Abenteuer

verdorben. Denn im Wartesaal des Bahnhofes kokettierte die Baronin auf das heftigste mit einigen alleinreisenden Herren. Von Eifersucht geplagt, sagte der Liebhaber der vergangenen Nacht: »Für eine Dame Ihrer Kreise ist Ihr Benehmen sehr frei, liebe Baronin.« Mißmutig schaute er auf ihre üppigen, stark geschminkten Lippen, zwischen denen ein Meerschaumpfeifchen – mit aufgemalter Grafenkrone – steckte.

Die Baronin blies ihm den Rauch ins Gesicht. »Eifersüchtig?« fragte sie amüsiert.

Das Einfahren des Zuges beendete die Unterhaltung. Die Baronin stieg in ein Abteil 1. Klasse, aus dessen Fenster sie ihrem Kavalier ein letztes Mal zuwinkte. Die lila Bänder an ihrem Hut flatterten, als der Zug sich in Bewegung setzte, und die weißen Totenköpfe aus Email um ihren Hals leuchteten gespenstisch in der dunklen Nacht.

Generalmajor Erzherzog Heinrich hatte vor Jahren den Oberleutnant Gustav Graf Chorinski als »das schwarze Schaf des Infanterieregiments Nr. 38« bezeichnet.

Dieses Urteil schien vielen hart. Denn: »Was tut denn der Gustl schon?«

Er konnte halt mit seiner Gage nicht auskommen, er machte Schulden, er hatte zahlreiche Affären. Schließlich heiratete er mit 26 Jahren eine Linzer Schauspielerin, nachdem er – was allerdings kein Mensch wußte – ihre sämtlichen Ersparnisse durchgebracht hatte.

Diese Mathilde Ruef, Tochter des Gräflich Harding-

11 Gustav Graf Chorinskí-Ledske

schen Privatsekretärs Ruef, um ein Jahr jünger als der fesche Gustl, war eine vielbewunderte Schauspielerin mit bestem Ruf. Sie widerstand lange dem Drängen Chorinskis, auch seinen Heiratsantrag lehnte sie ab. »Aus Gründen des Standesunterschiedes«, wie sie vorgab, dann erlag sie doch der Leidenschaft, und im Juli 1859 wurde geheiratet.

Mathilde schrieb in ihr Tagebuch: »Meine Liebe ist mein Hort, und in diesem Hort will ich sterben. Gott segne meinen Mann und lasse mich nie vergessen, wie edel er an mir gehandelt hat. Gebe Gott der Allgütige, daß Gustavs Liebe nie erkalte.«

Gustavs Vater, der damals Statthalter von Mähren war, hatte vorerst von der bürgerlichen Mathilde nichts wissen wollen. Ihre Schönheit, aber mehr noch ihre Sanftmut und Güte nahmen ihn dann doch für sie ein, und er erlegte die 12000 Gulden Kaution, die die Heirat erforderte.

Das Eheglück währte indessen nicht lange: Gustav brachte Mathildes Ersparnisse und danach ihr Erbteil durch, er trank und mißhandelte seine Frau, die nacheinander zwei tote Kinder zur Welt brachte.

Mathilde liebte ihn weiter, litt und schwieg, auch als ihr Mann sie prügelte, weil sie die häuslichen Finanzen nicht aufbessern wollte: »Wozu bist du hübsch und jung? Das ließe sich mancher was kosten!«

Für die Umwelt blieb Chorinski jedoch das »fesche, gemütliche Haus«, über dessen Extratouren und Marotten man nachsichtig lächelte, der dreimal den Militärdienst verließ und jeweils nur wegen Kriegsausbrüchen reaktiviert wurde ...

12 Mathilde Gräfin Chorinskí, das Opfer

Im Frühjahr des Jahres 1867 wurde das häusliche Leben für Mathilde so unerträglich, daß sie Chorinskis ständiger Aufforderung, ihm »nicht länger mit dieser Leidensmiene auf die Nerven zu gehen«, nachkam und sich um eine Stellung als Hausdame bemühte.

Ihr Schwiegervater, der indessen Statthalter von Niederösterreich geworden war, erfuhr davon und mißbilligte den Plan. Er nahm die unglückliche junge Frau in sein Haus auf.

Gustav verleidete ihr aber auch dieses Leben, und so übersiedelte Mathilde nach München, wo sie geboren war; sie bestritt ihren Unterhalt von den Zinsen der Heiratskaution, die ihr Schwiegervater ihr und nicht seinem Sohn zukommen ließ. Gustav, ihr die Zinsen der Kaution neidend, strebte eine Scheidung an, um Zinsen *und Kaution* an sich zu bringen. Da eine Scheidung an und für sich schwierig durchzuführen war – die Ehe war katholisch –, scheiterte sein Wunsch an Mathildes Widerstand vollends. Denn sie liebte ihren Mann, trotz allem Elend, in das er sie gestürzt hatte, noch immer und gab die Hoffnung nicht auf, ihn zurückzugewinnen: von Julie Malvine Gabriele Ebergényi von Telekes aus Széchényi, die die heimliche Geliebte Gustavs war, wußte sie nichts …

Die ungarische Schönheit Julie, die Chorinski »Götterjützi« nannte, kam aus dem Komitat Eisenburg, aus einer soliden Familie.

Sie hielt jedoch wenig vom soliden Leben, übersiedelte nach Wien und bezog eine luxuriöse Woh-

13 Die schöne Mörderin Julie d'Ebergényi

nung, die ihr zahlungsfähige Galane ermöglichten, die auch für ihre sonstigen Ansprüche aufkamen.
Die schwarzlockige Jützi erkannte nach einiger Zeit, daß sie ihrer blendenden Erscheinung weitere Werte zufügen müsse: *ehrenhafte Titel!* So wurde sie beim freiwilligen adeligen Damenstift Maria-Schul um Aufnahme als Ehrenstiftsdame bittlich: 50 Dukaten kostete der Titel, und Julie konnte sich den Galan aussuchen, der die Taxe erlegte.
Gustav Graf Chorinski, den sie in einem Familienzirkel kennenlernte, verliebte sich leidenschaftlich in sie und trug ihr weitere Titel, Herz und auch Hand an.
Gräfin Chorinski zu werden schien der schwarzen Jützi erstrebenswert. Einzige Schwierigkeit: Chorinski hatte schon eine Gemahlin!
»Dieses Aas«, sagte Gustav, »muß weg.«
»Dieses Aas«, Mathilde, die Gustavs Hand und 12000 Gulden Kaution blockierte, schrieb zu dieser Zeit ins Tagebuch:
»Mein Gustav hat Geburtstag und ist fern von mir. Alles ist schwer geworden, oh, ich hab' mir das nie gedacht. Doch Gott segne dich, Gustav, bleibe mein, ich liebe dich unendlich. Daß du mich so gekränkt hast, weil du mir gesagt hast, meine Schönheit wäre anderen Männern viel Wert, vergesse ich: das bist nicht du, der solche Worte findet, es war ein anderer der mich kränken wollte.«

Während Mathilde Gräfin Chorinski diese Tagebucheintragung machte, schrieb ihr Mann an seine Geliebte Julie Ebergényi: »Wien, am 2. August

1867: Mein mehr als abgöttisch geliebtes, schönstes, einziges Weiberl! Meine kleine, allerliebste, erhabene Jützi! Du meine Gottheit! Mein alles in allem! Ich muß dich bald heiraten. Bald müssen wir vor der Welt verehelicht sein, Du mußt alles ermöglichen! Ich schwöre es Dir bei meiner Ehre als Edelmann und Offizier, ich muß und werde Dich heiraten, um auch der Welt zu zeigen, wie abgöttisch ich Dich liebe. Gott hat Dich mir als Schutzengel gesendet. Ich schwöre Dir, daß ich für ewig bin nur Dein, Dich mehr als abgöttisch anbetender Mannerl. Dein ewig treuer Gustav.«

Wann waren diese Tagebucheintragungen gemacht, wann dieser Brief geschrieben worden?
Es war nur eine kurze Zeit her, einige Monate.
Chorinski und seine Geliebte hatten indessen versucht, die »Zerstörerin ihres Glücks«, das »Aas Mathilde«, aus dem Weg zu räumen.
Mit Zyankali vergiftete Bonbons waren in München eingetroffen, doch Mathilde hatte sie weiterverschenkt, und sie erzielten bei den sie Verschmausenden keinerlei Wirkung, weil sich das Kali mit dem Zucker verbunden hatte und die Blausäure dadurch frei geworden war.
Mathildes Tod trat nicht ein: es mußte sich die »Götterjützi« persönlich bemühen! Sie tat es, am 20. November, da sie erstmals bei Mathilde erschienen war und sich als Maria, Baronin Vay, eine Vertraute des Grafen Chorinski, vorgestellt hatte. Mathilde, in ihrem kleinen Untermietzimmer, das sie bei der Kabinettsdienerwitwe Elise Hartmann bewohnte, ver-

lor ihre Traurigkeit, als ihr die elegante Baronin offenbarte, daß Gustav Graf Chorinski nichts mehr ersehnte, als mit seiner Gemahlin Mathilde wieder glücklich zu werden.
Die Damen plauderten miteinander, es herrschte eine wundersame Atmosphäre.
Am 21. November kam die schöne Baronin wieder. Man trank Tee, man plauderte angeregt. Für den Abend hatte die Baronin Theaterkarten bestellt. Mathilde, Gräfin Chorinski, ging gern ins Theater. Doch zu hören, daß ihr Mann eine Wiedervereinigung ersehnte war schöner als jeder Theaterbesuch: darauf trank die Gräfin gern ein Glas Muscat Lunel aus der Kristallkaraffe, die die Baronin mitgebracht hatte!
Nun, da Gräfin Mathilde in dem armseligen Münchener Untermietzimmer zu Boden geglitten war und langsam erkaltete, während die Baronin Vay im Zug nach Wien saß, das Meerschaumpfeifchen zwischen den Lippen, lag das ausschlaggebende Mittelstück der Tragödie, Gustav Graf Chorinski, auf dem Sofa der Wohnung in der Krugerstraße in Wien. Er rauchte ebenfalls eine Pfeife, und er schrieb mit zitternden Händen einen Brief:
»Mein Abgott, mein einziges Weiberl«, begann er, »ich liege und bete und weine, daß Dir alles gelingt. Jetzt bist Du in München, mein Alles, mach' nur keine Verwechslung mit den Pulvern. Schone sie nicht, diese Canaille, die unserem Glück im Wege steht ...
Wenn ich Dich nicht bald heiraten kann, gehe ich zugrunde ...«

Als die Götterjützi – Julie von Ebergényi, die Stiftsdame – endlich eintraf, hatte sie kaum Zeit, den lilabebänderten Hut abzunehmen. So eilig hatte es Gustav Graf Chorinski, sie zu umarmen und mit Küssen und Fragen halb zu ersticken ...

So raffiniert ausgeklügelt der Mord auch erschien: schon nach wenigen Tagen erwies er sich als keineswegs perfekt, ja geradezu als stümperhaft!

Münchens Polizeidirektor von Burchtorff ließ den Grafen Chorinski anläßlich des Ablebens der Gräfin nach München bitten, und in des Grafen Brieftasche fanden sich einige Fotos einer schwarzhaarigen Schönheit.

»Frau von Ebergényi«, sagte Gustav. »Die Dame steht mir nahe ...« Das Personal der »Vier Jahreszeiten« sowie die Quartiergeberin der ermordeten Gräfin und einige andere Zeugen erkannten in der Dame auf den Fotos jedoch die »Baronin Vay«, die im Hotel abgestiegen war beziehungsweise die Gräfin besucht hatte. Worauf von Burchtorff den Grafen verhaftete.

Am 26. November erschienen Polizeibeamte in der Krugerstraße in Wien, Julies elegantem Domizil. Julie saß mit ihrer Schwester beim Abendessen.

Nicht wenig verlegen, eine so hübsche Dame von Adel verhaften zu müssen, nahmen die Beamten die Amtshandlung vor.

»Es ist unerhört«, sagte die Ehrenstiftsdame von Ebergényi, »mich mit dieser Sache in Verbindung zu bringen!«

Sie hatte sich ihr Meerschaumpfeifchen angezündet

und sah in ihrem abgesteppten Seidenkostüm hinreißend aus.
Man teilte ihr mit, daß man von ihrer Verhaftung absehen könne, wenn sie beweise, daß sie Österreich während der »kritischen Tage«, da der Mord in München geschah, nicht verlassen habe. »Ich war zu dieser Zeit in Széchényi, meiner Heimat«, erklärte Julie. »Meine Familie und das Personal werden das selbstverständlich bestätigen.«
Doch die Familie und das Personal bestätigten diese Aussage nicht. Und in der Wohnung Julies fand sich nicht nur die gesamte Kleidung plus Totenkopfhalsband, die die »Baronin Vay« in München so augenfällig zur Schau trug, sondern auch ein Teekessel und die Kristallkaraffe mit dem Rest des Weines, in dem das tödliche Zyankali aufgelöst worden war.
Ferner kam nach einigen Tagen ein aufgeregtes Dienstmädchen – Julies Faktotum – zur Polizei und sagte unter Tränen aus, daß sie ihrer Herrin zwar nicht schaden mochte, doch gebiete ihr das Gewissen, zu vermelden …

Vermeldet wurde: Julie hatte dem Dienstmädchen ein Paket mit dem Auftrag ausgehändigt, es »streng vertraulich« aufzubewahren. Die Polizei öffnete das Paket und fand unter anderem: ein Empfehlungsschreiben einer Freundin, das Julie den Eingang bei Mathilde verschafft hatte, sowie ein Notizheft.
Das Notizheft war sensationell, verrieten die Aufzeichnungen doch, daß die Stiftsdame Ebergényi seit Jahr und Tag ein richtiges Doppelleben geführt hatte!

Da die Zinsen des elterlichen Vermögens, die Julie zur Verfügung standen, jährlich 300 Gulden einbrachten, die Wohnung allein aber schon 45 Gulden monatlich kostete, mußte sich der schwarze Engel um zusätzliche Einnahmen bemühen! Julie war nicht wählerisch gewesen, was ihre Kavaliere betraf: Rang, Aussehen und Alter spielten keine Rolle. Einzig die Qualifikation der Brieftasche zählte.
Vom Grafen Chorinski hatte sie, wie sie betonte, nie etwas genommen, denn ihn liebte sie wahrhaftig. Außerdem wäre bei ihm ohnehin nichts zu holen gewesen, da er sich ständig in Geldschwierigkeiten befand und sich sogar gelegentlich von ihr, seiner »heimlichen Braut«, Geld borgte.

Der Prozeß gegen Julie von Ebergényi, der am 22. April 1868 begann (er dauerte vier Tage), wurde zu einer internationalen Sensation, um so mehr, als man die Öffentlichkeit bald ausschloß.
Selbst bei der Schlußverhandlung blieb Julie bei den vielfältigen Unschuldsbeteuerungen, die sie, mit unerschöpflicher Phantasie, während der Untersuchung vorgebracht hatte. Die gebräuchlichste Variante war, daß sie die »eigentliche Täterin«, eine Dame allerhöchster Kreise, decken müsse. Das Geständnis, das sie ein einziges Mal abgelegt und sofort widerrufen hatte, war wegen diverser juristischer Formfehler nicht gültig, die Indizien hingegen genügten für einen Schuldspruch.
Trotzdem ließ das Gericht den Geist der Humanität walten und verurteilte die Angeklagte nicht zur Höchststrafe, zum Tode, sondern nur zu 20 Jahren

schweren Kerkers plus Verlust aller Adelstitel plus Bezahlung aller Kosten. Als mildernd wurde der bisherige »tadellose Lebenswandel« der Angeklagten angenommen, sowie der Umstand, daß sie nur »eine getriebene Maschine« sei: Ihre Bestrebungen, Chorinski zu entlasten, machten guten Eindruck auf das Gericht. Ebensolchen guten Eindruck machte es in München, wo am 22. Juni der Prozeß gegen Chorinski stattfand, daß er seine Geliebte zu entlasten suchte: er wurde nur zu 20 Jahren Festung verurteilt. Julie kam zur Strafverbüßung nach Wiener Neudorf, Chorinski auf die Festung Rosenberg.

»Meine Götterjützi«, hatte Chorinski seinerzeit geschrieben, »da fährst Du nach München, um mit dem Aas Mathilde aufzuräumen, doch es ist so kalt im November, und ich vergaß, Dir warme Wäsche zu empfehlen, für Deinen Götterleib!« Fast gleichzeitig hatte Chorinski an seinen Vater geschrieben und ihn um Erlaubnis gebeten, Maria Hotovy, eine junge Witwe, heiraten zu dürfen: neben der Verbindung mit der Ebergényi hatte er eine leidenschaftliche Beziehung zur Hotovy, von der Julie nie etwas ahnte ...

Chorinski und die Ebergényi blieben beide nicht lange in Haft. Gustavs fortschreitende Paralyse brachte ihn bald in die Irrenanstalt Erlangen, wo er im Dezember 1871 verstarb. Julie, die davon erfuhr, verlor den Verstand und kam ebenfalls ins Irrenhaus, um dort im September 1873 zu sterben.

»So endete eine Liebe«, schrieb damals ein emphatischer Zeitungsmann.

Die Öffentlichkeit dachte nicht so sentimental: die hohe Stellung und die moralische Zwielichtigkeit dieses Paares verbitterten das Volk, und es gab wegen der Affäre Chorinski-Ebergényi viel böses Blut. Erst als sich die Wogen der Empörung etwas geglättet hatten, bemächtigte sich der Volkswitz dieser grausamen Parodie einer Liebesromanze. Satiren grimmigster Art auf die Briefe Gustavs und Julies erschienen da und dort, und manch eine verirrte sich in das kompakte Aktenbündel über den »Fall Ebergényi«.

Der unschuldige Zuhälter

Der Fall Heinrich und Franziska Klein 1905

*»Ein gefühllos Herz ist ein kostbares Gut auf der schwanken-
den
Erde.«*

Am 11. Oktober 1905 entschloß sich der Hausbesorger des Hauses Magdalenenstraße Nr. 78, die Wohnung des Ehepaares Klein zu öffnen. Er hatte dafür folgende Gründe: Heinrich Kleins Gesellschafter (der Klein'schen Ziseleurfirma) sprach schon seit einigen Tagen vor, da er sehr beunruhigt war, von seinem Geschäftspartner »nichts zu hören und zu sehen«, und die Nachbarn beklagten sich, daß es aus der Klein'schen Wohnung »schlecht herausroch«.

Kurz darauf hatte die Magdalenenstraße eine Sensation: ein zerstückelter Leichnam war in einer gepflegten Bürgerwohnung gefunden worden! Er lag im Wohnzimmer, in einem blutgetränkten Sack unterm Diwan. Es war jedoch nicht Heinrich Kleins Leiche, sondern, wie sich rasch herausstellte, die Leiche des 73jährigen Hausbesitzers Johann Sikora. Dieser recht begüterte Witwer genoß den Ruf eines Lebemannes, und zu den Damen, die ihn erfreuten, zählte auch Franziska Klein. Doch war die hübsche Franziska, die die Einnahmen ihres Mannes durch galante Erwerbe verbesserte, mitsamt ihrem Mann verschwunden!

Erhebungen ergaben, daß sich das Ehepaar Klein am 6. Oktober nach Paris begeben hatte.

Unter den Fliesen des Pariser Zimmers, das die Kleins bewohnten, fanden sich Pretiosen, Wertpapiere und Bargeld, die Sikora gehört hatten.

Franziska und Heinrich Klein wurden nach Wien zurückgebracht. Ihr Fall erregte um so mehr Aufsehen, als er einem Pariser Fall zum Verwechseln glich, der zwei Jahre vorher die Gemüter erhitzt hatte. Der Huissier Gouvé war von einer Mme. Gabriele Bompard zu galantem Tun in ihre Wohnung gelockt worden, die er nicht wieder verlassen konnte, da er beraubt, ermordet, zerstückelt und in einen Sack gesteckt wurde. Mme. Bompard und ihr Geliebter, Eyraud, wurden verhaftet. Die Frau beteuerte, von dem Mord nichts zu wissen, ihr Geliebter beteuerte das gleiche. Die Frau war klein und zartgewachsen, ihr Partner ein Bär von einem Mann. Nach scharfen Verhören bezichtigten die beiden einander gegenseitig des Mordes. Der Prozeß endete mit dem Todesurteil für den Mann, die Frau erhielt lebenslänglich.

Das Urteil fand allgemeine Zustimmung, da ein Zuhälter, wie Eyraud es war, seiner Partnerin nicht auch noch einen Mord im Alleingang anhängen durfte ...

Auch Franziska Klein war zartgewachsen, und

Heinrich Klein war ein bärenstarker Mann. Die beiden hatten vor einigen Jahren geheiratet. Franziska war das, was man eine »Frau mit Vergangenheit« nannte. Da die Geschäfte ihres Ehemannes nicht gut gingen, besserte sie seine Einnahmen auf.
Über die Ereignisse in ihrer Wohnung, die zum Tode des Hausherrn Sikora geführt hatten, gab Franziska zu Protokoll: »Herr Sikora ist am 3. Oktober abends zu mir gekommen. Er ist dann im Wohnzimmer eingeschlafen. Ich ging zu meinem Mann, der in der Küche saß. Er hat mich aufgefordert, dem Sikora Geld abzunehmen. Da der Herr schlief, blieb ich in der Küche und wartete, doch bin ich dann selber auch eingeschlafen.«
Was hernach geschah, wußte Franziska nicht, wie sie zu Protokoll gab. Ihr Mann hingegen gab an, daß er zur »kritischen Zeit« überhaupt nicht zu Hause gewesen wäre, und von Sikoras Anwesenheit hätte er nichts gewußt. Als er spät heimkehrte, teilte ihm seine Frau mit, daß sie »Lust hatte, nach Paris zu fahren«. Also fuhren sie. Von der Leiche unterm Diwan hatte Heinrich Klein »keine Ahnung«, und wie Sikoras Pretiosen und Wertpapiere unter die Fliesen der Pariser Wohnung geraten waren, war ihm unerklärlich!

Die Rechtspflege dieser Epoche wurde häufig durch starke Persönlichkeiten der Anwaltschaft bestimmt: mit funkelnden Plädoyers wußten sie Sachverhalte so darzustellen, daß Prozesse ganz anders endeten, als man anfangs erwartet hatte! Es ist darum interessant, wie ich meine, den Fall Klein – Sikora nicht aktenmäßig weiter zu verfolgen, sondern das (gekürzte) Plädoyer des Dr. Elbogen, Heinrich Kleins Anwalt, wiederzugeben. Es enthüllt den Geist der Epoche, es brachte das Resultat, das bis heute verblüfft: die zartgewachsene Franziska Klein wurde wegen meuchlerischen Raubmords zum Tode verurteilt. Ihr Mann, der bärenstarke Heinrich Klein, erhielt wegen entfernter Mitschuld acht Jahre Kerker.

»Im Widerschein einer Atmosphäre von Blut und Schmutz, in einem Pfühl von Gemeinheit, umsponnen von einem Gewebe lüsterner Ausschweifung und kalter Berechnung«, fing der berühmte Anwalt Dr. Elbogen an – und Franziskas Anwalt, ein Dr. Gustav Morgenstern, konnte nur mehr lauschen. Vielleicht hat er etwas gelernt, er, der bislang weniger Tüchtige? ... »So sehen wir«, fuhr Dr. Friedrich Elbogen im Plädoyer vor einem mäuschenstillen Auditorium fort, »den Angeklagten Heinrich Klein in diesem Saale vor uns stehen. Ob es mir gelingen wird, seine Person aus dieser Menge atemberaubender Miasmen, die wahre Natur des Heinrich Klein, hervortreten zu lassen?

Wer hat den Angeklagten einen gutmütigen, willensschwachen Menschen genannt, einen ›Latsch‹, wie der Wiener Jargon lautet?

Der arme Tropf hat nichts anderes auf dem Gewissen, als daß er einmal wegen Krida in Voruntersuchung gestanden ist!

Soll ich mich mit der Ungeheuerlichkeit befassen, daß er die ›Ersparnisse ihrer Prostituiertenlöhne‹ als Mitgift der Franziska, geb. Braun, annahm?

Der arme Tropf Heinrich Klein kannte nicht die

ganze Franziska Braun! Sie war für ihn eine interessante Frau, die ihm eine ansehnliche Mitgift versprach. ›Pfui, eine Geldheirat!‹ hat man klingen hören. Ich habe mir sagen lassen müssen, daß sogar Leute in respektabelster Stellung von Herrschaften abgelegte Mätressen heiraten. Ich habe mir erzählen lassen, daß es im fernen Osten der Monarchie abgekrachte Kavaliere gibt, die den verblaßten Glanz ihres alten Namens durch die Millionen irgendeiner Börsianertochter aufzufrischen suchen!

Diese Leute sind nicht deklassiert. Man zieht – wir natürlich ausgenommen – den Hut vor ihnen. Was wollen Sie eigentlich von diesem armen Heinrich Klein? Wir müssen einen Mann bedauern, der eine Geldheirat macht! Es ist der größte Ruhmestitel unseres gesunden Bürgertums, daß Geldheiraten eine Ausnahme sind. Das überläßt man den höheren Schichten.« (Bewegung im Auditorium.)

»Den Leuten vom Schlage Heinrich Kleins«, fuhr der Anwalt fort, »bricht dabei im stillen das Herz. Ich habe Heinrich Klein in seiner stillen Zelle weinen sehen.

Das war, als er von seiner mittellosen Braut sprach, die er aufgeben mußte, um Franziska heiraten zu können. Denn Heinrich war zu ehrlich, um mit Frauenherzen zu spielen!

Er wußte, daß Franziska vermögende Freunde hatte. Ich kann mich dafür nicht begeistern, doch es kommt vor. Es ist aber fast sprichwörtlich, daß die Frau mit bewegtem Vorleben die anständigste Ehefrau wird. Er hat's geglaubt!

Der Staatsanwalt hat gegen meinen Klienten den Vorwurf der Zuhälterei erhoben. Es gibt für meine Empfindung keinen größeren Vorwurf als die Zuhälterei eines verheirateten Mannes. Da halte ich stand und schaue dem Staatsanwalt ins Auge. ›Mein Herr‹, sagte ich, ›ich bitte um Beweise für diesen Vorwurf. Warum soll Heinrich Klein ein Zuhälter sein? Weil seine Frau es behauptet? Aber was diese Frau sagt, ist eine auf schauderhaften Effekt berechnete Lüge! Dieser Heinrich Klein, den nicht der leiseste Makel behaftete, bis er das Unglück hatte, in die Netze seiner Frau zu fallen, wird von elf ehrenhaften Wiener Mitbürgern als Ehrenmann bezeichnet!‹

... Die Angeklagte Franziska Klein, welche ja als erfahrene, ihrem Gatten an Intelligenz weit überlegene Frau bekannt ist, verstand es meisterhaft, seine Bedenken zu zerstreuen.

Sie hat vor seinen Augen Prostitution getrieben, ohne daß der dumme Kerl von Ehemann es merkte!«

(Der Verteidiger kam sodann auf einzelne, Heinrich Klein belastende Zeugenaussagen zu sprechen.)

... »Die Zeugin Marie Zouhar, Hausbesorgerin, hat durch ihre Aussagen den Angeklagten der wissentlichen Zuhälterei bezichtigt. Ich schließe die persönliche Glaubwürdigkeit dieser guten Frau nicht aus. Sie gab hier im Gerichtssaale allerlei Geheimnisse zum besten, eine Spezialität von Hausbesorgerinnen seit Noahs Zeiten!« (Allgemeine Heiterkeit im Auditorium.)

»Ich bitte Sie, meine Herren Geschworenen, im Beratungszimmer das Verhörsprotokoll der Franziska Klein zu studieren. Der Vergeltungstrieb wird, da ihr die belastenden Angaben ihres Mannes mitgeteilt werden, mächtig in Franziska. Der Gedanke an Rache lebt in ihr auf ... Frau Klein arbeitet gegen den Strick, der ihr droht, sie will sich vor der Todesstrafe schützen. Sie weiß, daß auf die Anstiftung zum Mord die gleiche Strafe gesetzt ist wie auf Mord. Sie hat kein Schlafmittel gebraucht, um Sikoras Augen zufallen zu lassen, sie verfügte über eine andere Klaviatur!

Ihr Mann war um diese Zeit nicht zu Hause, wie Zeugenaussagen bestätigen. Bezüglich der finanziellen Lage Heinrich Kleins bestreite ich, daß sich derselbe in Notlage befand. Klein ist ein Meister, ein Künstler – seine Gold- und Silbertreibwaren werden in jeder Gewerbekunstausstellung bewundert. So ein Mann ist nie verloren. Erleidet er als Selbständiger Schiffsbruch, so kehrt er als einfacher Arbeiter in den Arbeitsraum zurück und lebt ehrlich weiter!« Franziskas »Mord an Sikora, von ihr allein begangen, dem heimgekehrten Ehemann schluchzend bekannt«, kommentierte der Star-Anwalt so:

»Wo ist der Mann, der die Herzlosigkeit besäße, sein weinendes junges Eheweib anzuzeigen?

Sie hat ihm eingeredet, in guter Hoffnung zu sein. Sie hat sich an ihn geklammert, sie, deren Schritt nicht ungeschehen zu machen war. Sie überredete ihn zur Flucht nach Paris!

Meine verehrten Herren«, schloß Dr. Elbogen.

»Man hat in diesem Saale alle Akzente spielen lassen, um Heinrich Klein dem Schuldspruch zuzuführen. Ihnen, meine Herren, ist eine ewige, denkwürdige Tat vorbehalten. Meine Herren, schützen Sie einen Unschuldigen vor unverdienter Strafe, und Sie werden ein gutes Werk tun!«
Der unbekannte Dr. Morgenstern, Franziska Kleins Anwalt, hatte einen schweren Stand gegen den berühmten Dr. Elbogen. Und das Ergebnis des Duells: Todesurteil für Franziska und acht Jahre für ihren Mann!
Die zartgewachsene Franziska erwies sich »als durchaus fähig, den Hausherrn Sikora umgebracht und zerstückelt zu haben«. Ihrem bärenstarken Mann Heinrich wurde nur »entfernte Mitschuld« zugemutet.
Heinrich Klein war labil, er wußte nichts, er hatte den besseren Anwalt, und man war in Wien, nicht in Paris: das Urteil fand allgemeine Zustimmung, da ein Zuhälter, wie Heinrich Klein es war, seiner Partnerin auch noch einen Mord im Alleingang anhängen durfte …
Im Verlauf der Prozeßführung stellte sich heraus, daß Franziska Klein, die der schlechte Geschäftsgang der Kleinschen Ziseleurfirma beunruhigte, in ein Vermittlungsbüro gegangen war, um Arbeit zu finden.
Sie wollte Heinrichs Einnahmen durch Arbeit aufbessern. Aber sie fing an, schwerhörig zu werden. Sie erhielt folgenden gemütlichen Bescheid: »Wann S' terrisch san, Frau Klein, nimmt Ihnen niemand.«

Und man riet ihr am Vermittlungsbüro, doch einträgliche Männerbekanntschaften zu suchen. »Da schadt's nix, wann ma wenig hört und sieht.«
So war der Franziska Klein nur die »Horizontale« geblieben, etwas anderes war ihr nicht eingefallen, und so ging sie zugrunde.

Hochwürden und seine Bräute

Der Fall Franz Salesius Riembauer 1818

Der Priester Franz Salesius Riembauer, bis 1813 Pfarrer zu Nandlstadt (Landgericht Moosburg), war 1770 in Lanquaid als eines armen Taglöhners Sohn geboren worden. Als er heranwuchs, hütete er Schafe, doch wurde ihm das Elendsleben zuwider, und so warf er sich, 13jährig, dem Pfarrer von Lanquaid zu Füßen, um einen Vorbereitungsunterricht für's Gymnasium zu erbitten. Denn er wollte studieren und sich dem geistlichen Stande widmen.

Der Pfarrer erfüllte den Wunsch des aufgeweckten Knaben, der fleißig lernte, ansonsten aber Anlaß zu Ärgernissen bot: so unterschlug er beispielsweise dem Herrn Kaplan 30 Kreuzer, die er dann beim Kegelspiel verlor, worauf er gehörig gezüchtigt wurde. Als weitere Diebereien aufkamen, entzog sich Franz der Bestrafung durch Flucht nach Regensburg, wo es ihm gelang, im Gymnasium aufgenommen zu werden. Er zeigte nun ein vorbildliches Betragen, erwarb Kenntnisse und viel Lob und wurde ein Musterstudent, der 1795 die Priesterweihe empfing. Mehrere Jahre diente er dann als Kaplan, Kooperator und Provisor bei verschiedenen Pfarreien, namentlich zu Heerwahl, Oberglein, Hofkirchen, Hirnheim, Sollach, Pfarrkofen, Pondorf. 1808 er-

hielt er, nach ehrenhaft bestandener Prüfung als Pfarramtskandidat, die Pfarrei zu Priel, und 1810 wurde er Pfarrer in Nandlstadt. Seit Beginn seiner Priesterlaufbahn zeichnete er sich so durch Begabung und Tugend aus. Er war ein gutaussehender Mann von kräftigem Wuchs, wortreich und gewandt, gefällig im Wesen: seine priesterlichen Verrichtungen übte er mit ebensoviel Pünktlichkeit wie Anstand und Würde, und seine Sitten waren, wie es heißt, »so wohl bemessen, daß sie wie lautere Sittlichkeit sich ausnahmen«. Seine Predigten waren voll Feuer: in und außerhalb der Kirche eiferte er gegen die Ruchlosigkeit der verderbten Welt. »Immer«, heißt es, »verließ er die Kirche mit seitwärts gesenktem Haupt, die halbgeschlossenen Augen auf den Boden geheftet, mit süßlächelndem Mund und gefalteten Händen.« Überdies stand er, wie das Volk glaubte, mit der übersinnlichen Welt in vertraulicher Verbindung. Verstorbene machten ihm Besuche »aus dem Fegefeuer«, baten ihn um eine Messe und fanden ihre Ruhe, sobald diese gelesen war. Noch während der Messe sah er dann den erlösten Geist, in Gestalt einer weißen Taube, davonfliegen. Es traten dem edlen Pfarrer Riembauer wohl auch, wenn er nachts über Feld zu Kranken oder Sterbenden eilte, die armen Seelen in Gestalt von Lichtlein in den Weg, um seinen Segen zu erhalten, und hüpften vor ihm nach der Rechten oder Linken, je nachdem, wohin er seine geweihten Finger bewegte. Durch all dieses erwarb er sich einen so hohen Ruf, daß er lange Zeit fast wie ein Heiliger verehrt wurde.
Ein so vorbildlicher Mann rief natürlich auch Neider

auf den Plan. So hieß es, daß der Pfarrer Riembauer keinem Menschen gerade ins Auge sehen konnte, wie es die Art der Heuchler wäre. Und einige Leute aus Hofkirchen behaupteten, mit seiner Tugend wäre es auch nicht weit her: zur Zeit, als er in Hofkirchen Kaplan gewesen, wäre die Pfarrersköchin Marie rätselhafterweise schwanger geworden, obgleich der Pfarrer selbst schon 80 Jahre war! Die Marie gebar 1801 zu Landshut ein Knäblein, um welches Riembauer besorgt war, doch starb es nach einigen Wochen. 1803 hinwieder gebar die Küchenmagd des Pfarrers von Hirnheim, wo Riembauer zu dieser Zeit als Kaplan wirkte, ein Mädchen! Diese Hirnheimer Küchenmagd hieß Anna Maria Eichstädter, und ihr Töchterchen, das von Riembauer getauft wurde, erfreute sich bester Gesundheit. Ebenso wie das Töchterchen einer Näherin namens Walpurga aus Pfarrkofen, wo Riembauer gleichfalls als Kaplan wirkte – nun, es gab auch in Pondorf, Oberglein und Sollach Kinder unklarer Herkunft, und in Lauterbach gab es die Tochter des sogenannten Thomasbauern, die Magdalena Frauenknecht hieß und 1807 ein Knäblein zur Welt gebracht hatte! Diese Magdalena, hieß es, kränkte sich bitterlich, als Riembauers Köchin in Nandlstadt, Anna Weninger, nacheinander drei Kinder gebar.

Von diesen Frauenspersonen, die längere Zeit die Ehre hatten, Riembauer beizuliegen, hieß es, er pflege – teils um deren Gewissen zu beruhigen, teils um sich ihrer Treue zu versichern – sie sich durch feierliche Handlungen, wobei er Priester und Bräutigam in seiner Person vereinigte, als Gattinnen förmlich anzutrauen. So liegt beispielsweise ein Bericht der jungen Katharina Frauenknecht vor, der Schwester Magdalenas, die, hinterm Bett versteckt, der »Trauung« zwischen Riembauer und Lena beigewohnt hatte: sie hörte und sah, wie er hierbei alle bei einer Trauung üblichen Gebete und Ermahnungen gesprochen, auch einen goldenen Ring ihrer Schwester an den Finger gesteckt habe.

Auch Anna Weninger, Riembauers letzte Gefährtin, sagte im Prozeß (über den später berichtet wird) aus, daß solche »feierliche Handlung« zwischen ihr und dem »geliebten Herrn« stattfand – sie wollte allerdings nicht mehr wissen, ob der Priesterbräutigam mit einer Stola bekleidet war ... Doch wußte sie, wie auch Mädchen aus seinem Unterricht, daß Riembauer bemüht war, jungen Frauenspersonen den Lehrsatz praktisch begreiflich zu machen, daß sich eine solche Person mit einem »Heiligen des Herrn« gewisse Sünden wohl erlauben dürfe.

Denn es wären keine Sünden im landläufigen Sinn: in einer Zeit, »in der die Liebe abhanden zu kommen droht« (Riembauer), »wird die Liebe heilig«.

Kinder in die Welt zu setzen sah Riembauer als einen »Beitrag zur Erweiterung des Reiches Gottes« an. In seiner späteren Verantwortung im Prozeß erklärte er: »Eine vernünftige Kreatur, die ewig dauern soll, hervorzubringen, ist etwas Gutes. Dadurch wird der Mensch auf eine sonderbare Weise Gottes Bild, daß er mit ihm zur Hervorbringung eines Menschen beiträgt, wie der heilige Clemens von Alexandrien sagt. Es kann nicht gegen Gottes Anordnung sein, auch wider den Staat nicht, wenn ein solches Mitglied sittlichen und bürgerlichen Unterricht bekommt und so zu einem treuen Untertan erzogen wird. Mit diesen Gedanken ging ich um: auch die Kirchengeschichte (wahrscheinlich schöpfte hier der gelehrte Riembauer aus demjenigen Teil der Kirchengeschichte, der das Leben eines Sergius III., Johann XII., Innocenz II., Innocenz VIII., Johann XX., Alexander VI., Julius II. und anderer solcher Kirchenhelden erzählt) – und Erfahrung unterstützen meine Grundsätze. Und so wurde es meinem Inneren leicht, mich zu solchen Cölibatsfehlern hinreißen zu lassen.«

Zölibatsfehler – Liebe, wie die Frau sie braucht: Riembauer nannte es »Pflicht des Mannes«, die Mutter seines Kindes nicht im Stich zu lassen. Es waren nun zahlreiche Frauen vorhanden, deren Leiblichkeit ihn zu Zölibatsfehlern hingerissen hatten – Riembauer litt an der Schwierigkeit, sie alle zufriedenzustellen, so daß sie ruhig blieben und der Aufrechterhaltung des Scheins seiner Tadellosigkeit kein Hindernis entgegensetzten.

In der alten Chronik heißt es:

Ohne Molière gelesen zu haben, verstand sich Riembauer auf die Kunst, im geheimen zu sündigen und vor der Welt als Heiliger zu gelten: als verkörpertes Beispiel jenes bekannten Grundsatzes aller Scheinheiligkeit:

»Das Böse jeder That liegt nur im bösen Schein, Kein Ärgernis? So ist das Auge gut;
Und, Sünde ist Sünde nicht, wenn man geheim sie tut.« (Tartuffe)

Er mühte sich, die Kinder zu ernähren und die Mütter zufriedenzustellen. Die »Cölibatsfehler« gingen jedoch über seine Kräfte, da Liebe, wie die Frau sie braucht, nicht nur Geld, sondern auch Zuwendung erfordert: unersättlich war da so manche aus Riembauers Frauenbukett! Vor allem Anna Maria Eichstädter, deren Kind auf seine Kosten in Regensburg aufgezogen wurde!

Anna Maria, unter Riembauers »Cölibatsfehlern« wohl das am meisten zu bedauernde Opfer, war, laut Chronik, die Tochter eines Zimmermannes zu Fürth, Landgericht Landshut, »eine wohlgebildete, große und breitschultrige Person, unter anderem auch durch zwei Reihen der schönsten Perlenzähne« ausgezeichnet. An ihrem sittlichen Charakter war im wesentlichen nichts zu tadeln als ihre allzugroße Gefälligkeit gegen das männliche Geschlecht. Diese Gefälligkeit hatte der schönen Anna einige Kindlein beschert, die von verschiedenen Vätern stammten. Der letzte Kindesvater war Riembauer, dem die junge Frau mit Leidenschaft anhing: sie liebte und verehrte ihn dermaßen, daß sie sich jedes anderen Mannes enthielt und nur mehr im Zusammenleben mit ihrem »Heiligen« ihr Lebensziel sah.

Die Idylle auf dem Pfarrhof fand jedoch ein schmerzliches Ende: Riembauer wurde nach Pirkwang versetzt und konnte – oder wollte – Anna nicht mitnehmen. Es gab da auf dem sogenannten Thomashof die Familie Frauenknecht, die aus dem alten Vater, seiner um vieles jüngeren Frau und zwei Töchtern bestand: Magdalena, 1788, und Katharina, 1796 geboren. Bei Riembauers Amtsantritt anno 1805 war Magdalena ein blühendes Mädchen von

17 Jahren, dem auch die schärfsten Zungen nichts Nachteiliges nachsagen konnten, vielmehr galt sie als engelsgut und sehr fromm. Die kleine Katharina war ebenfalls als ein wohlerzogenes und redliches Mädchen bekannt, mit einem Verstand begabt, der ihren Jahren vorauseilte.

Riembauer fand mehrfachen Gefallen an der Familie Frauenknecht: die schöne Magdalena war ebenso reizvoll wie der Thomashof! Es gelang ihm unschwer, das Vertrauen des schlichten Elternpaares zu erwerben, dem er bei der Verrichtung seiner bäuerlichen Aufgaben half, sooft ihn Beruf oder Belieben nach Lauterbach führte, ja, der kräftige Mann, der er war, arbeitete wie ein Knecht auf dem Thomashof und berief sich, um zu beweisen, daß ein Geistlicher durch Ackern, Dreschen und Pferdestriegeln, durch Heu- und Mistfahren und dergleichen der Würde seines geistlichen Berufes nichts vergab, ausdrücklich auf die Beschlüsse des Concilium Carthaginense, auf das Zeugnis des heiligen Epiphanius und auf das Beispiel so vieler Bischöfe und Priester der alten Zeit, die, wie die Kirchengeschichte lehre, ebenfalls die Handarbeit mit dem Predigtamte vereinigt hätten.

Die freiwillige Knechtsarbeit, die von den Nachbarn bestaunt wurde, ging bereits nach einem Jahr in ein Besitzverhältnis über: »Ohne Geld zu haben«, heißt es, »kaufte er (Riembauer) am 12. Dezember 1806 den Eheleuten Frauenknecht um 4000 Gulden den Thomashof ab, ließ sich betrüglich vom Kaufpreis schon 2000 Gulden als bezahlt quittieren und machte, nach dem bald nachher erfolgten Tode des alten

Frauenknecht, dessen Witwe eine falsche Gegenrechnung über 2000 Gulden, welche von ihr in gutmütiger Einfalt auch als richtig anerkannt wurde. Nachdem er sich so zum Eigentümer des Thomashofes gemacht hatte, in dem übrigens die (restlichen) Frauenknechtschen wohnen blieben, verlegte er seinen Sitz nach Lauterbach (ein Filialort von Pirkwang) und lebte hier neben seinen priesterlichen Verrichtungen ganz als Bauer, was ihm bei vornehmen Personen den Ruf eines ehrwürdigen Patriarchen der alten Welt, bei den Landleuten aber Staunen verschaffte.«

Als der trügliche Kaufvertrag über den Thomashof abgeschlossen wurde, hatte Riembauer auch sein zweites Ziel erreicht: die schöne Magdalena gehörte ihm in Demut und Liebe an. Ihren Zustand – eine beginnende Schwangerschaft – vor der Mutter verheimlichend, gehorchte sie ihrem Priester-Ehemann und ließ sich von ihm nach München verschicken, um dort »Kochen und Wirtschaften, wie es einer künftigen Haushälterin auf einem Pfarrhof entspricht«, zu erlernen. Riembauer, der Praktiker, hielt jedoch nichts vom theoretischen Erlernen solcher Hausfrauenkünste, auch war er, als Hofbesitzer, bäuerlich sparsam: Lenchen besuchte keine Bildungsstätte, sondern arbeitete als Dienstmagd im Hause eines Münchener Registrators, bis sie im Juni 1807 – Riembauer bestand da gerade rühmlichst seine Pfarramtskandidatenprüfung – mit einem Knäblein niederkam. Riembauer, der Lenchens Mutter über die Münchener Ausbildung der Tochter auf dem laufenden hielt, verrechnete der Witwe Frauenknecht an Kosten dafür 500 Gulden, die vom noch schuldigen Kaufschilling für den Thomashof abgezogen wurden.

Während Riembauer sich in München zum Examen aufhielt, kam Anna Eichstädter, die damals zu Regensburg diente, der heftige Wunsch an, ihren Allerliebsten wiederzusehen, der ihr, außer Zärtlichkeit und Glück, auch Unterhaltszahlungen für ihr Kind schuldig geblieben war. Sie reiste nach Lauterbach und stellte sich auf dem Thomashof als Base des Kaplans vor.
Mutter Frauenknecht und die kleine Katharina bedeuteten ihr, daß der Kaplan verreist sei, fanden aber nichts daran, der freundlichen Base den Schlüssel zu seinem Zimmer auszuhändigen. »Die Base«, wie es später zu Protokoll kam, »benahm sich im Zimmer so, als wäre sie die Herrin des Hauses. Sie öffnete alle Behälter.« Vermutlich suchte sie nach Geld, dürfte aber keines gefunden haben und hinterließ einen Brief für Riembauer, in dem sie ihn beschwor, sie doch nicht gänzlich im Stich zu lassen. Sie kehrte nach Regensburg zurück, von woher sie einen zweiten Brief an Riembauer richtete, in dem wieder die Rede von Liebe und Geld war.
Riembauer reiste bald darauf nach Regensburg und suchte Anna auf. Wie er später selber zugab, kam es zu inniger Vertraulichkeit, Anna flehte ihn an, das Verhältnis mit Lenchen zu beenden und sie wieder in ihre alten Rechte einzusetzen. Als er ging, begleitete sie ihn mit ihrem Kind bis nach Kumpfmühl, wo sie sich mit dem Kind an den Rain eines Feldweges setz-

te und mit aufgehobenen Händen bat, er möge sein Wort halten und sie wieder als Köchin zu sich nehmen. Riembauer verbot ihr daraufhin, jemals wieder nach Lauterbach zu kommen und hob drohend seinen Stock, woraufhin er die weinende Anna verließ.

Anna, die bis dahin zu Regensburg bei einem Pferdehändler gedient hatte, verdingte sich im Oktober 1807 bei einem Pfarrer, trat am 1. November beim neuen Dienstherrn wohl ein, bat aber um Erlaubnis, »noch Verwandte besuchen zu dürfen«. Zum Unterpfand ihres Dienstversprechens ließ sie dem Pfarrer ihre silberne Halskette und andere Sachen von Wert zurück. Auf ihr Verlangen gab er ihr, da es eben regnete, einen grünen, leinenen Regenschirm, auf dessen Handgriff die Buchstaben J. O. eingegraben waren, mit auf die Reise, die sie noch am selben Nachmittag antrat, versprechend, baldigst zum Dienstantritt zurückzukehren.
Was aus Anna Marias Kind wurde, ist nicht überliefert, sie selber kehrte jedenfalls nie mehr zurück. Der Pfarrer J. O., der Gründe haben mochte, sie bei Riembauer zu vermuten, schrieb demselben nach einiger Zeit einen Brief, worin er ihm auftrug, der Eichstädter zu sagen, sie möge ihm wenigstens seinen Regenschirm zurückschicken, wenn sie schon keine Lust mehr hätte, den Dienst bei ihm aufzunehmen. Riembauer antwortete, er sei außerstande, über die Eichstädter Auskunft zu geben, er habe weder sie noch den Regenschirm des Amtskollegen je zu Gesicht bekommen.
Anna kam weder nach Regensburg zurück, noch er-

schien sie je bei ihren Verwandten in Fürth. Man mutmaßte, daß sie ertrunken oder daß sie einem berüchtigten Mörder, der im darauffolgenden Jahr hingerichtet wurde, in die Hände gefallen sei. Und »endlich«, heißt es, »gedachte man ihrer nicht mehr«.

Einige Monate nach Annas Verschwinden erhielt Riembauer seine Anstellung als Pfarrer in Priel. Er verkaufte mit Gewinn den betrüglich erworbenen Thomashof, und die Witwe Frauenknecht zog nebst ihren Töchtern mit ihm an den Ort seiner neuen Bestimmung. Lenchen, über deren Kind auch nichts mehr in Erfahrung zu bringen ist – selbst gewissenhafte Fachleuchte wie Anselm von Feuerbach, Neubegründer der deutschen Strafrechtswissenschaft, der die Abschaffung der Folter durchsetzte, 1817 Appellationsgerichts-Präsident in Ansbach wurde und internationalen Ruhm durch seine Veröffentlichungen »merkwürdiger Kriminalrechtsfälle« erwarb, hält sich in seinen hervorragenden Darstellungen menschlicher Verirrung nicht bei Bagatellen auf, wie es damals uneheliche Kinder waren, also auch Feuerbach, dem wir den Bericht über Riembauers Wirken verdanken, setzt an dieser Stelle nur fort: »In Priel besorgte Magdalena Frauenknecht von nun an alle Obliegenheiten einer jungen Pfarrersköchin. Aber sie und ihre Mutter wurden beide im folgenden Jahr in derselben Woche krank und starben plötzlich. Magdalena am 16., die Mutter am 21. Juni 1809.«
Katharina, 1796 geboren, im Jahre 1809 also 13 Jahre

alt, war schon vor dem Tode ihrer Mutter und Schwester aus dem Pfarrhaushalt ausgeschieden. Es heißt, wegen Zänkereien mit Lenchen, aber auch wegen Kathis Abneigung gegen Riembauer. Kathi ging bei verschiedenen Herrschaften in Dienst, sie wird als Mädchen »heiterer Laune« beschrieben, das jedoch »zuweilen eine auffallende Angst« bezeugte. Die Einsamkeit erweckte ihr Grauen; am schrecklichsten war es ihr, nachts in einem Bett allein schlafen zu müssen, es war, als werde sie von furchtbaren Gesichten heimgesucht. Den Gepflogenheiten der Epoche entsprechend, schlief sie zumeist mit einer anderen Dienstmagd zusammen in einem Bett, worüber eine gewisse Katharina Schmid aus Regensburg zu berichten weiß: »Manchmal sprach sie von einer Weibsperson, die ihr nicht aus dem Sinn komme. Sie klammerte sich an mich und redete von einem gräßlichen Mord, welcher von Pfarrer Riembauer verübt worden sei.«

Eine andere Bettgefährtin, der Katharina ihre Geschichte anvertraute, riet ihr, sich einem Geistlichen zu eröffnen.

Katharina wandte sich nun an den »Benefiziaten M.,« (laut Feuerbach) »dem sie umständlich erzählte, Riembauer, von dem ihre Familie um mehr als 2000 Gulden betrogen, sie selbst ihrer Heimath beraubt worden sei, habe einer Weibsperson, welche im November 1807 in Lauterbach zu ihm gekommen, mit einem Rasiermesser den Hals abgeschnitten; hierauf habe er Mutter und Schwester, weil sie um diese Mordthat gewußt, durch Gift aus dem Wege geräumt. Endlich habe er auch sie in seine Gewalt

zu bekommen getrachtet, um sie, die letzte Zeugin jener That, ebenfalls aus der Welt zu schaffen.«
Benefiziat M. – welche Gedanken mochte er sich angesichts des frühreifen Mädchens wohl machen? – riet Kathi von einer gerichtlichen Anzeige ab, empfahl ihr, den Pfarrer Riembauer, falls er schuldig sei, dem Gerichte Gottes zu überlassen. Waren dem Benefiziaten M. »wirre Gedanken pupertärer Weibspersonen« suspekt, wie es der Epoche entsprach? Oder ging es ihm um die Aufrechterhaltung des Ansehens seines Standes? Benefiziat M. versicherte später, daß er insgeheim mehreren Priestern diesen Fall vorgetragen habe. Sie hätten sein Verhalten in dieser Sache vollkommen gebilligt.
Ein anderer Priester, Kooperator S., dem Katharina später dieselbe Erzählung anvertraute, empfahl ihr gleichfalls Stillschweigen. Doch schrieb er dem Pfarrer Riembauer einen lateinischen Brief ohne Absender, in dem er ihm Schlimmes in Aussicht stellte, wenn er sich mit einer gewissen Person nicht einige. Der Brief, wie ihn später Riembauer selbst noch aus dem Gedächtnis hersagte, lautete wie folgt:
»Habeo casum mihi propositum, quem tantummodo tu solvere potes. Vir quidam, quem tu bene noscis, debet alicui personae 3000 florenorum ciciter. Si conscientia tua vigilat, solve hoc debitum. Nisi intra quatuor hebdomados respondeas, horenda patefaciet ista persona. Hannibal ante portas!«
(Es ist mir ein Fall vorgelegt worden, den Du selber einigermaßen lösen kannst. Ein gewisser Mann, den Du gut kennst, schuldet irgendeiner Person ungefähr 3000 Gulden. Wenn Dein Gewissen wach ist,

löse diese Schuld ein. Wenn Du nicht innerhalb von 40 Tagen antwortest, wird jene Person fürchterliche Dinge offenbaren. Hannibal ist vor den Toren).

Endlich machte Katharina im Jahre 1813 beim Landgericht zu Landshut förmliche gerichtliche Anzeige, die aber erst im folgenden Jahr, nach erlangter Eidesmündigkeit Katharinas, eidlich von ihr bekräftigt werden konnte. Diese Anzeige lautet im wesentlichen wie folgt:

»Als im Sommer 1807 meine Schwester Magdalena zum Kochenlernen, und der geistliche Herr Riembauer, um sein Pfarramtsexamen zu machen, sich in München aufhielten, kam eine Weibsperson von 22 Jahren, großer Statur, sehr hübsch, länglichen Gesichts, von lichtbraunen, langen Haaren, bürgerlich schön gekleidet, mit einer Riegelhaube auf dem Kopf, in unsere Wohnung, als eben meine Mutter auf dem Felde sich befand. Sie gab sich für die Base des Herrn Riembauer aus und verlangte, als ich ihr sagte, daß derselbe bei dem Concurse in München sei, die Zimmerschlüssel von mir, die ich ihr, als einer weltfremden Person, verweigerte. Sie erhielt sie aber von meiner Mutter, nachdem sie nach Hause gekommen war. Sie ging damit auf das Zimmer des Geistlichen und suchte darin herum, als wäre sie in ihrer eigenen Wohnung. Sie blieb bei uns über Nacht und sagte uns, sie habe kein Geld gefunden. Aber an den geistlichen Herrn deshalb einen Brief geschrieben, den sie in einer versiegelten Schachtel zurückgelassen

habe. Ungefähr acht Tage darauf kam der Geistliche von dem Examen zurück. Ich erzählte ihm den Vorfall, und er sagte darauf, es sei dies eine Base von ihm gewesen, welcher er noch Geld schuldig sei. Im selben Jahre, im November, ich weiß nicht mehr genau den Tag, gegen Abend, nachdem der geistliche Herr eben Rüben von seinem Acker heimgefahren hatte, kam dieselbe Base wieder auf den Thomashof. Meine Schwester war schon mit Riembauer zu Hause. Ich und meine Mutter aber kamen ein wenig später vom Felde zurück. Als wir unserem Hause nahten, hörten wir im oberen Zimmer des geistlichen Herrn Töne eines Menschen, von denen wir anfangs nicht wußten, ob es ein Weinen oder Lachen sei, das uns aber bald wie ein Gewinsel vorkam. In dem Augenblick, wo wir in unsere Haustenne traten, kam uns meine Schwester weinend von der Treppe herab entgegengelaufen und erzählte hastig, eine fremde Weibsperson, angeblich eine Base, sei soeben zu dem geistlichen Herrn gekommen. Dieser habe sie auf sein Zimmer geführt, habe ihr dann weisgemacht, daß er ihr Bier wolle bringen lassen. Unter diesem Vorwand sei er wieder herabgekommen, habe sein Rasiermesser geholt, sei damit sogleich wieder hinauf. Meine Schwester Magdalena, die ihm nachgeschlichen, habe durch das Schlüsselloch selbst gesehen, wie er sich alsdann der auf einem Sessel sitzenden Weibsperson genähert, dieselbe beim Hals gefaßt, als wenn er sie küssen wolle, nun aber ihren Kopf nach dem Boden gedrückt und ihr das Messer an die Gurgel gesetzt. Während uns dieses meine Schwester in aller Hast an der Treppe erzählte, hörten wir noch immer das Win-

seln und die Worte des Geistlichen: ›Nandel, mach Reue und Leid! Du mußt sterben!‹ Und sie wimmerte hierauf: ›Franzl! Du mein über alles Geliebter! Thue mir nur das nicht! Laß mir mein Leben! Ich komme dir gewiß nicht mehr um Geld!‹
Meine Mutter und meine Schwester gingen sogleich in die untere Stube, ich aber sprang aus Neugier zur Treppe hinauf, vor die Thüre des Geistlichen und sah durch das Schlüsselloch deutlich, wie Riembauer auf der zu Boden liegenden, noch mit den Füßen zappelnden Weibsperson saß oder kniete und ihr mit beiden Händen Kopf und Hals festhielt.
Nun eilte ich hinab in unsere Wohnstube und erzählte meiner jammernden Mutter und Schwester, was ich gesehen. Die waren noch unschlüssig, ob sie nicht Leute zur Hülfe herbeirufen sollten. Als ich sodann wieder in den Hausflur ging, kam der geistliche Herr in seiner gewöhnlichen braunen Jacke und einem weißen Schurz die Treppe herab. Hände und Schurz waren voll Blut. In der Rechten hielt er noch das blutige Rasiermesser. Er legte es auf den kleinen Kasten, der im Hausflur stand. Alsdann begab er sich zu meiner Mutter und Schwester ins Zimmer. Ich horchte an der Thüre. Er erzählte ihnen, daß dieses Weibsbild von ihm ein Kind habe. Immer habe sie ihn um Geld gequält, auch jetzt wieder 100 bis 200 Gulden von ihm verlangt. Im Nichtzahlungsfall hätte sie ihn mit der Anzeige bei seiner Obrigkeit bedroht. Da er soviel Geld nicht aufzubringen wisse, habe er, um sich von ihr loszumachen, ihr die Gurgel abgeschnitten.
Hierauf schlich ich mich aus Neugier in Riembauers

Zimmer und sah nun die Person, die schon diesen Sommer in unserem Haus gewesen war, ohne alle Lebenszeichen auf dem Boden in ihrem Blute liegen. Die Haare zerrauft, Halstuch und Korsett zerrissen. Ich schrie und weinte und ließ vor Schrecken das Licht, das ich mitgenommen hatte, auf den Boden fallen.

Als ich wieder in das untere Zimmer heruntergekommen war, sah ich den geistlichen Herrn seine blutigen Hände waschen. Ich sagte ihm, daß ich die nämliche Person, die im Sommer dagewesen, auf seinem Zimmer tot habe liegen sehen. Er schmeichelte mir hierauf entsetzlich, sagte, ich hätte nicht recht gesehen, versprach mir alle mögliche schöne Kleidung und schärfte mir ein, über alles, was ich gesehen und gehört habe, mit niemand zu sprechen. Meine Mutter jammerte noch immerfort und erklärte wiederholt, daß sie den Vorfall anzeigen werde. Aber Riembauer fiel mehrmals ihr zu Füßen und beschwor sie, ihn doch nicht zu verrathen. Als meine Mutter bei ihrer Erklärung beharrte, weil ohnehin das Stillschweigen zu nichts helfen werde, da ja die Nachbarsleute die fremde Weibsperson gesehen, gewiß auch das Getöse gehört haben würden, so äußerte Riembauer, er müsse denn also nun auch sich selbst einen Tod anthun.

Hierauf zog er seinen Rock an, holte aus dem Stadel einen Strick und lief damit dem Walde zu. Meine Mutter und Magdalena folgten ihm von der Ferne, sahen, daß er wirklich Ernst machen wollte, und da sie glaubten, daß das Unglück ärger sei, wenn auch noch dazu der geistliche Herr sich erhänge, so liefen

sie zu ihm und hielten ihn durch das Versprechen, nichts entdecken zu wollen, von der Ausführung seines Vorhabens ab.
Als er mit meiner Mutter und Schwester wieder nach Hause gekommen war, sprach er in meinem Beisein von einem sicheren Orte, an dem man den Leichnam beerdigen könne. Er wählte dazu das kleine Seitenkämmerchen linker Hand in seinem neuerbauten Stadel. Die Meinigen beruhigte er durch das Versprechen, er selbst wolle die Beerdigung besorgen und es würde gewiß nichts entdeckt werden, wenn nur das kleine Mädchen – ich war damals erst zwölf Jahre alt – keinem Menschen etwas davon sage. Um Mitternacht zwischen zwölf und ein Uhr tat er eine Kerze in eine Laterne und ging mit einer Grabschaufel in das linke Seitenkämmerchen seines Stadels, wo er das Loch ausgrub, das er für den Leichnam bestimmt hatte. Nach einiger Zeit hörte ich über mir ein Getöse. Ich machte unsere Stubenthüre auf, sah ein Kerzenlicht neben dem Keller stehen und den Herrn Riembauer selbst, wie er von oben herab den noch völlig bekleideten Leichnam bei den Achseln, so daß der Kopf herunterhing, rücklings über die Treppe herabschleifte. Es überfiel mich ein Grauen und ich schloß die Tür und weiß nicht, auf welche Art er den Leichnam in den Stadel hineingebracht hat. Nachher aber ging ich doch dahin und in der offenen Tür stehend, sahen meine Mutter, Schwester und ich, wie der geistliche Herr die Ermordete samt ihren Kleidern schon in dem Loch hatte und sie mit Erde bedeckte.
Die Blutflecken vom Hause bis zum Stadel wischte er

noch in derselben Nacht weg, Haus und Zimmer reinigte er davon erst am folgenden Morgen und zwar in eigener Person mit kaltem, dann mit heißem Wasser.
Doch in seinem Zimmer war das Blut schon eingetrocknet; das Abwaschen half nichts. Ich mußte ihm daher von unserem nächsten Nachbarn, dem blauen Michael, einen Hobel borgen. Mit diesem hobelte er aus den Dielen das Blut hinweg und warf die Späne im untern Zimmer in den Ofen.
Am Morgen nach der Ermordung, als ich eben zur Schule ging, sah ich unsern Hund einen blutigen Weibsschuh im Hofe herumzerren.
Riembauer, dem ich dieses anzeigte, trug mir auf, ihn in die untere Stube zu tragen. Ich hob ihn, weil es mich grauste, an einem Stecken auf und warf ihn in der Stube auf den Boden. Ich weiß nicht mehr, was damit geschehen ist.
Die Nachbarn fragten uns, was doch wohl in unserem Haus für ein Lärmen und Weinen gewesen sei. Wir sagten hierauf, wie uns Riembauer zuvor eingeschärft hatte, wir hätten wegen unseres Vaters und der 2000 Gulden geweint, die uns der Herr Riembauer abgedrückt habe, was ohnehin schon hofmarkskundig war. Die Ermordete hatte einen grünen Regenschirm mit in den Thomashof gebracht, der dem Pfarrer zu P. gehörte. Der geistliche Herr behielt ihn und besaß ihn noch als Pfarrer zu Priel.
Ungefähr 14 Tage nach der Beerdigung der Ermordeten verbreitete sich im Stadel ein abscheulicher Gestank. Die Weibspersonen, die das Getreide ausdroschen, beschwerten sich darüber bei Riembauer,

der ihnen antwortete, daß er sich die Ursache davon nicht denken könne. Gleich nachher fügte es sich, daß eine Drescherin, die in das Seitenkämmerchen gegangen war, mit dem Fuße an etwas stieß. Weil es darin dunkel war, rief sie nach Licht, um nachzusehen, weil das Ding, woran sie gestoßen, etwas anderes sein müsse als ein Stein. Riembauer verhinderte dieses, eilte auch sogleich auf sein Zimmer, holte ein Schloß und legte es vor die Thür des Kämmerchens, das zuvor immer offengestanden war. In der Stube erzählte er uns das alles. Er sagte, es sei ein aus dem Grabe hervorragender Fuß der Nandel gewesen. Am Abend desselben Tages trug er daher noch Sand an die Stelle und füllte das Grab besser auf.

Katharina ging sodann zur Geschichte der Krankheit und des Todes von Mutter und Schwester im Juni 1809 über. Sie war von Regensburg geholt worden, um – zu der Zeit 13 Jahre alt –, statt ihrer erkrankten Schwester die Küche zu besorgen. Sie behauptete, Mutter und Schwester wären von Riembauer vergiftet worden und führte als Begründung dafür an, Mutter und Schwester hätten in häufigem Streit mit Riembauer gelebt, Lenchen habe ihm auch den Dienst aufsagen wollen, wodurch der Pfarrer die Entdeckung seiner Tat befürchten mußte. Er habe keinen Arzt für die Erkrankten beigezogen, auch auf einen Priester mußten sie verzichten. Die Arzneien, die er vom Bader heranschaffte, zwang er ihnen sogar gegen Widerstand auf. Nach der letzten Arzneiaufnahme sei Lenchen außer sich gekommen und verschieden. »Ihr toter Leib«, fuhr Katharina fort, »war aufgedunsen und voller Brandflecken. Der Bader vermuthete, sie sei schwanger gewesen. Das nämliche vermuteten auch die Dorfbewohner und nannten den Pfarrer als Schwängerer. Alle verwunderten sich, daß meine Mutter und Lenchen so schnell gestorben waren.«

Endlich behauptete Katharina, Riembauer habe mehrmals zu erkennen gegeben, daß er beabsichtige, auch sie ums Leben zu bringen. So habe sie die verstorbene Schwester gewarnt, da er ihr gegenüber äußerte, er wolle 200 oder 300 Gulden nicht ansehen, wenn jemand die Katharina aus der Welt schaffe; denn, habe er beigesetzt, »das Mädel wird immer größer und verständiger, am Ende kann man ihr nicht genug Heirathsgut geben, um sie am Reden zu hindern«. Nach Lenchens Tod hätte Riembauer sie (Katharina) denn auch nicht weglassen wollen von sich und ihr 800 Gulden zum künftigen Heiratsgut versprochen, damit sie bei ihm bliebe. Nach vier Wochen habe sie aber sein Haus verlassen, und da er sich allen Besitz der Verstorbenen angeeignet hatte, sagte sie beim Weggehen zu ihm: »Herr Pfarrer, ich vergesse auch nicht das Vergangene.« Worauf er erwiderte: »Es wird dich treffen, nicht mich! Ich weiß schon, was ich zu sagen habe! Deine Mutter und Schwester sind tot, die können nicht mehr reden. Ich werde sagen, diese beiden haben die Weibsperson umgebracht!« Er verstand es später auch, immer wieder in ihre Nähe zu gelangen und trachtete, sie in seinen Dienst oder doch in seine Gewalt zu locken. Aus Angst und

Vorsicht habe sie sich jedoch vor seinen Nachstellungen retten können.

Diese Anschuldigungen, die ein 17jähriges Mädchen gegen einen angesehenen Geistlichen erhob, waren in ihrer Gräßlichkeit zugleich so seltsam und ins Ungeheuerliche hinüberspielend, daß man sie auf den ersten Blick eher für Phantasien als für wirkliche Begebenheiten halten mochte. Indessen zeigte dieses Mädchen solch klaren Verstand, und ihre Erzählung war so umständlich und genau, daß ein krankes Gemüt nicht angenommen werden konnte und der Anzeige nachgegangen werden mußte.
Der Thomashof hatte einen neuen Besitzer, und Riembauer amtierte in Nandlstadt, wo ihm seine Köchin Anna Weninger eben ein drittes Kindlein geboren hatte. Es konnten also ohne Aufsehen Nachforschungen an Ort und Stelle geschehen, deren Ergebnis sogleich über Gehalt und Bestand der Anzeige entscheiden würde. Auf Requisition des Landgerichtes Landshut wurde daher alsbald von dem Landgerichte Pfaffenberg der Thomashof zu Lauterbach untersucht.

Es fand sich, heißt es im Gerichtsakt, hier der von der Denunciantin angezeigte, von Riembauer neugebaute Stadel; man fand in ihm linker Hand ein Seitenkämmerchen, man grub dort nach und fand in sehr geringer Tiefe nebst einem Weiberschuh ein weibliches Gerippe mit einem Schädel, in beiden Kiefern voll der schönsten, weißen Zähne. In dem Zim-

mer, welches Riembauer ehemals bewohnt hatte, entdeckte man auf den Dielen des Fußbodens eine Menge unauslöschlicher Flecken, die sogleich für Blutspuren erkannt wurden und die, als man sie mit warmem Wasser befeuchtete, sich in heller Blutröthe darstellten. An neun Brettern des Fußbodens waren deutliche Spuren einer in Tischlerarbeiten ungeübten Hand nicht zu verkennen, welche den Versuch gemacht hatte, ähnliche Flecken durch den Hobel hinwegzutilgen.

Und der Nachbar des Thomashofes, der von Katharina so benannte »blaue Michael«, bezeugte, daß vor ungefähr sechs Jahren die Frauenknechtschen bei ihm einen Hobel geborgt hätten.

Riembauer wurde verhaftet und unter Bewachung nach Landshut transportiert. Er schien durchaus gefaßt und zeigte sich beim ersten summarischen Verhör, am 27. Oktober 1813, keineswegs unwissend über die Ursache seiner Verhaftung. Er fing sogleich von Anna Maria Eichstädter zu erzählen an.
Er wäre als Kooperator zu Hirnheim mit dieser Person, jedoch in allen Ehren, bekannt geworden, sie hätte Vertrauen zu ihm gefaßt und ihm 50 Gulden Erspartes zum Aufheben gegeben, daran wohl die Bitte knüpfend, sie als Köchin aufzunehmen. Er hätte ihr das auch unter der Bedingung zugesagt, daß sie sich sittlich aufführe. Seit er von Hirnheim weggekommen, habe er nichts mehr von ihr gehört. Als er nach Pirkwang versetzt wurde, habe sie ihn zweimal

wegen Abschlagszahlungen von jenen 50 Gulden mit Boten und Briefen beschickt. Im Sommer 1807, als er zu München beim Examen gewesen, sei die Person nach Lauterbach gekommen, um ihn aufzusuchen. Zum größten Verdruß der Frauenknecht-Familie hätte sie erzählt, daß sie sein Versprechen habe, bei ihm als Köchin aufgenommen zu werden. In einer endlosen Suada, die vollständig wiederzugeben ermüden würde, berichtete er dann von seinem »unaussprechlichen Schrecken«, als er in seinem Zimmer die leblose Eichstädter auf dem Boden liegen sah. Er rannte in die untere Stube, wo die Bäuerin und Magdalena sich aneinander hielten und wie Espenlaub zitterten. Auf seine Fragen, was oben geschehen sei, ergriffen Mutter und Tochter unter Schluchzen seine Hände und flehten ihn an, von allem zu schweigen. Er erfuhr sodann, daß es einen schrecklichen Streit mit der Eichstädter gegeben habe, der soweit führte, daß die Eichstädter zustach, worauf Magdalena sein Rasiermesser ergriffen und die Eichstädter in den Hals geschnitten habe. Die Ursache des Streites sei gewesen, daß die Eichstädter sich als künftige Wirtschafterin aufspielte und Mutter und Tochter vom Thomashof verjagen wollte.
Er habe nun fortgehen wollen, doch die Frauenknechtschen flehten ihn an, sie nicht im Stich zu lassen: sie würden ihm vom noch nicht bezahlten Kaufschilling für den Hof so viel nachlassen, wie er nur wolle. So blieb er über die Nacht, ging am anderen Morgen aber früh weg. Als er gegen Abend heimkam, sah er die tote Eichstädter bereits auf einer Misttrage liegen. Mutter und Tochter sagten ihm, sie

würden sie in dem Seitenkämmerchen des Stadels vergraben. Er sagte, sie sollten sie hintun, wo sie wollten, er könne ihnen nicht helfen.
Am anderen Morgen hätte er sich den Platz besehen und die Frauenknechtschen darauf aufmerksam gemacht, daß, wenn ein Mensch oder Tier in den Stadel käme, die Sache leicht entdeckt werden könne. Sie nahmen daraufhin Sand und Steinbrocken und überdeckten die Grabstätte gründlicher.

Riembauers Darstellung der schrecklichen Ereignisse auf dem Thomashof sollten ihn als Priester zeigen, der aus Mitleid mit den Tätern, die ihr Verbrechen tief bereuten, die entsetzlichen Vorfälle auf eigene Gefahr in seinem priesterlichen Gewissen verwahrte.
Was die Anschuldigung gegen ihn selbst betraf, so betrieb er die hohe Politik jener Intelligenten, die Tatsachen, für die Beweise vorliegen, nicht abzuleugnen – wie es kleine Geister tun –, sondern diese zuvorkommend einzuräumen, aber in andere Zusammenhänge zu bringen: Was Katharina erzählte, war richtig, doch er vertauschte die Personen. Magdalena und ihre Mutter waren die Verbrecher, er nur Zuschauer, der aus christlicher Liebe geschwiegen hatte.
Er riskierte es, durch solche Verschiebung den Mord am Thomashof zur Albernheit werden zu lassen: wie wäre es denn möglich gewesen, daß Magdalena, die er selber ein »engelsgleiches Wesen« nannte, sich plötzlich in eine Megäre verwandelt hätte? Magdalena war klein, mager und schmächtig gewesen, ihre

Mutter eine ausgemergelte Frau. Anna Maria Eichstädter hingegen war groß, stark, breitschultrig und von kräftigem Muskelbau. Wer sollte die Möglichkeit fassen, daß eine starke Frau einer schwachen willig den Hals dargeboten und so lange stillgehalten habe, bis diese mit ihrem Rasiermesser die Gurgel der Feindin durchschnitt? Worauf spekulierte Riembauer?
Er schien nach System vorzugehen. Als Gefangener bestach er die Wärter, Briefschaften an Bekannte zu expedieren, in denen er sie aufforderte, für ihn Zeugnis abzulegen. Namentlich daß, und unter welchen Umständen, die verstorbene Magdalena sich selbst anderen als Urheberin des Mordes an der Eichstädter entdeckt habe. In einem Brief an einen Amtsbruder suchte er den Pfarrer K. zur Ausstellung eines solchen Zeugnisses zu bewegen: »1. wegen unserer Bruderliebe, 2. wegen der guten Anna Weninger, meiner Köchin, 3. wegen meiner Freunde, die um mich betrübt sind, 4. wegen der Geistlichkeit, auf die es einen Schatten wirft, 5. wegen der Gläubigen, die in Zweifel geraten könnten.«
Der Anna Weninger, die ihm in der unwandelbaren Ergebenheit eines Weibes anhing, dem der Mann Gott auf Erden ist, schrieb er zwischen Sätzen von Liebe, daß sie den grünen Regenschirm seines Amtsbruders schleunigst zur Seite schaffen solle. Einige dieser Briefe gelangten wirklich an ihre Adresse, wie der Brief an die Weninger, die alles pünktlich tat, um ihrem Herrn und Gebieter zu Gefallen zu sein. Riembauer ging, ermutigt von Erfolgen, nun daran, durch weitere Bestechungen zur Einsicht in die Un-

tersuchungsakten zu gelangen. Der Versuch mißlang.

Als Riembauer aus dem Wechsel seiner Wärter und nach der Versetzung in ein anderes Gefängnis zur Überzeugung gelangte, daß seine Briefe in den Händen des Untersuchungsrichters landeten, änderte er seine Taktik. Er erklärte seinem Richter, daß er eine Entdeckung melden müsse: es sei ihm das Unglück widerfahren, daß er aus Melancholie in vorübergehenden Wahnsinn verfallen sei.

In diesem – bedauernswerten – Zustand habe er, ohne Verstand und Willen, Briefe geschrieben, die vielleicht geradeso aussähen, als wenn sie Verstand und Willen diktiert hätten. Und nun bemühte er sich, dem Richter nach irgendeines Jesuiten Logik oder Metaphysik den Unterschied zwischen einem menschlichen sensus externus, internus und intimus auseinanderzusetzen und dann an jenen Bestechungen und Briefen zu zeigen, daß er damals zwar noch den sensus externus und internus beisammen gehabt, aber des sensus intimus, auf welchen alles ankomme, ganz und gar ermangelt habe.

Der Ungereimtheit seiner ersten Darstellung ungeachtet, blieb sie vier ganze Jahre hindurch das Thema, das er in 99 Verhören, zahllose Gegenüberstellungen nicht miteingerechnet, zwar in manchen Absätzen variierend, im großen und ganzen aber immer wiederholte: Daß er der Mörder der Eichstädter nicht sei. Daß diese am 3. November, nicht am 2. ermordet wurde. Daß es Magdalena gewesen sei, die aus Eifersucht und Zorn der Eichstädter den Hals durchgeschnitten – und ihn Christenliebe und ver-

meintliche Priesterpflicht verleitet habe, die unmenschliche Tat Magdalenas im Busen zu verwahren.
»Wenn man mir auch, wie dem heiligen Bartholomäus, die Haut über den Kopf zöge!«, pflegte er zu rufen. »Das sind Wahrheiten, die ich, stünde ich auf dem Schafott, mit meinem letzten Hauch noch in die Welt hinausriefe!«
In den meisten Verhören zeigte er die ruhige Gelassenheit eines Dulders. Die richterlichen Fragen pflegte er mit süßem Lächeln zu beantworten. Riß ihn seine »beleidigte Unschuld« zur Heftigkeit hin, entschuldigte er die »Wärme« mit der »Hilflosigkeit des Schafes, das von bissigen Hunden angefallen wird«. Alle Versuche des Richters, Riembauers Verstand durch Vorhaltung der vielen Unwahrscheinlichkeiten seiner Darstellung zu überwältigen, wurden an dessen dialektischen Künsten zuschanden; kein Widerspruch war so grell, daß er nicht irgendeine Hypothese vorrätig gehabt hätte, kein Ding so unwahrscheinlich, daß er es nicht, nach Lehrsätzen seiner Psychologie und Metaphysik, als wahrscheinlich vordemonstrierte. Hielt man ihm vor, wie ganz unglaublich es sei, daß ein »engelsgleiches Wesen« wie Magdalena eine solche Greueltat begangen haben solle, so ließ er sich über die Tierhaftigkeit des weiblichen Geschlechts aus, dessen biologisch bedingte Unvernunft Taten voll Leidenschaft ermögliche, die der ratio des Mannes unbegreiflich sein müßten. Daß er alles Denkbare an Lügen auftischte, um die junge Katharina verdächtig zu machen, versteht sich von selbst: er ließ die weibliche »Lust am

Leiden« anklingen, die ein Mädchenkind beflügle, im guten Hirten den Mann als Erlöser zu begehren, dessen Ablehnung ihr die Leidenslust beschere, welcher triebhaften Finsternis solch ein Kind sich durch Verleumdung des Geliebten vergeblich zu entziehen versuche. So fand er warme Worte des Verständnisses für Katharinas Begehrlichkeit nach ihm, dem Hirten des Frauenknechtschen Haushalts, und als ihm Katharina gegenübergestellt wurde, rief er, flammenden Auges: »Quis contra torrentum? Wenn dreißigtausend Menschen dastehen und sagen, der Teufel sei weiß, so werde ich doch allzeit behaupten, der Teufel ist schwarz, und die Frauen sind seine Handlangerinnen!«
Da Riembauer weder durch Ermahnungen noch durch Beweise beizukommen war, versuchte der Untersuchungsrichter durch Erregung seiner Einbildungskraft einen Weg zum Riembauerischen Gemüt zu finden. Schon hatte die Untersuchung zwei volle Jahre gedauert, und Riembauer hatte mehr als 80 Verhöre bestanden, als der Untersuchungsrichter am Allerseelentag 1815, am gleichen Tag, an dem vor acht Jahren der Mord begangen worden war, ein neues Verhör anordnete: das achtundachtzigste. Es begann um vier Uhr nachmittags und war darauf angelegt, sowohl Riembauers Verstand von der Vergeblichkeit weiteren Leugnens zu überzeugen, als auch seine Seelenruhe zu erschüttern. Riembauer blieb wie immer unbewegt. So wurde es Mitternacht, als der Untersuchungsrichter die Hand bewegte, die auf einer Erhöhung am Tisch lag. Diese Erhöhung war mit einem Tuch bedeckt. Plötzlich

hob die Hand des Untersuchungsrichters das Tuch hoch, und ein Totenschädel auf schwarzem Kissen wurde sichtbar.
»Das«, sagte der Untersuchungsrichter, »ist der Schädel der Anna Maria Eichstädter, deutlich erkennbar an beiden Kiefern voll der schönsten weißen Zähne.«
Riembauer sprang vom Stuhl hoch und starrte den Richter an. Doch bald lächelte er wie gewöhnlich, trat aber zur Seite, um nicht dem Schädel in die gleichsam drohenden Augenhöhlen blicken zu müssen. Von der Seite her auf ihn hindeutend, sprach er scheinbar tief bewegt:
»Mein Gewissen ist rein. Oh, du Schädel einer Unglücklichen, könntest du sprechen, würdest du sagen: Riembauer ist mein Freund, mein Mörder war er nicht!«
Es nützte alles nichts: Riembauer war nicht beizukommen. Die Akten schwollen mit der Zeit zu 42 Foliobänden an, am 1. Oktober 1817 wurde mit der Erstattung des Hauptvortrags begonnen, dessen Fortsetzung am 14. Oktober unterbrochen wurde, da ein Protokoll eines Verhörs einlangte, um das Riembauer selbst gebeten hatte. In diesem erklärte er: »Ich habe tiefer nachgedacht, auch den Heiligen Geist um volle Erinnerung angebetet. Da ist es mir immerfort klarer geworden, daß ich mich in einer meiner früheren Aussagen irrte.« Worauf er den seit vier Jahren behaupteten Satz, daß Anna Maria von Magdalena ermordet worden sei, in der Art zurücknahm, daß er bekundete, eines Tages von einer Frau W. gehört zu haben, eine gewisse Katharina Schmid

habe der W. gesagt, es sei ihr von Magdalena erzählt worden, nicht sie, sondern allein ihre Mutter habe die Eichstädter umgebracht. Diese durchaus neue Wendung veranlaßte den Gerichtshof, den Vortrag auszusetzen und weitere Vernehmungen anzuordnen.

Am 20. November 1817 wurde zu Landshut ein Jude hingerichtet, der Lamfromm hieß und einen Mord begangen hatte. Riembauer sah von seinem Gefängnis aus zu, wie Lammfromm zum Tode geführt wurde. Von der Standhaftigkeit und Ruhe, mit der dieser Mensch seinem blutigen Ende entgegenging, zeigte sich Riembauer seltsam betroffen. Als er sein Erstaunen darüber äußerte, wie doch dieser Mörder zu solcher Seelenruhe gekommen sei, berichtete man ihm, wie es sich auch wirklich verhielt: erst vom Augenblick an, wo Lammfromm sein Gewissen durch ein aufrichtiges Geständnis erleichterte, wäre er in solche Gemütsstimmung versetzt worden, die ihn dann bis zu seinem Ende nicht mehr verlassen habe. Von nun an wurde Riembauer unruhiger und ängstlicher denn je, aß und trank wenig und bat schließlich am 26. November um ein Verhör. In diesem Verhör, es war das hundertste, fiel er sogleich auf die Knie, bat um Beendigung seines Prozesses, sprach von Lebenssattheit, konnte sich aber noch immer nicht zu einem Geständnis entschließen. Der Untersuchungsrichter ging nochmals mit ihm alle Unwahrscheinlichkeiten und Widersprüche seiner Angaben durch, riet ihm, mit seinem Gewissen und Gott Frieden zu schließen; so ging es über Stunden, bis Riembauer zusammenbrach. Er flehte um den

Schutz der allerhöchsten Regierung für seine unschuldigen Kinder und deren Mutter, Anna Weninger, und bekannte sodann, Anna Maria um's Leben gebracht zu haben.
Die Geschichte des Verbrechens, wie sie von Riembauer selbst bekannt und in noch 13 Verhören teils wiederholt, teils berichtigt und ergänzt wurde, ist folgende:
Seit die Eichstädter ihn ständig bestürmte, ihm dienen zu dürfen, fühlte er sich bedroht durch diese leidenschaftliche Zudringlichkeit, die einen Skandal hervorrufen konnte, welcher ihn um Ehre und guten Namen bringen würde. Er fürchtete, seine Vorgesetzten würden ihn als unwürdig erkennen, wodurch er zumindest jeder Beförderung verlustig ginge. »Bei meiner Zusammenkunft mit ihr zu Regensburg«, sagte er, »erklärte sie mir wieder, daß sie von mir nie lassen würde. Ich dachte: was tust du, wenn sie auf den Thomashof kommt? Meine Ehre, mein Stand, alles, was mir heilig war, mußte an der Besessenheit dieser Küchenmagd zugrunde gehen. Da fiel mir der Grundsatz des Pater Benedikt Sattler in dessen Ethica Christiana ein. Nach diesem Grundsatz ist es erlaubt, einem anderen das Leben zu nehmen, wenn man seine eigene Ehre nicht anders zu retten vermag; denn die Ehre ist ein noch höheres Gut als das Leben, und gegen den, der unsere Ehre angreift, muß uns gleiches Recht der Notwehr zustehen wie gegen einen Räuber. Ich fand diesen Grundsatz passend für mich und machte mir ein dictamen practicum daraus.«

Die Eichstädter erwartete, außer Liebe, auch eine Schuld an 36 Gulden Kostgeld für ihr Kind. Die vielen Protokollseiten, die sich mit ihrem vergeblichen Besuch auf dem Thomashof beschäftigen, besagen nichts anderes, als schon in Katharinas Aussage stand und können deshalb übersprungen werden. Zu den Ereignissen am Allerseelentag 1807 äußerte sich Riembauer so:

»Ich fuhr mit Magdalena Rüben vom Feld nach Hause, als ich eine Weibsperson in den Thomashof hineingehen sah. Zu meinem Entsetzen erkannte ich in ihr die Eichstädter. Ich traf sie in der unteren Stube und führte sie nach einer kurzen Unterredung die Treppe hinauf. Ich gestehe, daß ich die Absicht hatte, sie über die Treppe hinunterzuwerfen, warum es nicht geschah, weiß ich nicht, vielleicht dachte ich, sie könne sich durch den Fall nur verletzen, und dann wäre das Übel noch ärger.«

Als er mit ihr auf sein Zimmer gekommen war, bedrängte sie ihn wieder um Liebe, um Anstellung bei ihm und bat ihn, die Magdalena aus dem Haus zu weisen. Er hielt ihr die Unmöglichkeit der Erfüllung dieser Wünsche vor Augen, sie ließ nicht locker. Er ging nun nach unten, um Bier für sie zu bestellen, nahm ein Brotmesser und sein Rasiermesser zu sich und ging wieder zu ihr hinauf. Sie fing nun neuerlich zu bitten und betteln an, auch drohte sie, ihn bei seinem Konsistorium zu verklagen. In dieser fürchterlichen Lage sei ihm wieder der Pater Sattlersche Grundsatz eingefallen. Er habe daher zuerst das Brotmesser ergriffen und damit auf die rechte Seite des Halses zugestoßen, aber zu großen Widerstand

gefunden, weil das Messer zu stumpf gewesen. Er habe sie dann zu erdrosseln versucht, wobei er ihr zurief, sie möge Reue und Leid machen, denn sie müsse sterben. Sie bat nun flehentlich um ihr Leben. Doch er nahm das Rasiermesser.
Über lange Protokollseiten berichtet nun Riembauer, wie er die Frau, die die Mutter seines Kindes war, abschlachtete: »Franzl, vergiß nicht auf unser Kind.« Er hingegen sagte: »Mariandel, ich bitte dich und Gott um Verzeihung! Du wolltest es selbst so. Bitte zu Gott um Verzeihung deiner Sünden, und ich gebe dir die Absolution.« Er gab ihr solche auch in diesem »casu necessitatis« (Riembauers Worte). Als sie auf den Boden gesunken war, sprach ihr Riembauer noch ein paar Minuten geistlichen Trost zu, »bis ihre letzten Lebensgeister entflohen«. Eine silberne Florschnalle, Anna Marias Geldbeutel mit ungefähr zwei Gulden Inhalt und den Regenschirm des Amtskollegen nahm Riembauer an sich. Über die Beisetzung im Stadel deckte sich seine umständliche Darstellung mit der Katharina Frauenknechts, auch das Waschen und Abhobeln der Bretter wurde von ihm ähnlich geschildert. »Sonst weiß ich«, fuhr er fort, »über die traurige Geschichte nichts mehr anzuführen als meinen Jammer und mein stilles Leid, und daß ich öfters für die Eichstädter Messen appliciert habe.«

Selbst nachdem er die Tat mit allen Hauptumständen eingestanden hatte, zeigte er keine eigentliche Reue, »vielmehr suchte er alle Künste jesuitischer Dialektik hervor«, heißt es, »um seinen Mord bald zu rechtfertigen, bald zu entschuldigen. So erklärte er immer wieder, daß er keine andere Absicht hatte, als den öffentlichen Skandal zu verhüten, den vielen Sünden und Übeln vorzubeugen, welche aus dem Ärgernisse des Volkes hätten entstehen müssen (wäre offenkundig geworden, daß ein Priester sündiger Frauenlust nachgegeben). ›Da ich meine Absicht auf keine andere Weise als durch Hinwegräumen der Eichstädter zu erreichen wußte, so räumte ich sie hinweg.‹ (Er stellte nun sein Verbrechen solcherart dar, bloß ad majorem Dei gloriam gemordet zu haben.)

Hinsichtlich der Riembauer angelasteten Vergiftung der Magdalena Frauenknecht und ihrer Mutter war wohl soviel gewiß, daß beide im Juni 1809 plötzlich erkrankten und nach einigen Tagen angeblich an Nervenfieber starben. Daß Riembauer keinen ordentlichen Arzt, sondern nur einen ganz unwissenden Quacksalber gerufen und der Magdalena Fr. selbst Arznei gereicht hat, ist ebenfalls gewiß.« Allein nähere Anzeichen einer Vergiftung konnten nicht erhoben werden (die Exhumierung unter Zuziehung von Sachverständigen ergab, daß beide Personen höchstwahrscheinlich nicht an Gift, sondern – gemäß ihrer Krankengeschichte – »an dem Mangel an Pflege und Wartung, sowie hinreichend ärztlicher Hülfe, an ihren auf andere Art sich zugezogenen Krankheiten gestorben seien«. Riembauer selbst leugnete jede Schuld an dem Tode der Frauen. Dagegen bekannte er bereitwillig, bloß um dem Richter, wie er sich ausdrückt, einen Beweis seiner Aufrichtigkeit zu geben, einige Abtreibungen, die seine verschiedenen Geliebten mit seiner Hilfe vorgenommen hätten, ebenfalls bekannte er Gedankensünden (er hatte verschiedentlich Personen den Tod gewünscht und dafür auch zu Gott gebetet). »Unter allen den Inquisiten entweder nur angeschuldigten, oder von ihm selbst bekannten strafbaren Handlungen«, heißt es, »blieb allein der zu Lauterbach begangene Mord an Anna Maria Eichstädter als Hauptgegenstand richterlicher Entscheidung übrig.«

Riembauers Akt, ins Voluminöse angeschwollen, schwoll weiter und erregte die Öffentlichkeit, aber auch manchen Juristen – das viele vergilbte Papier abzuschreiben scheint für die heutigen Leser, die die Umständlichkeit damaliger Prozeßführung überfordern würde, unnötig. Feuerbach stellt fest, daß »die ordentliche Strafe in dem gegenwärtigen Falle, nach dem Gesetz, sowohl des gemeinen, als des älteren und neueren baierischen Rechts, die Todesstrafe« (sei):

P. G. O. Art, 137
Cod. jur. Bav. crim. P. I. c. 3. § 1.
Strafgesetzb. Thl. I. Art. 146

Nach Aufzählung verschiedener Punkte, die dies erhärten, kommt er jedoch unter V zum Strafgesetzb. Art. 269. § 2, der
... »zum vollen Beweise des Thatbestandes durch eignes Bekenntniß (verlangt), daß der Angeschuldigte entweder schon sonst als Verbrecher berüch-

tigt, oder vermöge besonderer hinreichend erwiesener Umstände als eine Person zu betrachten sei, zu welcher man sich des eingestandenen Verbrechens wohl versehen kann.« Der Reformer Anselm von Feuerbach setzt sich mit diesem § 2 auseinander: »Der Gesetzgeber öffnet durch diese, wie uns scheint, ganz überflüssige und unpassende Bestimmung, ein weites Thor zur Rettung einer Menge von Verbrechern, die, sobald ihre Vorsicht oder das Glück ihre geheime That dem Zeugnisse anderer und deren Spuren, wenn auch nur zum Theile, einem künftigen Augenscheine entrückt hat, ihre ganze That in der sichern Erwartung eingestehen dürfen, daß sie nun wenigstens der gesetzlichen Strafe entgehen werden. Denn bei sehr vielen, die sogar in die schwersten Verbrechen verfallen, zeigt weder ihr früheres Leben, noch ihr Benehmen unter den Augen des Untersuchungsrichters, daß sie vermöge ihrer Grundsätze ... dieses Verbrechens fähig seien. Wie Mancher begeht die gröbsten Missethaten, bei welchem alle, die ihn von jeher kannten, selbst die Richter ... befremdet sagen müssen: wer hätte das von diesem erwartet? ... Und was hat der sittliche Charakter des Thäters mit dem Thatbestande zu thun?

Zwar gehört Riembauer nicht zu den Personen, welche als Verbrecher ... bereits berüchtigt sind. Riembauer galt vielmehr vor aller Welt als ein frommer Geistlicher: seine Laster wurden durch eigene Heuchelei und List ... und von Anderen mit dem Mantel christlicher und amtsbrüderlicher Liebe zugedeckt ... Dieser Riembauer erscheint ... als ein Lasterhafter im Priesterrocke, der seine innere Unwürdigkeit und die Unsittlichkeit seines Treibens hinter dem einstudierten Betrug erlogener Frömmigkeit und Tugend verbirgt ... und seine Religion zur Heilung oder Beschönigung alles desjenigen gebraucht, was eben die Religion verdammt ... Der Scheinheilige aus bloßer Weltklugheit (um z. B. vor den Heiligen dieser Welt Ruhe zu haben), ist zwar als Heuchler immer verwerflich, aber doch ... nicht geradezu unverträglich. Ganz anders ist diejenige Art der Scheinheiligkeit, welche hier in unserem Mordpriester dargestellt ... Unseres Dafürhaltens hat dieser Verbrecher von Rechtswegen die Todesstrafe verdient.«

Es wurde jedoch in erster Instanz am 4. April 1818 erkannt:

»daß Franz Sales Riembauer des Mordes schuldig und mit Festungsstrafe zweiten Grades auf unbestimmte Zeit zu bestrafen sei«.

Durch verschiedene Umstände änderte die II. Instanz am 1. August 1818 »schärfend die zuerkannte Strafe« auf Festung ersten Grades.

Daß ein Mörder milder bestraft wird, weil er nach seinem Vorleben eigentlich kein Mörder sein kann, mag im Biedermeier – insbesonders im Fall »Tartuffe als Mörder«, wie Riembauer genannt wurde – die Leute empört haben. Wir Heutigen sind an die Ungleichheit des Menschen vor dem blinden Auge Justitias schon so gewöhnt, daß die Frage, ob der bairische § 2, über den sich Feuerbach entrüstete, heutiger Rechtsprechung, bei uns oder anderswo, irgendwie nahekommt, wahrscheinlich nur Juristen auf den Plan lockt. Der einfache Bürger und die Bürgerin sehen hinter komplizierten Rechtsfällen ein weites, undurchschaubares Netz, in dem sich der (die) Einfache unrettbar verstrickt, während Gescheiteren unerforschbare Gnadensonnen leuchten.

Leutnant Franziska

Der Fall Scanagatta 1794

Als am 20. Juni 1852 in Wiener Neustadt die Säkularfeier der dortigen Militär-Akademie gefeiert wurde, war unter den vielen Schriftstücken auch dieser Brief eingelaufen:

Unterzeichneter Leutnant Scanagatta hat die Ehre gehabt, unter die Zöglinge der Militär-Akademie vom 1. Juli 1794 bis 1797 gezählt zu werden. Da das Jahrhundert der oben erwähnten Akademiestiftung gefeiert wird und Unterzeichneter sich seines Alters wegen nicht dahin begeben kann, so bittet er untertänigst, gnädig die Wünsche aufnehmen zu wollen, die Unterzeichneter hegt, das ist, daß die obbesagte Militär-Akademie immerdar dauere und auch in Zukunft bilde, wie sie bis nun gebildet hat: tüchtige, berühmte Offiziere! Mögen sie künftig die Stütze des österreichischen Kaiserthrones sein und den Fußstapfen folgen der versammelten Helden, welche beitrugen zur Größe und zum Glanze Seiner Majestät, des ruhmvollen Kaisers Franz Joseph.
Franz Scanagatta, Lieutenant, Majors Spini Wittwe, Mailand, 16. Juni 1852.

Ein Leutnant, der zugleich eine Witwe war? Die Wiener Neustädter vermeinten zuerst, gefrotzelt zu werden. Gewissenhaft hielten sie jedoch Nachschau in alten Aufzeichnungen. Ein wahrhaft erstaunliches Schicksal enthüllt sich unserem Blick, das hiermit weiterer Vergessenheit entzogen wird:
Tagebuchaufzeichnungen des weiblichen Offiziers Franziska Scanagatta, der Lesbarkeit halber geringfügig »entstaubt«, mögen eine Frauenexistenz ferner Zeiten erkennbar machen – Spekulationen über das »Heldenmädchen Franziska«, das keine Frau sein wollte und solcherart auch nicht davor zurückschreckte, einen Krimi nach unseren Begriffen zu inszenieren, indem sie sich als ihr eigener Bruder ausgab und mehr als eine »falsche« Unterschrift leistete, bleiben den Lesern und Leserinnen überlassen!
Auch daß sie schließlich in weißem Spitzen-Brautkleid heiratete, Kinder bekam und eine steinalte Majorswitwe wurde, die kein Tagebuch mehr führte, mag Anlaß zu weiteren Spekulationen sein, die jedem und jeder nach Belieben freistehen: halten wir nur fest, daß Franziska für ihre Taten als Offizier in die Militärgeschichte einging.
Ihre Aufzeichnungen werden von Lombroso in »Vite de' primarj generali ed ufficiali italiani« erzählt. Als Frau und Mutter verlief ihr weiteres Leben weniger sensationell, so daß wir nur wissen, daß sie 1865 zu Mailand starb und vier Kinder hinterließ. Ihr Enkel, Vincenz Spini, war gleichfalls Zögling der Wiener Neustädter Militärakademie, allerdings – anders als die berühmte Oma – mit echten Dokumenten!

Franziska Scanagatta wurde am 1. August 1776 in Mailand geboren. Ihr Vater, Don Giuseppe Scanagatta, war Senator und seiner Familie innig zugetan: die Ankunft einer Tochter war nicht nach seinem Geschmack, er hätte drei Söhne vorgezogen und ihnen eine militärische Laufbahn in der österreichischen Armee zugedacht. Guido, der älteste Sohn, wurde auch bald Kadett im Infanterieregiment Belgioso. Giacomo sollte auf die Wiener Neustädter Militärakademie geschickt werden. Neben den zwei künftigen Kriegshelden kam sich die heranwachsende Franziska vorerst nicht benachteiligt vor, gestattete ihr der Vater doch alle Freuden einer Buben-Kindheit: sie durfte reiten und nach Herzenslust spielen, mochte ihre Mutter auch mahnen, daß ein Mädchen andere Fertigkeiten erlernen sollte. Don Giuseppe ließ seine Tochter auch frühzeitig die deutsche und die französische Sprache erlernen – ganz wie die Söhne. Die Mutter erreichte schließlich, daß der Privatunterricht Franziskas die nötige Vervollständigung erhielt: sie wurde in die Klosterschule geschickt, um sich auf künftige Aufgaben als Frau und Mutter vorzubereiten.
Die schwarzhaarige Franziska schrieb – in einer Mischung aus italienisch und deutsch, die, obendrein in der altertümlichen Form ihrer Zeit verfaßt, den Leser ermüden würde und deshalb »übersetzt« wird – in ihr Tagebuch:

Jänner 1791. Mit 15 Jahren, sagt Mama, ist ein Mädchen kein Kind mehr. Ich muß endlich aufhören,

Hosen zu tragen. Auch zu Hause soll ich mit diesen langen Fetzen herumlaufen, in die mich die ehrwürdige Mutter Theresa gesteckt hat.
Ich fragte Mama, ob Giacomo sich das wünscht, weil ich im langen Kleid beim Wettlaufen mit ihm verlieren müßte? Auch beim Reiten würde er mich endlich schlagen. Mama sagte, Reiten und Laufen gehört sich nicht für eine Klosterschülerin, und gleich fragte sie nach meiner Strickerei. Ich habe sie aber in den Fluß geworfen, weil nur ein Invalide mit einem Klumpfuß in die Ferse passen könnte, die ich strickte! Mama holte Papa, der schwieg, wie immer, dann sagte er, wie immer: ›Hör auf deine Mutter, mein Kind, sie meint es gut.‹ Aber nachher, als Mama schon mit Paolina schimpfte, statt mit mir, weil Paolina nie richtig Staub wischt, nahm mich Papa beiseite und versprach mir ein neues Pferd, für mich allein, wenn ich ›brav‹ wäre ... Ich lief also in die Küche und half Margherita, Mama kam und lobte mich. Meine Mama ist so schön. Warum klebt sie sich das Gesicht voll mit diesen schwarzen Pflastern, die ›mouches‹ heißen? Es ist doch natürlich, daß eine schöne Frau manchmal einen Pickel hat! Und warum sagt sie Papa nie direkt, was sie will, sondern wählt immer Umwege? Da rauscht sie mit ihren seidenen Kleidern und wirft Angelina hinaus, weil Angelina ›dick‹ geworden ist. Angelina ist so sanft. Sie weinte. Sie ist so alt wie ich. Sie sagte: ›Es ist hart, ein Mädchen zu sein. Die Männer ziehen in den Krieg, und die Mädchen bekommen Kinder. Sie haben die Ehre und wir die Schande.‹
Ich möchte kein Mädchen sein wie Angelina, ich

möchte auch keine Mama sein wie meine Mama. Ich möchte ein Mann sein! Nicht wie Papa, der nur Geld verdient und schon lange nicht mehr reiten und laufen kann. Ein richtiger Mann möchte ich sein ...

Weitere Tagebuchaufzeichnungen, was die Jahreszahl und die Diktion betrifft »altmodisch«, vom Gedanklichen her jedoch frappierend »heutig« anmutend, künden von Franziskas wachsendem Ärger über die Klosterschule. Sie wird in »weiblichen Fertigkeiten«, wie Nähen, Kochen, Kranken- und Kinderpflege, ausgebildet, und sie wird konditioniert auf duldende Sanftmut. Aufgewühlt darüber, wohin duldende Sanftmut ein Mädchen führt, schreibt sie über Angelinas Selbstmord, und zutiefst enttäuscht vermerkt sie, daß das vom Vater versprochene »neue Pferd« dem Bruder Giacomo zugute kommt, da sie aus lauter häuslicher Verpflichtung, die ihr Mama Scanagatta nach der Klosterschule aufbürdet, keine Zeit mehr zum Reiten findet. Es wird ihr immer mehr zuwider, ein Mädchen zu sein, das die Kunst erlernen soll, Männer für sich zu interessieren und sie gleichzeitig abzuwehren: »Wer das am besten kann«, schreibt sie, »bekommt den besten Ehemann!« Einige halb durchgestrichene Sätze künden von einer zarten Neigung zu einem Leutnant, doch Mama Scanagatta ist wachsam: der Leutnant ist aus armer Familie. Es gibt offenbar deshalb Ärger bei den Scanagattas ... Verbittert schreibt die 17jährige Franziska, daß Mama ihr vorschlägt, Nonne zu werden: die einzige Alternative ihrer Epoche für Mäd-

chen, die – nach Familienwünschen – nicht Ehefrauen und Mütter werden wollten!
War die hübsche Franziska, deren erste Liebe an der »Raison« ersticken mußte, einfach frustriert, da sie nicht wußte, was sie mit sich und ihren Wünschen anfangen sollte? Sie wurde nicht Nonne, wie es die erzürnte Mutter vorschlug, sie heiratete auch nicht einen ältlichen Staatsbeamten mit großem Vermögen, der schon zwei jungen Ehefrauen trauernd ins Grab nachblickte, wie dürftige Eintragungen ins Tagebuch verraten. Sie ging nach wie vor in die Klosterschule und übte weibliches Benehmen. Dann holte Papa Scanagatta, über dessen Rolle bei den häuslichen Miseren Franziska Stillschweigen wahrt, eine »Erzieherin und Gesellschafterin« ins Haus: Madame Dupuis aus Frankreich. Madame stärkte Franziskas Mißvergnügen durch Literatur: sie las Heldengedichte mit Franziska, sie spielte mit ihr Theaterstücke in verteilten Rollen. Und immer glänzten darin ruhmvolle Männer, wohingegen Frauen dienten: Heldenmädchen gab es keine, wenn man von der Jungfrau von Orléans absah. Darüber schrieb Franziska in ihr Tagebuch:

... Februar 1794, fast 18 Jahre alt bin ich geworden, Jeanne, Du gingest mit 17 nach Chinon, und sogleich zogest Du mit Schwert und Fahne nach Orléans, an der Spitze begeisterter Truppen ...
Und ich soll nach Wien zu den Salesianerinnen, wieder ins Kloster, um Weiberkram zum Überdruß zu

praktizieren ... Wie beneide ich Giacomo, der nach Wiener Neustadt kommt!

Giacomo fand sich jedoch nicht beneidenswert: Am Tag vor der geplanten Abreise nach Wiener Neustadt erkrankte er, wodurch die Abreise verschoben werden mußte. Franziska pflegte ihren Bruder, der ihr schließlich gestand, daß er seinen künftigen Beruf verabscheue. Alles wolle er lieber werden als Offizier! Aber er wage es nicht, sich dem väterlichen Gebot und Mamas Wünschen zu widersetzen.
»Ihm steht offen, was ich ersehne«, schreibt Franziska in ihr Tagebuch. Aus Andeutungen geht hervor, daß sie nachdenkt, wie sie es anstellen könnte, an Giacomos Stelle die Militär-Akademie zu besuchen: ihr Tagebuch verrät ständiges Erwägen der Möglichkeiten, ohne zu einem brauchbaren Schluß zu kommen. Es war ein Zufall, »Handlanger Gottes«, wie es heißt, der ihr schließlich half:
Zu jener Zeit gehörte eine Reise von Mailand nach Wien nicht zu den Annehmlichkeiten des Lebens. Sie war lang und mühevoll, und ein schönes Mädchen von 18 Jahren setzte sich ernsten Gefährdungen der Tugend, ja, sogar des Lebens aus. Vater Scanagatta beschloß darum, sein Töchterchen, das mitreiste, um bei den Salesianerinnen weibliche Qualitäten zu üben, in Männerkleidung zu stecken. Sie reiste als »Bruder« Giacomos mit und wurde »Francesco« genannt. Solcherart erreichten die Reisenden Venedig, wo Don Giuseppe die Reise unterbrach, da er unaufschiebbare Geschäfte hatte.

Giacomo, von der überstandenen Krankheit noch mitgenommen, verblieb bei dem Vater. Franziska, in schmucker Männerkleidung, sollte ohne Familie weiterreisen. Als Begleitung ergaben sich der zufällig ebenfalls nach Wien reisende Sekretär Giuliani mit seiner Gemahlin.

Diesem Ehepaar wurde »Francesco« mit dem Bedeuten anvertraut, »das Kind« bei Wiener Freunden abzusetzen, wo es die Ankunft des Vaters abwarten sollte. Über das Geschlecht des »Kindes« äußerte sich Papa Scanagatta vorsichtshalber nicht ...

Franziska, in Männerkleidung, setzte ihre Reise als »Francesco« fort. Sie wußte, daß ihr Vater durch die Wiener Freunde beim damaligen Oberarzt der Neustädter Militär-Akademie anfragen hatte lassen, ob der Herr Oberarzt Haller den Scanagatta-Sohn bis zur Aufnahme in die Akademie in Kost und Quartier nehmen wolle ...

Papa Scanagattas Verwirrung und Mamas Entsetzen müssen groß gewesen sein, als nach einigen Wochen ein Schreiben aus Wiener Neustadt in Mailand eintraf: Oberarzt Haller berichtete darin, daß Francesco Scanagatta, Haller zur Privatpflege anvertraut, der »wackerste junge Mann« sei, den der Herr Oberarzt bisher kennenlernte.

Haller berichtete ferner, daß Francesco sich gleich nach seiner Ankunft in Wiener Neustadt »mit unermüdlichem Eifer dem Studium überlassen und beim Kommandanten der Militär-Akademie, General Kinsky, zur Ablegung der Aufnahmeprüfung gemeldet« habe. Diese Prüfung habe Francesco vor

wenigen Tagen glänzend bestanden, und sämtliche Offiziere und Lehrer der Anstalt seien des Lobes voll über Francesco, zu dem Haller dem Vater Scanagatta von Herzen gratuliere.
Die Verwirrung des Vaters geht wohl mit der nüchternen Frage Unbeteiligter in Einklang, wie es Franziska gelingen konnte, ihre Absichten durchzuführen?
Ihr Tagebuch, das sie ausführlich bald zu schreiben aufhört, um es später nur mehr bruchstückweise fortzuführen (aus Vorsicht oder weil solch dickes Buch im Marschgepäck zuviel Schwere verursacht), berichtet nichts davon.
Doch es muß wohl so gewesen sein: Sie nützte die Möglichkeiten! Vom Vater getrennt, der Obhut des Ehepaares Giuliani anvertraut, war sie von Venedig bis Wien bemüht, ihr vom Vater verheimlichtes Geschlecht weiter zu verbergen. Mit dem Ziel, das Ehepaar davon zu überzeugen, daß sie (die Verkleidete) der Sohn sei, der für die Militär-Akademie bestimmt war und im Hause des Oberarztes Haller untergebracht werden sollte.
Die Begleitung zu überreden, »Francesco« nicht unnötigerweise bis Wien mitzunehmen, sondern gleich auf der Durchreise in Wiener Neustadt zurückzulassen, fiel sodann nicht mehr schwer. Die kleine Reisegesellschaft war am 16. Februar 1794 in Wiener Neustadt eingetroffen. Die Militär-Akademie lag nicht weit von der Poststation. Unter Giulianos Begleitung begab sich Franziska dorthin. Sie suchten den Oberarzt Haller auf, der mit seinen Töchtern beim Tee saß, als Giuliano und sein »Schützling«

ihre Aufwartung machten. Die jungen Mädchen schlugen, wie es sich gehörte, sittsam die Augen nieder, als sich der glutäugige »Francesco« verbeugte. »Wie lächerlich ist es, ein Mädchen zu sein«, schreibt Franziska darüber in ihr Tagebuch. »Sie sehen ein paar Hosen und einen Degen, und flugs überlegen sie, ob dies einen Ehemann abgeben könnte. Oh, es ist ein Fluch, als Weib geboren zu sein!«

»Francesco« gefiel dem Oberarzt, der den sympathischen Jüngling in Kost und Quartier nahm, Herrn Giuliano zuvorkommend erklärend, daß er Don Giuseppes »Sohn« selbstverständlich gleich hierbehalten würde. Da im Hause des Oberarztes keine diesbezüglichen Vorkehrungen getroffen worden waren – es wußte ja niemand, daß »Francesco« kommen würde –, nahm ihn Haller in seinem eigenen Schlafzimmer für die Nacht auf. Franziska – wie sie ihrem Tagebuch anvertraute – »schloß kein Auge«, sich gleichermaßen vor dem Oberarzt wie vor der bevorstehenden militärischen Untersuchung fürchtend. Doch die Wochen gingen dahin, und es kam zu keiner Behelligung irgendwelcher Art: »Francesco« schien dem Oberarzt frisch und genügend gesund: er mochte auch annehmen, daß der blühende »Jüngling« schon in Mailand »besichtigt« worden sei ...

Diese »Unwissenheit« ermöglichte es Franziska, sich eifrig ihren Studien zu überlassen, insbesondere den mathematischen Wissenschaften, die für strebsame Offiziere unentbehrlich waren. Doch ebenso unermüdlich war sie bei praktischen Übungen, wie beim Tummeln feuriger Rosse! Binnen kurzem zählte Franziska zu den besten unter den neunzig Zöglingen der Militär-Akademie. Doch sie hatte Angst. Vor dem Vater, der ja schließlich einmal kommen mußte, und davor, »Francesco Scanagatta« – einen »Bruder«, den es nicht gab – erfunden und damit eine Fälschung begangen zu haben ...

Don Giuseppe, verwirrt und entsetzt, kam. Um Aufsehen zu vermeiden, stieg er in einem Wiener Neustädter Gasthof ab und ließ Franziska zu sich kommen.

Erwartete er ein Töchterchen, das um Verzeihung bettelte? Vater Scanagattas Gemütsbewegungen bleiben unbekannt. Doch auf sein »Herein«, nach dem Pochen an seiner Türe, kam kein reuiges Mädelchen von 18 Jahren, sondern ein schmucker Militär-Akademiker in dunkelblauem Waffenrock, mit umgeschnalltem Degen. Unter dem schwarzen Dreispitz, auf schwarze Locken gestülpt, blitzten ihn Augen voll Kampfeslust an. Wie Franziska in ihrem Tagebuch vermerkt, gelang es ihr, den Vater davon zu überzeugen, daß ihre Handlungsweise nicht auf Launenhaftigkeit zurückzuführen sei, sondern daß sie ernstlich vorhabe, eine militärische Laufbahn zu nehmen.

Das hätte der Vater doch immer vorgehabt, wäre sie eben nicht ein Mädchen geworden.

Nun ja, der Vater seufzte, gerührt von der Standhaftigkeit seiner Tochter. Nun ja, aber dieser Punkt wäre ein besonderer Punkt. Darüber müßte er mit dem Oberarzt Haller konferieren. Diese Konferenz mit dem Oberarzt Haller verlief auf eine Weise, die gleichermaßen zum Lachen wie zur Nachdenklichkeit

veranlaßt: weil Mißverständnisse offenbar das Bedeutendste und Schicksalgebende in des Menschen armseliger Existenz darstellen ...
Don Giuseppe sprach ebensowenig Deutsch wie Dr. Haller Italienisch. Die beiden Herren einigten sich auf eine Unterhaltung in lateinischer Sprache.
Darin war der Mediziner Haller dem Nobile Scanagatta überlegen. Haller, sich wie ein moderner Cicero aufspielend, mag sich gewundert haben, daß Don Giuseppe, wenn er von seinem Sohn sprach, stets weibliche Formen wählte, aber er schrieb dieses Versehen wahrscheinlich einem Mangel an Übung oder Kenntnis der lateinischen Sprache zu und mochte aus Artigkeit nicht auf Fehler in der Diktion und Grammatik aufmerksam machen. Auch schien er diesem Umstand des Geschlechts wenig oder gar keine Bedeutung beizumessen. So wurde er nicht aus seiner »Täuschung« gerissen, sondern versicherte mit aller – lateinischen – Beredsamkeit, daß »Francesco« einer der besten Schüler der Militär-Akademie sei, und sagte dem verzweifelten Papa Scanagatta voraus, daß sein »Sohn« eines Tages Zierde und Ruhm der Akademie sein würde.
Worauf sich der Vater entschloß, wenn auch mit Vorbehalt, auf sein Kind stolz zu sein ...
Am 1. Juli 1794 fand Franziskas definitive Aufnahme in die Akademie statt.
Sie errang Auszeichnungen und Preise und wurde 1797 zum Fähnrich ernannt. Womit für sie die Zeit kam, ihre theoretischen Lehren in die Praxis umzusetzen, und der Mensch von heute, den Amtstigern und -schimmeln bis zur Computer-Perfektion aus-

geliefert, die seine Existenz nahtlos über alle Etappen zum Mutterleib zurück enthüllen, sich neidvoll früherer Zeiten erinnern muß, da Amtstiger und -schimmel so unvollkommen trabten, daß ein Mädchen ein Mann und ein Kriegsheld werden konnte ...

1797 hatte der jugendliche Bonaparte durch die Siege bei Montenotte und Millesimo den Feldzug in Italien eröffnet, Viktor Amadeus, König von Sardinien, zur Abtretung von Savoyen und Nizza nebst den wichtigsten Festungen Piemonts genötigt und den Österreichern Mantua genommen.

Europa war in Aufruhr. Der frischgebackene Fähnrich Franziska wurde nach Ungarn beordert, wo ihr zukünftiger Truppenkörper, das Varasdiner St. Georger Grenz-Regiment, in Garnison stand. Dort angelangt, wurde sie mit dem Kommando eines beträchtlichen Rekruten-Transportes betraut, den sie ihrem Bataillon zuführen sollte, das sich bei Kehl am Rhein auf Vorposten befand.

Franziska, nun 21 Jahre alt, wurde mit dieser »halbwilden Horde von Steppensöhnen«, wie der Militärwitz die Bewohner der Tiefebene benannte, recht gut fertig. Nach langem, mühevollem Weg am Rhein angekommen, teilte Fähnrich Franziska nunmehr mit dem Bataillon die Gefahren und Mühseligkeiten des Vorpostendienstes.

Wie mag es diese junge Frau wohl angestellt haben, in so engem Kontakt mit Männern zu leben, ohne daß diesen je etwas von ihrer »Besonderheit« auffiel? Diese Frage stellt sich wohl jeder, der Franziskas wechselvolle Schicksale verfolgt! Sie war keineswegs ein »Mannweib« – wie sie in späteren Jahren recht überzeugend durch die Geburt mehrerer Kinder bewiesen hat; sie war eine normal entwickelte Frau. Ihrem Tagebuch vertraute sie wohl an, daß ihr das Mieder, in das sie sich schnürte, »Brustschmerz« verursachte, und daß es oft Mühe machte, die »Not des Leibes« zu zügeln: ob sie damit ihren Stoffwechsel meint, für dessen Vollzug sie die einsamsten Plätze finden mußte, die Problematik ihrer Menstruationen oder allfällige Regungen sexuellen Verlangens – das bleibt der Phantasie überlassen! Fähnrich Franziska spart sich solche Hinweise.

Ihr Bataillon mußte sich in die Stadt Mannheim zurückziehen, als die Franzosen zwischen Killstett und Dirsheim den Rhein überschritten. Kurz darauf machte der Friede von Campo Formio dem Feldzug ein Ende. Am 9. Dezember setzte sich Franziskas Bataillon in Marsch nach Böhmen.

Nun begann für Franziska ein zwar wechselvolles, doch eher langweiliges Garnisonsleben, das keine Gelegenheit zu heroischen Taten bot, um die es ihr ja schließlich ging. Der einzige Vorteil war, daß die Menschen in ihrer Umgebung ständig wechselten, so daß die ewige Befürchtung, jemand könnte sie genauer beobachten und dadurch ihr Geheimnis entdecken, geringer wurde.

Allerdings brachte das Garnisonsleben auch Kontakte mit Damen, und weibliche Sensibilität scheint die der Männer zu übertreffen: im Casino von Sandomir fanden einige der Garnison-Schönheiten Interesse an dem schmucken Fähnrich Scanagatta, der, wohl glutäugig, ein sehr zurückhaltendes Benehmen

an den Tag legte. Die Kameraden machten den »Tugendbold« scherzhaft auf seine versäumten Möglichkeiten aufmerksam. Franziska erfand eine Braut, der »er« Treue gelobt hätte.
»Na gut«, meinte ein Leutnant anderntags. »Aber die Damen meinen, Ihre Treue zum Fräulein Braut hätte vielleicht andere Ursachen.«
Franziska, die wohl auch ihr Tagebuch in ständiger Angst vor Entdeckung führte, schildert den Vorfall: »Mir klopfte das Herz, ich bekundete meine Neugier, zu erfahren, was so schöne Damen über ein Nichts wie mich wohl plaudern mochten? Der Leutnant sagte: ›Die Damen finden, Sie hätten ganz das Aussehen und Gehaben eines verkleideten Mädchens.‹ Ich brach in Lachen aus. Und ich sagte: ›Die Überprüfung einer so wichtigen Frage steht natürlich den Damen zu. Fräulein Loulou (das ist die Geliebte des Leutnants) erbitte ich mir als Richterin.‹
Der Herr Leutnant meinte gutgelaunt: ›Loulou? Das könnte dem Herrn Fähnrich so passen.‹
Ich vermied weitere Besuche im Casino.«

Am 1. Februar 1799 erhielt die Kompagnie, bei der Franziska in Sandomir stand, Befehl, nach Kelm zu marschieren.
Franziska war hocherfreut, den forschenden Frauenaugen von Sandomir zu entrinnen. Doch während des Marsches wurde sie, wie sie später schreibt, »von heftigem Gliederreißen überfallen«. Sie schleppte sich weiter. Volle acht Stunden, ohne Unterbrechung, hatte der Marsch bereits gedauert. Heftiger Regen klatschte auf die erschöpften Solda-

14 Leutnant Franziska

ten nieder und verwandelte die schlechte Straße in einen Sumpf. Zeitweise schlugen die Tambours ein, um die Marschlust zu heben, doch die durchnäßten Trommelfelle klangen nur dumpf und ließen die Müdigkeit noch mehr fühlen: müde Trommeln für müde Beine ... Franziska blieb, etwas rastend, zurück. Ihr Kopf schmerzte, ihre Pulse klopften heftig, sie fröstelte in ihrer durchnäßten Uniform, ihre Stiefel, verbogen und verdreht durch den Marsch im Morast, rieben ihr die Füße blutig. Doch sie schleppte sich weiter, um schließlich zusammenzubrechen ...

Hauptmann Kinsky ließ den schwer erkrankten Fähnrich Scanagatta nach Lubin (Galizien) zum Regimentsstab transportieren. Franziska lag nun zwei Monate im Krankenbett. Was diagnostiziert und wie die Untersuchung vorgenommen wurde, wissen wir nicht: es muß Franziska offenbar gelungen sein, die Herren Ärzte in Galizien genau so hinters Licht zu führen wie sämtliche Militärs in ihrem bisherigen Dasein als Heldenmädchen! Die Angst, ertappt zu werden und als Betrügerin und Urkundenfälscherin vor Gericht zu kommen, da sie sich ja für ihren Bruder ausgab, muß ihren Geist und ihre Erfindungskraft aufs höchste beflügelt haben!

Es gelang ihr, trotz aller Fieberschauer und Entkräftung, nicht nur die Herren Militärärzte, sondern auch den Soldaten – eine Art Pfeifendeckel, der ihr aufwartete – zu täuschen. Dieser Bursche aus den böhmischen Wäldern hatte seine Diensterfüllung im Sinne, sonst nichts: nach dem Wahlspruch seiner Epoche hatte ein Soldat das Denken den Pferden zu

überlassen, da diese die größeren Köpfe besaßen. Mochte ihm auch etwas auffallen an dem kranken Fähnrich, dem er die Wäsche wechselte – er dachte sich nichts.
So gelang es Franziska, wieder gesund zu werden. An einem schönen Aprilmorgen 1799 saß sie im Reisewagen, Ziel Pancsova (im Banat), Grenzregiment Nr. 12 – also wieder ein neuer Bestimmungsort. Lächelnd sah sie auf ihren Pfeifendeckel – der Soldat aus den böhmischen Wäldern, der das Denken den Pferden überließ, war ihr geblieben.

In ihrem neuen Regiment rückte sie am 6. Mai 1799 ein – genau der Zeitpunkt, da Beförderungen stattfanden. In ihrer Eigenschaft als rangältester Fähnrich erwartete sie bei dieser Gelegenheit die Vorrückung zum Leutnant. Doch zu ihrer Überraschung und ihrem Ärger sah sie sich von zweien ihrer Kameraden, die jünger im Range waren, übergangen.
Im sicheren Bewußtsein, daß die von den zwei Regimentern, in denen sie bisher gedient hatte, ausgefertigten Konduitenlisten nicht den geringsten Anlaß zu einem Vorwurf bieten konnten, führte sie heftige Klage über diese Zurücksetzung und forderte Satisfaktion, indem sie erklärte, sie würde sich nicht für würdig halten, die Uniform des Regiments und den Ehrenrock eines österreichischen Offiziers zu tragen, wenn sie das ihr zugefügte Unrecht ohne Einspruch ertrüge.
Als Antwort auf ihre Beschwerde erhielt sie eine per 13. Juli datierte Zuschrift, welche sie einigermaßen beruhigte: das Regiment bedeutete ihr nämlich, daß

die beiden ihre Rechte kränkenden Beförderungen zu einer Zeit vorgenommen worden waren, als das Regiment sich noch nicht in Kenntnis von der »Übersetzung des Fähnrichs Scanagatta in dasselbe befand«, daß man aber bei der »ersten sich ergebenden Gelegenheit nicht ermangeln würde, seinem Verdienste Gerechtigkeit widerfahren zu lassen«.
Mittlerweile war der auf eine Zeitlang unterbrochene Krieg in Italien (1799) wieder ausgebrochen.
Österreicher und Russen kämpften so siegreich, daß Frankreich alle seine italienischen Besitzungen wieder verlor und die von Napoleon gestifteten Republiken aufgelöst wurden.
Doch 1800 wandte sich das Kriegsglück, und der Sieg von Marengo gewann Bonaparte Oberitalien wieder.
Zu Beginn dieses Feldzuges befand sich Franziska beim Reserve-Bataillon, das gewöhnlich weit entfernt vom Kriegsschauplatz im Werbebezirk seine Tätigkeit entfaltete.
Da es das Heldenmädchen Franziska nach Ehren dürstete, die nur im Schlachtfeld zu erwerben waren, bat sie um Transferierung in eines der Bataillone ihres Regiments, die vor dem Feind in Italien standen. Ihrer Bitte wurde stattgegeben, und sie erhielt die Einteilung ins sechste Bataillon. Dieses gehörte zu der mit der Blockade von Genua betrauten Heeresabteilung und wurde von Major Paulich befehligt.
Franziska rückte in den ersten Dezembertagen (1799) bei ihrem Bataillon in Borzonasko ein, verließ diesen Ort aber schon am 9. Dezember, um die

Franzosen anzugreifen. »Endlich!« schreibt sie in ihr Tagebuch, »werde ich mit dem Feinde die Waffen kreuzen!« Sie brannte darauf, ihre Tapferkeit zu beweisen, und sie hatte recht bald Gelegenheit dazu: ihr Bataillon erhielt Befehl, Barba-Gelata und die zunächst liegenden befestigten Höhen vom Feinde zu säubern.
Die Franzosen in ihren guten Verschanzungen hielten hartnäckig Widerstand. Unerschütterlich, wie es heißt, stürmten die Österreicher vorwärts. Sie erlitten schwere Niederlagen – die meisten Verluste Major Paulichs Bataillon, denn da, wo dieser Truppenteil kämpfte, war das Terrain sehr ungünstig: meist steile, schwer gangbare Felspartien, die dem Angreifer wenig Deckung boten, so daß dieser unaufhörlich dem feindlichen Feuer ausgesetzt war. Dabei wurde Major Paulich schwer verletzt: eine Kugel zerschmetterte sein rechtes Bein.
Unfähig, sich zu erheben, gab der Stabsoffizier seinen Untergebenen noch fernere Verhaltensbefehle und ließ sich dann, da kein anderer Ausweg mehr möglich war, mit einem kleinen Teil seiner Mannschaft gefangennehmen.
Unterdessen stürmte Franziska der ihr zugewiesenen Abteilung mit hochgeschwungenem Degen voraus. »Barba-Gelata oder den Tod!« lautete ihr Feldruf und »Vorwärts!« die Losung. Rings um sie pfiffen und sausten die todbringenden Projektile, die viele trafen, so daß sie ihr junges Leben aushauchten, Franziska aber wurde nur eine Quaste ihrer Feldbinde abgerissen. Sie stürmte weiter …
Die Berichte über die Schlacht bei Barba-Gelata sind

lang, und Scanagattas heldenhaftes Verhalten findet darin seine Würdigung. An historischen Kriegsschilderungen Interessierte können sie in einschlägiger Literatur nachlesen. Im Rahmen dieses Berichtes würde ihre begeisterte Langatmigkeit den Leser jedoch ermüden: halten wir nur fest, daß fast zur gleichen Zeit, als Barba-Gelata genommen wurde, die Franzosen auch an den übrigen Punkten siegreich zurückgedrängt wurden und an vielen Stellen die schwarzgelbe Fahne statt der Trikolore wehte. Die österreichischen Verluste waren bedeutend. Doch trotz der Erfolge seiner Feldtruppen sah sich der Kommandierende, General Klenau, der den ganzen Sommer über das Blockade-Korps von Genua befehligt hatte, wegen Munitionsmangel genötigt, schon nach wenigen Tagen den geordneten Rückzug in die Lombardei anzutreten. Auch Franziska war mit ihrer Einheit unter diesen Truppen. Am 16. Dezember langte Klenau in Pallazuolo an. Hier wurde Franziska und ihrem Akademie-Freund Leutnant Pavik der ehrenvolle Auftrag zuteil, mit einem kleinen Detachement wieder die Stellung von Barba-Gelata einzunehmen und sich daselbst so lange wie möglich zu halten, um auf diese Weise den Rückzug der österreichischen Nachhut zu decken.

Ein Himmelfahrtskommando unter Kennern ... Das Heldenmädchen nahm es begeistert an, kämpfte, siegte – und überlebte. Schließlich wurde sie von ihrem Uriasposten zurückgezogen und nach Campiano im Parmesanischen beordert, wo das Bataillon bereits sein Winterquartier aufgeschlagen hatte. Lange mußte Franziska jedoch nicht auf einen neuen

Auftrag warten: in Fassungsangelegenheiten ihres Truppenkörpers wurde sie nach Venedig, dann nach Mantua und Mailand entsandt.

Während sie ihre Talente auf allen militärischen Ebenen solcherart bewies, saß ihre Familie in Cremona, wohin sich Don Giuseppe begeben hatte. Es herrschte große Trauer bei den Scanagattas, hatte man von Franziska doch seit langem nichts gehört. Welcher Jubel, als eines Tages die Türe aufging und ein stolzer Offizier eintrat, der Mama Scanagatta um den Hals fiel und sagte: »Ich bin's, Franziska!«
Das Glück, wieder im Familienkreis zu sein, war leider nicht von Dauer: Franziska befand sich nur auf der Durchreise. Zwei Tage und Nächte blieben ihr zum Verweilen. Sie verliefen recht problematisch. Mutter Isabella bemerkte voll Entsetzen, daß Franziskas Busen vom ständigen Schnüren und Zusammenpressen schwarzblaue Male und Flecken aufwies. Sie teilte dies sofort dem Vater mit und beschwor ihn, die Tochter zur Aufgabe des Kriegsdienstes zu zwingen, da sie sonst das Opfer einer »bösartigen Krebskrankheit« (diese Formulierung ist authentisch) werden müsse.
Der Vater hatte seit jenem Tage, da ihm Franziska ihr Einschmuggeln in die Militärakademie brieflich mitgeteilt, nie aufgehört, sie dringlich zu bitten, dieser Verleugnung ihrer Weiblichkeit zu entsagen – und solcherart mit dem Gesetz in Konflikt zu leben, da sie sich ja für eine andere Person ausgab. Doch hütete er sich andererseits, Franziskas Irreführung den Militärbehörden bekanntzugeben, um sie, deren

eisernen Willen er kannte, nicht zu einer Verzweiflungstat zu reizen. Doch die Angst seiner Frau zwang ihn nun, der Tochter ernstlich ins Gewissen zu reden. Franziska sagte: »Niemals!« Wie um ihr recht zu geben, erschien mitten in den häuslichen Debatten eine Ordonnanz, die Franziskas Beförderung zum Leutnant brachte. Sie schreibt darüber in ihr Tagebuch: »Oh Vater, wie stolz wärest du auf deinen Sohn, dem eine glänzende und ruhmreiche Zukunft bevorstünde, wenn er nicht ...«
Der folgende Satz ist ausgestrichen. Lesbar ist erst wieder: »So wird dein Vaterherz zerrissen zwischen Stolz und Besorgnis.« Dann kommt sie doch auf ihr Problem, wenn auch verschlüsselt, zu sprechen: »Die Welt hat keinen Platz für Frauen, diesem unglückseligen Geschlecht lastet der Fluch an, sich nicht zur Freiheit erheben zu dürfen. Oh, wie viele möchten wohl lieber tot als so gefesselt sein!«

Was sich in dieser kurzen Zeit noch an Diskussionen und Beschwörungen im Hause Scanagatta ereignete, wissen wir nicht. Unbekannt ist auch, ob Franziskas bald darauf stattfindende Enthebung vom Dienst schließlich doch auf das Betreiben ihres Vaters zurückzuführen war. Sie verließ jedenfalls das Elternhaus, um ihre restlichen Aufträge zu erledigen und kehrte dann zu ihrem Truppenkörper zurück. Dieser erhielt im April 1800 den Befehl, zur Blockade von Genua zurückzukehren, dessen Übergabe unmittelbar bevorstand.
Das Bataillon hatte bei Monte-Becco ganz in der Nä-

he von Monte Fiacco feste Stellung bezogen, als Leutnant Scanagatta just an dem Tag, an welchem Genua mittels Vertrages übergeben wurde, durch sein Bataillonskommando den Befehl erhielt, sich auf Anordnung des Höchstkommandierenden der Armee zu seinen Eltern zu begeben, wobei sich das Armee-Kommando »weitere Verfügung über Leutnant Scanagatta« vorbehielt.

Sie muß sich wohl gefragt haben, ob das bedeutete, daß ihr Geheimnis entdeckt sei? Sie schrieb ins Tagebuch: »Ein Ende? Gewißheit ist besser als Zweifel.« Aus diesem Grunde dürfte sie nicht sogleich ins Elternhaus zurückgekehrt sein, sondern sie begab sich in Norvi zu dem dortselbst zur Zeit weilenden Armee-Kommandanten Feldmarschall-Leutnant von Gottesheim, der ihr aus der Schlacht von Barba-Gelata wohlbekannt war. (In seinen Memoiren spricht Freiherr von Gottesheim mit Begeisterung von dem »Helden von Barba-Gelata«, der sich »später als Heldenmädchen enthüllte«. Auch Erzherzog Karl gedenkt in seinem Werk »Der Feldzug 1799 in Deutschland« voll Bewunderung dieser »einzigartigen Frau«.)

Ihre Ahnungen trogen sie nicht: im Gespräch mit dem Feldmarschall erfuhr sie, daß nun wirklich alles »zu Ende« war. Doch erwies ihr der Kommandant sowie das Armeekorps die Ehrung, am nächsten Abend an der Tafel ihren Abschied feierlich zu begehen. Sie wurde nochmals als »Held von Barba-Gelata« gewürdigt, sie trug noch immer »das weiße Ehrenkleid eines österreichischen Offiziers« (wie die Annalen vermelden), und keiner an der festlichen

Tafel machte auch nur die geringste Anspielung auf ihr Geschlecht.
Sie schreibt in ihr Tagebuch: »Der Herr Feldmarschall-Leutnant nennt es einen Kleidertausch. Er sprach davon, daß er meine Hand küssen möchte, wenn ich als Frau vor ihm stehe. Ein Kleidertausch, sonst nichts ...«
Sie bezog ihre Leutnantsgage bis zum Juli 1800, dann wurde ihr vom Hofkriegsrat die ehrenvolle Anerkennung zuteil, daß diese höchste Behörde ihre »erledigte Leutnantsstelle im deutsch-banater Grenzregimente« ihrem Bruder Guido verlieh. Außerdem erstattete der Hofkriegsrat dem Kaiser (Franz I.) Bericht über die militärische Laufbahn der »Jungfrau Scanagatta«, und sie erhielt, nebst einer ehrenden Anerkennung des Hofes, auch die standesgemäße Pension und die Erlaubnis, »den Offizierscharakter beibehalten zu dürfen«.
Von einer Verfolgung wegen »Einschmuggelns in Militärakademie und Militärdienst«, Urkundenfälschung und dergleichen war niemals die Rede, auch an Ehrungen gebrach es Franziska nicht: mit ihrer Familie nach Mailand zurückgekehrt, wurde sie als »Heldin von Barba-Gelata« eine der interessantesten Persönlichkeiten der Stadt.
Sie trug nun Frauenkleidung, und sie war nicht nur interessant, sondern auch hübsch. Zu ihren eifrigsten Verehrern zählte Cölestin Spini, Leutnant des damals in Mailand garnisonierenden Cheveaux-legers-Regiments Kaiser Franz Nr. I. Er folgte der attraktiven Franziska auf Schritt und Tritt. 1804 hatte Mailand seine Sensation: Leutnant Scanagatta und

Leutnant Spini schritten zum Traualtar! »Wann«, schrieben die Mailänder Zeitungen launig, »hat man je gehört, daß zwei Leutnants heiraten?« Die Trauung wurde zu einer gesamtösterreichischen Sensation: Leutnant Scanagatta trug ein weißes Spitzenkleid, auf dem schwarzen Lockenkopf ein Myrtenkränzlein. »Der Kriegslärm um sie ist verstummt«, schrieben die Zeitungen, »der Heldin läuten die Hochzeitsglocken vom Mailänder Dom. Stolz blickt Leutnant Spini auf Leutnant Scanagatta, den (die) er um die nötigen Zentimeter überragt, herab.« Nach allgemeiner Vermutung würde es den beiden Leutnants in ihrer Ehe wohl nie an Gesprächsstoff mangeln ... Es ist jedoch anzunehmen, daß sich das Leutnantspaar nicht nur über militärische Fragen unterhielt, denn in den nächsten Jahren schenkte Franziska ihrem Gatten zwei Töchter und zwei Söhne. Ins Tagebuch schrieb Frau Spini allerdings nichts mehr. Sie folgte ihrem Mann, der die militärische Stufenleiter bis zum Major emporstieg, nicht ins Feld, wo sie besser Bescheid wußte als er –, sie zog ihre Kinder groß und pflegte der Häuslichkeit. 1832 drückte sie ihrem Manne die Augen zu; sie wurde eine steinalte Witwe, die 1852 den anfangs zitierten Brief an die Wiener Neustädter Militär-Akademie schrieb. Eine Ergänzung (ein zweites Schriftstück von ihrer Hand) wird, abschließend, im umfangreichen Werk Johann Jobsts »Die Neustädter Burg und die k. u. k. Theresianische Militärakademie, Wien/Leipzig 1908« zitiert, und zwar nach Jobsts knapper Zusammenfassung des Phänomens Scanagatta: »Vorhandene Briefe weisen auf den ganz besonderen

Fall, daß ein *weiblicher* Zögling die Akademie frequentierte, was man jedoch erst später entdeckte. Er soll statt seines Bruders, der nach seiner Widmung zum Militärstand keine Lust zeigte, hieher gekommen sein. Vielleicht blieb deshalb, weil man die Frequentanten nicht immer mit der gleichen Strenge ärztlich untersuchte oder weil dieser Zögling, wie auch andere Frequentanten, in der Stadt bei einem Arzt wohnte, sein Geschlecht ein Geheimnis. Der Zögling hieß Scanagatta, mit dem angenommenen Vornamen Franz. (Abb. 212) Er wurde zufolge einer Verordnung vom Jahre 1797, weil sein Vater die Unterhaltskosten nicht mehr bestreiten konnte, wegen seines großen Fleißes und guten sittlichen Betragens in eine bei dem St. Georgen-Grenzregimente vakante Fähnrichstelle befördert, mit dem Beisatze, daß solcher zu dem sechsten komponierten Warasdiner Bataillon am Rhein auf das baldigste abzugehen habe. Er hatte einige Feldzüge mitgemacht, sich vor dem Feinde ausgezeichnet und wurde in einer Schlacht verwundet.
Aus Anlaß einer Erkrankung wurde in der Folge die Entdeckung gemacht, daß er weiblichen Geschlechts sei. Scanagatta wurde als Leutnant pensioniert und durfte auch die Offiziersuniform tragen. Erklärlich ist dieser Fall dadurch, daß unter Kinsky fast in jeder Klasse Externisten waren, die außer Kost und Wohnung alles übrige mit den Zöglingen gemein hatten. Zwar gehörten sie nicht zum Stande der Akademie, doch mußten sie sich in die Hausordnung fügen und wurden, wenn sie den Kurs vollendet hatten, als Offiziere oder Kadetten ausgemu-

stert. Der Umstand, daß der weibliche Frequentant durch die ganze Zeit seines Aufenthaltes in der Akademie unerkannt blieb, läßt auf die unter den Zöglingen herrschende Sittenreinheit schließen. Einen Brief Scanagattas teilten wir bei der Beschreibung der hundertjährigen Jubelfeier mit, ein zweites Schriftstück folgt hier:

Franz Scanagatta
Ehemaliger Zögling der k. k. Wiener Neustädter Militärakademie von dem Ausmusterungs Jahr 1797 ist als Fähnrich beym G. I. R. Nr. 6 angestellt, und zum 2ten Feld Bataillon bestimmt worden.

Una verace

Risoluta Virtu non trova impresa
Impossibile a lei.

Franz Scanagatta
pensionierter Lieutenant
Majors Spini Wittwe.

Hilduschka

Der Fall Hilde Hanika 1923

Im Boskovicer Bezirk waren die Bauern schlecht aufs Militär zu sprechen, das Manöver abhielt: war der Krieg dafür zu Ende, hatte Mähren alles gut überstanden, damit jetzt Soldatenstiefel die Weizenfelder zertrampelten und Schüsse bis in die späte Nacht über die Ebene pfiffen?
Der Gendarm, der seine Runde machte, mußte sich allerlei anhören von den Bauersleuten, die die Köpfe aus den Fenstern streckten, denn schon wieder waren zwei Schüsse gefallen! »Der Kaiser ist wieder da, František«, höhnten die Boskovicer. Auf solche Reden zu antworten, war unter der Würde eines Gendarmen des neuen tschechoslowakischen Staates. Im übrigen wußte der Gendarm, daß diese Schüsse nicht »ordnungsgemäß« gefallen waren. Sie kamen aus der Nähe der Eisenbahnstation Skalice-Boskovice. Mißmutig stapfte er durch die laue Septembernacht und fand schließlich in einem Kartoffelacker einen regungslosen Offizier.
Es war ein tschechoslowakischer Hauptmann mit zwei Schußverletzungen: eine unter der rechten Schulter, eine hinter dem linken Ohr. Nach der Bergung des Toten wurde er als Hauptmann des 43. Infanterieregiments, namens Karl Hanika, identifi-

ziert. Er war in Ujezd bei Boskovice im Quartier und hatte sich für diese Nacht Urlaub genommen, um zu seiner Frau nach Brünn zu fahren. Am Morgen wollte er wieder rechtzeitig zum Manöver zurückkehren.

Nach Aussage mehrerer Augenzeugen war Hanika am Abend zur Bahnstation aufgebrochen, begleitet von einem Zivilisten mit dunkelgrünem Anzug und lichtem Hut, »ein Bürscherl mit blauen Augen und braunen Locken, die unterm Hut hervorgeschaut haben«.

Da Hauptmann Hanika, ein im Kriege mehrfach ausgezeichneter Offizier, bei seiner Einheit geachtet und beliebt war, schied der Verdacht aus, seinen Mörder im Regiment zu vermuten. Vielmehr richtete sich der Verdacht auf »das Bürscherl«, den blutjungen Zivilisten mit den blauen Augen, der wahrscheinlich den Zug nach Brünn genommen hatte.

Hilde Hanika, die nunmehrige Witwe, wußte über den Zivilisten nichts zu sagen. Die bildhübsche Frau, die gerade 21 Jahre alt geworden war, vergoß heiße Tränen über den Tod ihres Karl, auch ihre Mutter, Franziska Charvat, die mit dem jungen Paar die blitzblanke Wohnung teilte, weinte. Die Nachbarn jedoch, sowie Bekannte, die sich zu Zeugenaussagen drängten, wußten über das Eheglück im Hause Hanika anderes zu berichten: Hilde und Karl hätten oft gestritten, da es die junge Frau mit der Treue nicht so genau nähme, insbesondere hätte sie es mit ihrem Cousin gehalten, dem 19jährigen Johann Vesely aus Böhmen. Vesely war blauäugig, hatte braune Locken und trug mitunter einen dun-

kelgrünen Anzug. Recherchen ergaben, daß er und Hilde Hanika am 28. August 1923 (wenige Tage vor dem Mord) in einem Geschäft in Brünn eine Repetierpistole, Kaliber 6,36 mm, erstanden hatten, welche Schußwaffe mit dem Mordinstrument übereinstimmte.
Die blonde Hilde vergoß neuerliche Tränen, doch nunmehr über das »Elend ihrer Ehe«, worauf sie verhaftet wurde. Während die Suche nach Vesely, der in Nosakov daheim ist, weiterläuft, protokolliert der Untersuchungsrichter Hildes Bekenntnisse über ihre Ausbruchsversuche mit verschiedenen Liebhabern – da ihr Mann sich nicht scheiden lassen wollte. Dieses Wissen kommt der Untersuchung zugute, als Vesely endlich in der Slowakei ausgeforscht wird. Der junge Mann, der die mörderische Tat zugibt, will sie vorerst ohne Hildes und ihrer Mutter Wissen begangen haben, um die »Frau, die er über alles liebt«, von ihrem »Peiniger zu befreien«. Doch als er zu hören bekommt, daß seine schwarzäugige Schöne ihre Gunst auch anderen Männern schenkte, mit Wissen der Mutter, und von Schenken konnte keine Rede sein, denn Hilde besserte ihr dürftiges Haushaltsbudget durch ihre Gunstbezeugungen auf, legte er, völlig gebrochen, ein neues Geständnis ab: Es war alles vereinbart zwischen ihm, Hilde und ihrer Mutter ...

Aus den Protokollen einer Zeit, die nur wenige Jahre nach dem Zusammenbruch der Monarchie liegt, geht am eindrucksvollsten hervor, wie fingerbreit die Demarkationslinie zu einer neuen Epoche überschritten wurde: in Mähren nicht einmal fingerbreit, da denkt und fühlt man noch wie anno dazumal, unter Kaiser Franz Joseph, wahrscheinlich sogar noch wie unter der großen Maria Theresia, die an der Untreue ihres kaiserlichen Gemahls so litt, daß sie aus der »Unsittlichkeit« (der Frauen) ein nationales Anliegen machte.

Nicht der Männer, die wurden ja gebraucht, um mit »sittlichen« Frauen den Fortbestand der k. u. k. Monarchie zu sichern. Diese Familiengründer und Familienerhalter fielen leider immer wieder der Fleischeslust zum Opfer! Doch das Volk wußte, wer die Schuldigen waren, es erwies den ehrlosen Männerverderberinnen den gebührenden Abscheu. Hilde Hanika und ihre Mutter, die bald vor Gericht stehen werden, in einem Sensationsprozeß, in dem nicht über den Tod eines kleinen Infanterie-Hauptmannes, sondern über ein – noch immer nationales – Anliegen verhandelt wird, bekommen den Haß ganz Alt-Österreichs zu fühlen. Richter und Geschworene erliegen ihm, da Publikum und Presse aus zwei unglückseligen Menschen weiblichen Geschlechts zwei Hexen machen, die, wie gelegentlich im Publikum verlautet, »von Rechts wegen verbrannt gehörten«.

Doch wir sind noch nicht bei diesem jämmerlichen Prozeß. Vorerst ist der Hintergrund der Hanika-Tragödie zu erforschen: Hanika, verdienter Offizier im I. Weltkrieg, kam 1920 in die Heimat zurück, wo er die blonde Hilde kennenlernte.

Sie ist brav in die Schule gegangen, sogar in die Han-

delsschule. Eine Weile hat sie in Budapest als Gouvernante gearbeitet, doch der Herr des Hauses fand zuviel Gefallen an ihr, also kehrte sie nach Brünn zurück. Ihre Mutter, die als Hebamme tätig ist, böse Zungen nennen sie eher eine Engelmacherin, rät der hübschen Tochter, bald zu heiraten. Da Hilde in einem Grammophongeschäft arbeitet, fehlt es nicht an Bewerbern. Die Mutter entscheidet sich für einen älteren, gutsituierten Interessenten, Hilde schwankt, da lernt sie Karl Hanika kennen. Den oder keinen! Die Mutter versucht, ihr den Habenichts in Uniform (Hanika hat sich der tschechoslowakischen Republik verdungen, mit geringem Sold) auszureden. Hilde bleibt standhaft und heiratet am 28. Juli 1921 ihren Hauptmann. Widerstrebend nimmt die Mutter das junge Paar in ihrer Wohnung auf, da eine eigene Wohnung die finanziellen Möglichkeiten des Offiziers übersteigen würde.
Warum die schöne Hilde den armen Schlucker in Uniform geheiratet hat und nicht einen Begüterteren, ist der Umwelt klar: Es ist eine Frage des sozialen Aufstiegs. Aus der Tochter einer Engelmacherin, die ihr Einkommen durch Männerbekanntschaften aufbessert, wie die Fama weiß, wird eine Offiziersfrau. Das ist schon was! Dafür läßt die Mutter, obgleich sie angeblich den Schwiegersohn nicht mag, das Geld für die Hochzeitsreise und die neue Wohnungseinrichtung springen, insgesamt 24000 Kronen! Woher hat sie soviel Geld? Vom Engelmachen und von den Männern, wie findet das der Herr Hauptmann?
Der weiß von nichts. Oder doch. Aber mit seinem

Sold von 1400 Kronen monatlich kann er seiner Frau kein eigenes Heim bieten. Sie trägt sich an, wieder im Grammophongeschäft zu arbeiten. Er findet das Ansinnen unzumutbar, eine »öffentliche Schande«. Also bleibt Hilde zu Hause, hübsch und jung – ein ungenütztes Kapital, wie die Mutter findet, an *einen* Mann vergeudet, wo sich doch jeder den Hals ausdreht nach Hilde, wenn sie bloß einkaufen geht! *Ein* Mann nur, doch dieser Mann nützt seine ehelichen Rechte auf das egoistischste aus, wie sich Hilde manchmal beklagt. Sie ist eine Frau, der Zärtlichkeit mehr bedeutet als Sexualität, doch Hanika weiß nichts von Zärtlichkeit, sein selbstauferlegtes Sex-Plansoll erfüllt er wie eine Wehrübung. Er wird seiner Frau immer ekliger. Da er es fühlt, verdoppelt er seine Wehrübungen. Hildes häufige Schwangerschaften, von denen sie die Fertigkeit ihrer Mutter befreit, bringen sie physisch und psychisch völlig durcheinander: was sie in der »Werkstatt« der Mutter zu sehen bekommt an gepeinigten Frauen, die ein kurzes Liebesglück bei der Engelmacherin abbüßen, verstärkt ihren Widerwillen gegen ihren Mann. Sie verweigert ihm nun die ehelichen Pflichten, er reagiert mit Schmähungen, beschimpft sie und ihre Mutter, die sich ihr Geld auf so schändliche Weise verdient. Doch ohne Mutters Schandgeld, redet Hilde zurück, hätte der Herr Hauptmann weder sein gutes Essen noch anständige Kleidung! Der Streit in der Hanika-Wohnung, die eigentlich eine Charvat-Wohnung geblieben ist, hört nicht auf. Hilde entrinnt den Vorwürfen ihres Mannes durch Ausgänge ins Café oder Kino, vielfach mit Freunden: Favorit

wird bald ein Arzt. Im Protokoll gibt Hilde an, daß dieser Arzt ihr »sehr nahe« steht. Durch ihn erfährt sie, daß die Begegnung zwischen Frau und Mann mehr sein kann als eine Wehrübung …
Hilde sucht einen Anwalt auf, um die Scheidung zu besprechen. Hanika ist außer sich: ein Offizier kann sich keinen Skandal leisten! Von seiner Angst, in die Tratschmühlen zu geraten, abgesehen, liebt er seine Frau und versucht, die ehelichen Schwierigkeiten durch Mißverständnisse zu erklären, wie sein letzter Brief an Hilde – auszugsweise wiedergegeben – erläutert:

Hilduschka, ich bitte dich innigst, tu mir die Liebe und nimm wenigstens diesen Brief ohne Gefühl des Hasses und Widerwillens gegen mich an. Ich will Dich nicht ändern, aber ich will Dir eine Aufklärung geben, die bis jetzt nicht möglich war.
Erlaube mir, daß ich von Anfang beginne. Unsere Bekanntschaft war vor der Ehe so rein und klar wie ein Gebirgsbächlein. Das war die schönste Zeit meines Lebens. Dann kam unsere Trauung. Ich trat in das neue Leben voll glücklicher Hoffnung und im Gefühl einer ungetrübten Zukunft.
Doch Du warst jung und sehntest Dich nach Unterhaltung, und ich konnte es Dir nicht verwehren. Als ich Dich aber in Gesellschaft von Wüstlingen und Lebemännern sah, war mein Herz so schmerzerfüllt, daß ich nicht wußte, was tun. So kam es zum Zerwürfnis zwischen uns. Als Dir von sogenannten Freunden eingeredet wurde, daß ich eifersüchtig bin

und Dir kein Vergnügen gönne, begannst Du Dich zu ärgern und mich zu verachten.

Nun holte Hanika gegen seine Schwiegermutter aus, kehrte aber wieder zu den »Wüstlingen und Lebemännern« (den sogenannten Freunden) zurück:

Du glaubtest den schlechten Reden einiger dieser Charakterlosen, die mich zu bereden begannen, daß ich Gerüchte von unseren intimen Beziehungen verbreite. Bei Gott und dem lichten Andenken meines Vaters schwöre ich, daß das eine Lüge ist. Doch Du hast es geglaubt und Dich von dieser Zeit an in auffälliger Weise dem Geschlechtsverkehr mit mir entzogen. B. begann mich über unsere »Verhältnisse« in Frankreich zu befragen. Ich schilderte sie so, wie ich es gehört habe, aber nicht so, als hätte ich sie vielleicht selbst erlebt. Wenn Dein Widerstand nur diesen Grund hat, so erkläre ich Dir unter Ehrenwort, daß ich nie in meinem Leben mit einer fremden Person etwas Widerwärtiges getrieben habe. Du hast Dich selbst überzeugt, wie die Leute lügen können, und die Niederträchtigkeit unserer »Freunde« kennengelernt, die aus der durch unser Zerwürfnis entstandenen Situation Gewinn ziehen wollten. Du anerkennst, daß Du in Deiner Unerfahrenheit und Vertrauensseligkeit zu ihnen zu weit gegangen bist. Als ich Dich nach Franzensbad schickte, war mir schmerzlich, Dich auf so lange zu verlieren, aber Deine Gesundheit ging mir über alles. Mit Freude habe ich die Nachricht von Deiner Gesundung empfangen. Als die Nachricht von Deiner Ankunft kam, habe ich ungeduldig Stunden und Minuten gezählt. Leider Gottes, Dein unglückseliger Entschluß, Dich in Prag aufzuhalten, war für mich eine entsetzliche Enttäuschung, so daß ich die ganze Nacht kein Auge geschlossen habe. Ich begrüßte Dich schweigend; denn das Bedauern und der Ärger überwältigten mich. Die Pflicht des Dienstes zwang mich, gleich wegzugehen, und so verließ ich Dich ohne Wort. Als ich, spät bedauernd, zurückkehrte, warst Du um so schroffer zu mir. Als ich Dich auf den Knien um Verzeihung bat, habe ich gehofft, daß Du vergeben und vergessen wirst. Das war leider Gottes nicht der Fall. Du begannst mich um so mehr zu hassen, je mehr ich Deine Verzeihung zu erlangen suchte. Ich konnte meine große Liebe zu Dir nicht verleugnen, und auf den Knieen suchte ich sie von Dir zu erreichen. Meine Pein war nicht zu beschreiben. Das Herz dreht sich mir im Leibe um, wie Du mir verbietest, zu Dir zu sprechen und mich übersiehst. Meine Tränen hältst du für Schwäche, und Du schlägst mir die Scheidung vor. Ein anderer Mann würde vielleicht darauf eingehen, wenn mit ihm so umgegangen wurde, aber ich kann es nicht, denn meine Liebe ist nicht oberflächlich, und ich weiß, daß ich keine andere Frau finden würde, die mir in ihrer Makellosigkeit und Reinheit so imponieren würde wie Du.

Dieser, im Original an die zehn Seiten lange Brief umreißt klar die eheliche Situation: Hanika, der sich nicht ausdrücken kann, reiht Phrasen aneinander, doch er ist seiner Frau verfallen, und Hilde – Hilduschka, wie er sie nennt – gehen seine Tränen und sein Knierutschen auf die Nerven. Denn der um 18 Jahre ältere Mann, dem ihre »Makellosigkeit und Reinheit imponierten«, hat nur Sexualität im Sinn: »Du bist für ihn ein Strohsack«, hat Mama Charvat trocken festgestellt. Hilde kann diese Bemerkung nie vergessen, und die Frauen, die bei Mama Charvat unterm Messer liegen – einige Male lernt sie Mamas Künste selber auf das schmerzlichste kennen –, verstärken ihre Abneigung gegen den Mann, den rastlosen Schwängerer.

»Makellos und rein« ist sie auch für ihren Cousin, den jungen Johann Vesely, auch für den Arzt, einen Freund ihres Mannes, der gern ins Hanika-Haus zu Besuch kommt, wenn Hanika nicht daheim ist. Die Nachbarn aus den gegenüberliegenden Häusern schauen dann von den Fenstern aus zu, welche freundschaftlichen Verhältnisse sich zwischen Patientin und Arzt vertiefen. Während der Arzt sich aufs Trösten der jungen Blondine beschränkt, reagiert der arbeitslose Cousin heftig: sein überlieferter letzter Brief an die unglückliche Cousine lautet:

Liebe Hilduschka! Infolgedessen, daß ich Dich in Prag gehört habe und selbst in Brünn mich bei meinem letzten Besuch überzeugt habe, was für einer der Karl ist und wie Du bei ihm unglücklich bist, ist mir eingefallen, daß ich mit Deinem Unglück auch meines verbinden kann und Dich so befreien. Du

weißt doch gut, daß meine Eltern glauben, daß ich in einer Kanzlei bin, und ich mache indessen den Treiber der Leute: denn bessere Hoffnung in der Stellungskrise auf einen besseren Posten habe ich nicht. Ich will dem allen ein Ende machen. Bevor ich es aber tue, will ich Dich befreien, damit meine Tat überhaupt wenigstens Dir hilft. Ich will, daß Du eine bessere Zukunft hast, als mir vergönnt war. Ich tue es, denn Du weißt, daß ich Dich als Vetter von klein auf geliebt habe und als sechsjähriger Bub an Dir gehangen bin, und darum habe ich Dein Glück im Sinn.
Hilduschka, ich bitte Dich darum, daß Du am Tag meines Begräbnisses persönlich auf mein Grab Blumen legst.

Johann.

Ein am gleichen Tag an die Eltern geschriebener Brief Veselys lautet:

Liebe Eltern! Meine letzte Bitte an Euch ist, mich mit dem Leichenwagen aus Votice überführen zu lassen und unsere Karla und die Schwarze vom Nachbarn einzuspannen. Nehmt mir auch Musik. Ihr wißt, daß ich die Musik geliebt habe und daß ich Pferde liebe. Ich danke Euch herzlich, grüße alle Freunde, die Toni, die Christa, die Mana. Mit Gott!

Johann

In der Voruntersuchung gibt der 19jährige Johann Vesely zu Protokoll, daß er sich, nach Hilduschkas »Befreiung«, umbringen wollte. »Doch es ist nicht dazu gekommen«, schließt er melancholisch.

Der Prozeß gegen »Karl Hanikas Mörder« gestaltet sich von Anfang her sensationell. Die kleine Stadt Brünn ist in Aufruhr. Vor dem Gerichtsgebäude stauen sich die Menschen. »Hängt's die Weiber auf!« wird geschrien. Hilde Hanikas Porträt, häßlich gezeichnet, wird auf Transparenten herumgetragen. Dem Opfer, Hauptmann Hanika, gelten viele Frauentränen, auch um den jugendlichen Mörder Vesely rinnt es naß über die Wangen.
Die ältere und die junge Frau, denen nichts von diesem Mitleid gilt, sitzen auf der Anklagebank. Hilde, blaß und mager, hat den Kassiber ihrer Mutter nicht bekommen, der liegt bereits bei den Akten. Später wird er vorgelesen werden:

Hilduschka, mein Kind, Du schaust so schlecht aus. Überwinde Dich und iß die Gefängniskost. Ein Herr hat mir gesagt, daß der Vesely alles auf sich nehmen wird. Iß nur, mein Kind.
Viele Küsse, Mutter

(Nachsatz: Damit Du schön bist und den Geschworenen gefällst.)

Wer sind die Geschworenen, denen Hilduschka gefallen soll? Da sitzen ein Drogist aus Brünn, ein Bauer aus Leskov und einer aus Auspitz, da sitzen ein Selchermeister und ein Hausmeister, ein Maurer aus Nultsch und einer aus Sebrovice, ein Installateur aus Holaseck, ein Geschäftsmann aus Austerlitz, ein Wirt aus Groß-Pavlovice und so fort – ehrbare Familienväter, Vertreter der heilen Welt, an der sich eine Engelmacherin und ein junges Stück Weiberfleisch vergangen haben. »Hängt's die Weiber auf!« gellt es von der Straße ins Gerichtsgebäude. Von diesen Weibern, denen die Ordnung kein Mitleid zubilligt, wandern die Blicke zu Vesely, der eben aussagt. Ja, die Frauen haben ihn systematisch zum Mord angetrieben. »Wie die Hilde gehört hat, daß der Karl tot ist, haben ihre Augen aufgeleuchtet.« Nun wird die blasse Hilde Hanika, deren leicht vorgewölbter Leib in Widerspruch zu ihrer grazilen Schlankheit zu stehen scheint, verhört. Sie bestreitet ihre Schuld an Hanikas Ermordung, erzählt, wie sie ihren Mann kennenlernte, schildert ihre Ehe, und daß sie sich scheiden lassen wollte. Plötzlich sinkt sie zu Boden: eine Ohnmacht, aus der sie bald wieder zu sich kommt, während das Auditorium ungeduldig mit den Füßen scharrt. Mit leiser Stimme erklärt sie, daß sie ohnmächtig wurde, weil sie schwanger ist; ihr Mann hätte sie beim letzten Beisammensein zum Beischlaf erpreßt, und zwar durch die Drohung, er würde ihre Mutter wegen Abtreibungen anzeigen, wenn sie ihm nicht zu Willen sei. Die Verhandlung wird unterbrochen, um ein Gutachten einzuholen, das ergibt, daß Hilde Hanika schwanger ist. Doch die Schwangerschaft der Hilde Hanika macht sie dem Auditorium nicht sympathischer, abfällige Bemerkungen werden hörbar, unter allgemeinem Gelächter ruft schließlich ein Mann: »Wer war's Hilduschka? Der Karl, der Johann oder der Herr Doktor? Oder gar alle drei?«

Der Vorsitzende, selbst erheitert, droht, den Saal räumen zu lassen.

Nachdem sich das Publikum beruhigt hat, darf Hilde fortsetzen. Sie habe von der Ermordung ihres Mannes in der Zeitung gelesen. Sie sandte Nachricht an den befreundeten Arzt, der sie abholen kam und mit ihr zur Kaserne fuhr, wo sie mehr zu erfahren hoffte. Doch in der Kaserne wußte keiner mehr, und so fuhr sie wieder heim. Bald kamen Kriminalbeamte und holten sie und ihre Mutter ab.

Da Johann Vesely in der Voruntersuchung angab, daß das entscheidende Gespräch, das ihn zum Mord veranlaßte, in Nosakov stattgefunden habe, wird Hilde über dieses Gespräch befragt – und mit Vesely konfrontiert. Sie sagt: »Ich sagte nichts als das, daß ich mit meinem Mann unmöglich leben kann. Wir sprachen sonst nichts. Wir setzten uns auf eine Wiese, Johann ist eingeschlafen. Dann gingen wir nach Hause. Ich habe geweint, daß ich diese Qual erdulden mußte.«

Vorsitzender: »Haben Sie nicht verlangt, daß er Sie von dieser Qual befreit?«

»Nein.«

Vorsitzender: »Was hat Vesely gesagt?«

Hilde: »Er sagte: Dein Mann hat mir eine Stelle in der Slowakei versprochen. Ich fahre mit dir nach Brünn.«

Vorsitzender zu Johann Vesely: »Stimmt das, Angeklagter?«
Vesely: »Das ist alles nicht wahr. Sogar das von der Wiese ist gelogen. In Nosakov gibt's keine Wiesen zum Niederlegen, dort sind nur Felder.«
Hilde: »Lüg nicht, Johann.« Sie bricht in Tränen aus.
Vorsitzender: »Vesely, sagen Sie es ihr ins Gesicht, wie es damals in Nosakov gewesen ist!«
Vesely zu Hilde Hanika: »Du hast gesagt, daß er dich Luder und Bestie geschimpft hat. Du hast mich nach Brünn geschleppt, damit ich einen Menschen erschieße. Jetzt weinst du, weil du nicht weißt, was du aussagen sollst. Gestern aber bist du vor Freude im Gerichtskorridor von einem Fuß auf den anderen gehüpft und hast gesagt: ›Mutter, mach' dir nichts draus, den Kopf können sie uns nicht nehmen.‹«
Mutter Charvat, die nun an die Reihe kommt, beschreibt die Ehe-Situation ihrer Tochter analog der Schilderung Hildes. Vesely, auf den Hanika eifersüchtig war, habe sich der Tochter gegenüber aufmerksam und ritterlich betragen, stets in Ehren – an eine intime Beziehung der beiden könne sie nicht glauben. Als Hanika drohte, Hilde zu erschießen, habe es Vesely erfahren und gesagt, er könne nicht mehr zuschauen, er würde Hildes Mann erschießen und danach sich selber. Sie hätte versucht, es dem jungen Burschen auszureden.
Vorsitzender: »Bei der polizeilichen Einvernahme erklärten Sie, daß Sie Vesely mitgeteilt haben, Hauptmann Hanika willige in die Scheidung ein.«
Charvat: »Ja, wir haben es ihm erzählt.«

Vorsitzender: »Wenn der Hauptmann mit der Scheidung einverstanden war, aus welchem Grund wollte ihn Vesely erschießen?«
Franziska Charvat: »Der Johann sagte, daß er selbst lebensüberdrüssig sei, aber er will vorher noch jemandem nützen. Er hat die Hilde sehr gern.«
Vorsitzender: »Sie haben ihm den Revolver nicht weggenommen, als Sie wußten, daß er sich erschießen wollte?«
Charvat: »Er bekam von daheim kein Geld. Er sagte, das Leben habe für ihn keinen Wert mehr. Ich versuchte es ihm auszureden. Wie kann eine Frau von 42 Jahren einem jungen Mann einen Revolver wegnehmen?«
Vesely wird nun mit Franziska Charvat konfrontiert.
Vesely zu seiner Tante: »Du hast mir erzählt, daß du schon früher einmal versucht hast, den Karl mit vergifteten Skupanki wegzuräumen. Leider hat er sie dem Hund zu fressen gegeben, hast du gesagt, schad' um den Hund.«
Im lauten Gelächter des Publikums geht Franziska Charvats Protest unter.
Nach weiterem Hin und Her zwischen Charvat und Vesely wird Frau Charvats Dienstmädchen einvernommen. Sie berichtet, daß sie am Vorabend der Tat im Auftrag Frau Charvats Johann Vesely darüber informierte, daß Hanika seine Frau mit dem Revolver bedroht hätte. »Der Johann hat nichts gesagt«, berichtet sie, »er hat eine Zeitlang Grammophon gespielt und ist dann schlafen gegangen.« Wann er aufgestanden und fortgegangen sei, wisse sie nicht.

Doch habe sie Frau Charvat in der Nacht aufgeweckt und gesagt, daß sie nie sagen dürfe, daß Vesely in der Wohnung gewesen sei, »wenn was geschehen sollte«. Der Tag im Haus sei dann »wie immer« gewesen, Frau Charvat und ihre Tochter waren »wie sonst«. Nachmittags hätte dann die Zeitungsausträgerin die Zeitung gebracht. »Weißt, was passiert ist?« hätte die Austrägerin gesagt, »stell dir vor, Euern Herrn Hauptmann haben's umgebracht!«
»Ich ging«, berichtet das Dienstmädchen weiter, »ins Zimmer und machte der Gnädigen Zeichen, daß sie die Frau Hilde hinausschickt. Es war aber unnötig. Denn als ich ihr erzählte, daß der Hauptmann umgebracht worden ist, kam die Hilde wieder zurück, und die Gnädigste erzählte ihr gleich alles. Die Frau Hilde hat die Zeitung gepackt und darin gelesen, ob's wahr ist. Geweint hat sie nicht, nur die Gnädige hat geweint.
Vorsitzender: »Glaubten Sie, daß diese Tränen echt waren?«
Das Dienstmädchen: »Damals habe ich es geglaubt.«
Vorsitzender: »Wann hörten Sie auf, es zu glauben?«
Dienstmädchen: »No, wie dann alles herausgekommen ist.«
Vorsitzender: »Hatten Sie den Eindruck, daß die beiden Frauen schon darauf vorbereitet waren, als sie von der Ermordung Hauptmann Hanikas erfuhren?«
Dienstmädchen: »Damals nicht, aber heute schon.«
Es kommen nun weitere Zeugen zur Aussage, die Mutter und Tochter als lügenhafte Personen be-

zeichnen. Die Verhandlung wird schleppend, das Publikum langweilt sich. Interesse setzt wieder ein, als der Arzt, ein großer, breitschultriger Mann, einvernommen wird.

Vorsitzender: »In welchem Verhältnis standen Sie zu Hilde Hanika?«

Arzt: »In sehr freundschaftlichem.«

Vorsitzender: »Auch in intimem?«

Arzt: »Ich bitte, auf diese Frage nicht antworten zu müssen.«

»Papa«, ruft jemand im Publikum. Alles lacht. Wieder droht der Vorsitzende, selber erheitert, den Saal räumen zu lassen. Der Verteidiger, Dr. Stepan, wartet ab, bis es wieder still wird. Dann fragt er Hilde Hanika: »Frau Hanika, ich frage sie vor Gott und Ihrem Gewissen, ist Hauptmann Hanika der Vater Ihres Kindes?«

Hilde, unter Tänen: »Ja.«

Während draußen einige Nimmermüde weiterschreien: »Hängt's die Weiber auf!«, folgen Zeugenaussagen und Verlesungen von Gutachten, sowie von Passagen aus Hauptmann Hanikas Tagebuch, das seine Haßliebe zu der Frau schildert, die sich ihm zu entziehen versteht. Diese Bekenntnisse eines masochistischen Erotomanen überfordern das Publikum, einfacher ist es, die junge Frau zu verdammen, deren sündhafte Leiblichkeit ihrem ehrenwerten Mann ebenso zum Verderben wurde wie ihrem Liebhaber und »Opfer« Vesely. Dr. Berka, ein Sachverständiger, lehnt den Antrag auf Untersuchung des Geisteszustandes Veselys ab – er wurde in Hin-

blick auf »spätpubertäre Störungen« des Angeklagten gestellt. Begründung: Pubertäre Zustände brächten das seelische Gleichgewicht nicht mehr ins Schwanken als etwa üble Laune, die aus Unausgeschlafensein oder unangenehmen Aufregungen entstehe.
Womit sich das Beweisverfahren dem Ende nähert. Das Publikum, das sich langweilt, schaut auf Hilde Hanika, über die Berichterstatter schreiben: »Oh Engelsgesicht mit dem Herz aus Stein!« Dann folgen die Plädoyers.

Der Staatsanwalt bezeichnet in seinem Plädoyer Hilde und ihre Mutter als Anstifterinnen, Vesely als wahrheitsliebenden, wenn auch »tumben Toren«, der auf Auftrag mordete. Veselys Anwalt, Dr. Bäuml, führt in seinem Plädoyer diese Schilderung fort: herzergreifend ist seine Darstellung des »einfachen Wesens eines jungen Landmannes, der der Dämonie eines Engels erlag, dessen steinernes Herz solcher Schlichtheit verborgen bleiben mußte«. So glitt Vesely, »willenlos und ritterlich«, ins Netzwerk. Dr. Bäuml schließt: »Sie haben zu entscheiden, ob die Schuld in der reinen Seele dieses Knaben vom Lande liegt oder in den verderbten Seelen dieser Frauen. Wir haben gehört, wovon die Alte lebte. Sie beseitigte aus nimmermüder Geldgier die sogenannten Folgen der Liebe. Damit hat sie die Liebe beseitigt und das Herz ihrer Tochter versteinern lassen wie ihr eigenes! Darum mußte Hauptmann Hanika, als er zu nichts mehr nützte, sterben! Der Knabe vom Land war ein willkommenes Werkzeug, seine angebetete Cousine von den Ehefesseln zu befreien, um ihr ein Weiterleben in Sünde zu ermöglichen. Es gibt Fälle, wo das Urteil des Schwurgerichts das Urteil der Öffentlichkeit, der ganzen menschlichen Gesellschaft, ist. Dies hier ist ein solcher Fall! Sie haben kein Recht, Ihr Urteil anders ausklingen zu lassen, als mit dem vollkommenen Freispruch meines Klienten! Ich weiß, daß vor diesem Haus eine große Menschenmenge wartet, um das Urteil der Volksrichter zu hören. Ich bin überzeugt, daß diese Menge, wenn sie erfährt, daß das Schwurgericht den armen Vesely freigesprochen hat, in Jubel ausbrechen wird!«

Als unterstriche die Volksseele Dr. Bäumls Ausführungen, drang von außen »Hängt's die Weiber auf!« in den Saal. Hilde Hanikas Verteidiger, Dr. Stepan, mußte eine Weile warten, ehe er sein Plädoyer mit der Feststellung beginnen konnte, daß die »Öffentlichkeit gegen die angeklagten Frauen aufgehetzt worden sei«. Für Dr. Bäuml sei Vesely nur »ein verführter junger Mann mit idealen Motiven«. Das wäre Vesely auch, hätte er den Mord mit seiner Liebe zu Hilduschka begründet!

Er unterschiebe seinem »Engel« jetzt aber die Anstiftung zum Mord! Als er auf der Polizei erfuhr, daß sein Engel auch anderen Männern – besonders dem Arzt – Gunstbezeugungen erwiesen habe, wäre die Eifersucht über den »schlichten Knaben vom Lande« gekommen. Und darum säße Hilde jetzt auf der Anklagebank: aus rachsüchtiger Eifersucht Veselys!

»Mußte sie ihm einen Revolver kaufen?«, fragt Dr. Stepan. »Konnte sie ihm nicht einen aus dem Besitz ihres Mannes geben? Gerade dieser Umstand spricht dafür, daß Vesely, der sich oft mit seinen Schießkünsten brüstete, den Besitz einer eigenen Waffe wünschte. Die angebetete Cousine verschaffte ihm diesen Besitz. Arglos ... Doch als Vesely, der wünschte, die Cousine sein eigen zu nennen und darum ihren Mann beseitigte, erfuhr, daß er für seine Tat die Folgen tragen müsse – im Kerker, indes sein Engel frei sein würde, anderen Männern zur Lust –, packte ihn die Eifersucht. Und er belastete seinen Engel! Doch sie, auf der Anklagebank jetzt, weil ihr Vesely die Freiheit nicht gönnt, denkt an ihren Mann. Er fügte ihr Leid zu, aber es war ihr Mann! Ich bin überzeugt, daß, wenn der verstorbene Hauptmann Hanika noch erscheinen könnte, wenn er hören würde, daß unter dem Herzen seiner Frau ein noch kleineres Herz schlägt, daß unter ihrem Herzen die Frucht seiner Liebe schlägt, er zu ihr eilen, sie in seine Arme schließen, daß er vor Ihnen auf die Knie fallen und Sie, Hoher Gerichtshof und meine Herren Geschworenen, bitten würde, barmherzig zu sein!«

Einige Frauen im Auditorium weinen: unentschlossen, wem sie ihre Tränen zuwenden sollen. Dr. Goller, Hilde Hanikas zweiter Anwalt, erkennt die Rührung. In seinem Plädoyer spricht er zu den Frauen, spricht von der Gesellschaftsordnung, die aus Frauen Schuldige macht, wie aus freiwilligen Zeugenaussagen hervorgeht, die Hilde und ihrer Mutter »den Strick drehen«.

Er kommt auf die »ungenügende materielle Fundierung dieser Offiziersehe« zu sprechen, die »der

Grund zu Zwistigkeiten und Mißverständnissen gewesen sei«. Er schließt: »Vesely meinte herauszufinden, daß es der Wunsch Hilde Hanikas sei, sich von ihrem Mann zu befreien. Ich glaube dieser Frau, daß sie um jeden Preis ihren Mann dazu bringen wollte, daß er endlich begreift, daß ein Mann nicht um Liebe betteln darf bei einer Frau, die diese Liebe nicht mehr fühlt.«

Mama Charvats Verteidiger, Dr. Lochmann, schildert das düstere Milieu zweier Frauen ohne Mann (nach Papa Charvats Tod, da die Witwe ihre schöne Tochter allein aufziehen mußte). Die Mutter, führt er aus, stürzte sich für die Ehe mit Hanika in Schulden, sie lieferte ihm den »standesgemäßen Rahmen«, obgleich sie für ihre Tochter Besseres erwartet hätte als einen Ehemann, der sie zum »Strohsack« degradierte.

Da das Wort »Strohsack« schon einige Male gefallen ist, wird, unter verschämten Gekicher des Auditoriums, erhoben, was damit gemeint wäre. Frau Charvat sagt trocken: »Strohsack – oder Matratze. Was eine Frau damit für ihren Mann ist, weiß doch jeder.«

Das Gekicher im Auditorium verebbt und setzt sich in den Wandelgängen fort, da sich die Geschworenen zur Beratung zurückziehen ...

Eine Formsache, diese Beratung. Es ist jedem und jeder klar, daß Hilde ein »Weibsteufel« ist, daß sie sozial aufsteigen wollte durch ihre Ehe, daß sie sich danach ihres Mannes entledigen wollte. Die Mutter, selbst zu kurz gekommen, unterstützte sie dabei. Die Opfer sind Hanika und der »tumbe Tor« Vese-

ly, der sich zum Werkzeug machen ließ: ein gewalttätiger Tristan, dem die Befreiung seiner Isolde ein ebenso süßes wie grausames Anliegen war ...
Die Geschworenen erkennen Hilde Hanika des bestellten Meuchelmordes schuldig, ihre Mutter der Mitschuld am bestellten Meuchelmord und Vesely des Meuchelmordes.
Das Urteil über den mährischen Tristan wird jedoch ein mildes. Statt zehn bis 20 Jahre schweren Kerkers, wie er fassen könnte, bekommt er nur drei Jahre aufgebrummt! Er packt die Verurteilung, während es draußen grölt: »Hängt's die Weiber!« Entsprechend dem gesunden Volksempfinden wird Mama Charvat zu 20 Jahren schweren, verschärften Kerkers, Hilde Hanika aber gar zum Tod durch den Strang verurteilt!
Die Verkündung des Urteils wird zum Volksfest. In Mähren, wie in den Nachfolgestaaten Altösterreichs, erweckt die Härte, die Hilde Hanika zuteil wurde, tiefe Befriedigung. Ein Weib, ein »Weibsteufel«, war schuldig gesprochen worden. Auch wenn die k. u. k. Monarchie längst dahingeschwunden, Maria Theresia mit ihrer »Keuschheitskommission« der Vergangenheit angehörte: was »Sünde« war, wußte man noch immer in Mähren!
Der Sünde zollte Hilde Hanika Tribut: sie brachte ihr Kind, zu dem sie Hauptmann Hanika durch seine unermüdliche Leidenschaft gezwungen hatte, im Zuchthaus zur Welt. Womit sie, immerhin, der Todesstrafe entging, da der Präsident der tschechoslowakischen Republik den »Engel mit dem steinernen Herzen« zu 15 Jahren Zuchthaus begnadigte.

»Engerl«, hatte ihre Mutter Hilde in Kassibern geschrieben, »iß und trink«, damit du schön bleibst. So einem Weiberl widersteht keiner.«
Arme Mama, die im Gefängnis verstarb! Als Hilde Hanika die Freiheit wieder erlangte, war weder von Mama noch von Vesely, noch von ihrem Kind irgendeine Rede!

Quellen

Johann Jobst, »Die Neustädter Burg und die k. u. k. Theresianische Militärakademie«, Wien/Leipzig 1908
Erzherzog Karl, »Der Feldzug 1799 in Deutschland« (o. J.)
Emil Kläger, »Durch die Wiener Quartiere des Elends und Verbrechens«, Wien 1908
Lombroso, »Vite de' primarj generali ed ufficiali italiani« (o. J.)
Armand Mergen, »Dokumentation über die Todesstrafe«. Mit einer rechtsvergleichenden Darstellung des Problems der Todesstrafe in aller Welt. Darmstadt 1963
Heinz Politzer, »Grillparzer oder das abgründige Biedermeier«, Wien 1972
Oskar Schalk, »Josef Lang. Erinnerungen des letzten Scharfrichters im k. k. Österreich«, Leipzig/Wien 1920
Johann Svoboda, »Die Theresianische Militärakademie zu Wiener Neustadt und ihre Zöglinge, Bd. I, Wien 1894
Max Winter, »Der Fall Hofrichter«, München 1910
Verschiedene Handakten des Wiener Sicherheitsbüros
Verschiedene Zeitungen der Epoche

Bildnachweis

1–5, 8–13 Bildarchiv der Bundespolizeidirektion Wien
6,7,14 Österreichische Nationalbibliothek Wien

Bitte beachten Sie
die folgenden Seiten: